陈春花 著

陈春花文集

第二集

商业评论 ②
管理

华南理工大学出版社
·广州·

图书在版编目（CIP）数据

管理/陈春花著.—广州：华南理工大学出版社，2018.9
（陈春花文集．第二集，商业评论；2）
ISBN 978-7-5623-5764-3

Ⅰ.①管⋯　Ⅱ.①陈⋯　Ⅲ.①企业管理　Ⅳ.①F272

中国版本图书馆CIP数据核字（2018）第191888号

Guanli

管理

陈春花　著

出 版 人：卢家明
出版发行：华南理工大学出版社
　　　　　（广州五山华南理工大学17号楼，邮编510640）
　　　　　http://www.scutpress.com.cn　E-mail:scutc13@scut.edu.cn
　　　　　营销部电话：020-87113487　87111048（传真）
总 策 划：卢家明
策划编辑：罗月花
责任编辑：卜穗珍
印 刷 者：广州市新怡印务有限公司

开　　本：787mm×960mm　1/16　印张：19.75　字数：365千
版　　次：2018年9月第1版　2018年9月第1次印刷
印　　数：1～2000册
定　　价：98.00元

版权所有　盗版必究　　印装差错　负责调换

《陈春花文集》
总序

对实践敬仰，守理论自信

如果不是这样的幸运，我相信这套文集不会有面世的一天。

我是幸运的。1982年开始能够在华南理工大学学习和工作，让我有机会置身于改革开放浪潮下的珠江三角洲这片热土。1992年开始，因为青年教师需要到基层学习和实践，我来到东莞厚街镇，在这里我直接接触并切身体会到乡镇经济发展的点点滴滴。之后由于学校的机缘到汕头春源集团任职，在这家香港企业家投资创办的加工企业参与管理，深入了解境外投资企业本土化的管理过程。随后，我开始有机会到康佳、TCL、科龙、美的、万和、顺德农商银行（原顺德信用合作社）、南方航空、深圳航空、南方电网、广东电信、珠江啤酒、香港星光集团、招商基金、威创股份、东方园林等企业做管理顾问工作或者主持咨询项目，与这些企业一起成长并拥有了长期近距离观察企业的机会。更有幸的是，2003—2004年出任山东六和集团总裁，2013—2016年出任新希望六和股份有限公司联席董事长兼首席执行官，2017年则接任新华都集团的工作。这些直接的管理实践，让我更清晰地理解管理研究与管理实践之间的融合度，也为我能够展开研究奠定了丰厚的企业实践基础。

而对我而言，最大的幸运是一直可以保有作为一个管理学教师和研究者的身份，与众多的商学院学生们一起学习和交流，见证和参与了中国改革开放40年间中国企业的成长与进步。这些经历无疑给了我巨大的帮助，让我能够因应企业的

成长去透彻理解管理理论的价值,去理解并找寻理论的本质内涵,去发现和发展管理理论与研究的真正意义。也正因如此,在过去30年从教经历中,可以针对管理问题展开充分的讨论,并形成了这些文字。企业实践中不断涌现出新的方案,也促使我的思考、研究与写作源源不断,那些实践激荡我的想法,甚至有无法停下来的感觉,这种感觉真的很好。感恩这所大学,感恩这片热土,感恩这个时代,感恩中国,感恩中国企业实践。

研究会带来什么?

当我决定做一个教师,把教学与研究作为终生职业的时候,我并未真的理解"研究到底意味着什么"。20多年前,我把自己的研究目标确定为研究"中国本土企业成长模式"时,我和我的团队开始对研究进行了漫长而艰难的思考,其产品就是那本《领先之道》。这本书的内容是对中国企业成长的分析,在其中,我们试图回答这些问题:一些中国企业为什么可以成为领先者?这个成长的过程到底发生了什么?这些影响因素是否可以让其他企业借鉴并获得成长?对于这三个问题的追问和探讨,持续了接近30年,我们持续给出阶段性的答案,这些答案帮助到一些企业成长,也帮助了我和我的团队成长。更重要的是,对这些问题的答案的不断追寻使我持续与企业互动,并将感悟持续融入教学、研究中,让更多人去关注这三个问题,去寻找属于每个思考过这三个问题者自己的答案。接近30年持续的研究,让我可以真切地理解研究带来的贡献到底是什么,研究本身给我的帮助是什么。

我深受彼得·德鲁克先生的影响,德鲁克先生1994年写给《经济学人》主编的信中再一次重申管理研究要解决实践问题。在信中,他列举自己1950—1971年间从事管理学研究和实践的累累硕果。这一时期,他完成了自己9部主要管理学著作中的6部;这一时期,他是纽约大学研究生院的全职管理学教授,其中有10年,他还在宾夕法尼亚大学沃顿商学院任兼职教授;他的主要商业咨询活动也是在这一时期完成的。这样的研究路径,让德鲁克的著作承载着其极具旺盛生命力的管理实践思想。

德鲁克先生认为,管理研究要解答实践问题。能提出管理实践中出现的问题并解决这些问题，是管理学进步的标志。在其一系列经典著作中，德鲁克回答了管理实践研究中最根本的问题：管理作为独特的组织活动如何设定自己的结构？管理中如何面对人？管理决策的依据是什么？管理的范围如何界定？管理实践界定的标准是什么？管理的成效如何评价？当德鲁克先生清晰、准确地回答了这些问题的时候，管理实践所取得的成效成为人类历史上最激动人心的一项创新。而对于管理教育应该如何具有价值，也应该如德鲁克先生所设计的那样，让管理者"可以把课堂上学的东西立即运用到他们的实践中，同时把他们在日常工作中的经验和问题拿到课堂上进行讨论分析"。

"比使命更重要的是实践"这句话是我总结德鲁克先生经典著作《价值贡献》一文的结束语。在点评先生的信件时，我忍不住还是用这句话做结束语，但是改动了一个词"行动"——"比使命更重要的是行动"。我们一直在思考德鲁克思想旺盛生命力的来源，最后发现其长盛不衰的原因就在于，作为旁观者的德鲁克的思考是如此地贴近管理实践的真实情况，以至于后人的所有优秀作品的重要观点几乎都可以从其思想中找到根源。德鲁克的思想可以被不同的个人和组织所接受，并且应用于不同的领域。正是源于他对于管理本质的界定："管理是一种实践，其本质不在于'知'，而在于'行'，其验证不在于逻辑，而在于成果。"对于每一个管理学者而言，比使命更重要的是行动，就像德鲁克先生倾力实践他的使命一样。我是这样评价先生的，也是这样去要求自己的。

研究会带来什么？在管理学领域，研究可以解答实践问题。我的研究致力于关注中国企业的实践，那些存在于管理日常行为中的、对绩效和成长有意义的、充满着鲜明个性的却又隐含着共性价值的各种真实案例。在我看来，如果不能够真切地去观察、去理解并融入其中，是无法真正理解管理本身、无法真正理解管理理论本身的。管理研究的对象不仅仅是管理本身，同时也是管理研究及理论在管理实践中的位置，它对日常管理生活的意义，它在日常管理生活中的功能，尤其是它的思想方式和行为方式本身，都会直接或者间接地彰显着管理理论及研究的价值。如果作为管理研究学者，根本未关注到这些真实的管理对象，未能真正接受和理解这一事实，我们又怎么可能真正有对于管理理论与知识的自信呢？

波提舍（Sulpiz Boisser`ee，1783—1854）说过一句让我记忆深刻的话："对不引人注意之事的虔敬。"在19世纪的进程中，这一揶揄之词却成了充满敬意的话语，因为人们开始将许多被忽略的民间文化看作是文化的见证。每每想到这句话，我也总是对企业实践充满敬意，从1992年的东莞厚街开始，我几乎一半的时间都在与实践者交流、与实践对话，这些交流与对话，给了我用实践的视角去看待管理问题的帮助，正如哲学家恩斯特·布洛赫（Ernst Bloch）提出的警言，即我们不能隔岸钓鱼。

我也同样要求自己拿出另外一半的时间，保持与实践的距离，因为我把自己定位于一个研究学者，定位于一个让理论与研究创造价值的人，如果我完全陷入到具体的日常管理中，这又会导致我因缺少必要的时间和距离，无法去反思实践，无法去找寻理论的价值，或者只是满足于解决个案，满足于具体的实践绩效，而陷入到经验主义之中。

珠江三角洲企业的实践给了我莫大的帮助，这里有大量的企业实践、大量的创新和可见的绩效，这里区域经济发展和产业集群的功效，让我既可以看到企业成功的个案，也可以理解产业价值链的集合成效；让我既可以了解非经济因素的作用，也可以感受每一次外部环境变化对企业成长的影响；只要我踏实地走在这片土地上，这里的企业实践总是会以它们鲜活的事例，给我的研究以支撑和启示，甚至于我的很多观点完全是因为它们而得出。

保持对实践的敬仰，又坚守理论的自信，这就是过去近30年的研究带给我的帮助。正是这个帮助，让我可以安静而持续地做研究，可以真切地与中国本土企业成长互动，可以呈现出自己的思考和观点，并与企业实践做深度的对话。

研究学者会带来什么？

在我的初中学习生活中，因为宁齐堃老师，每一天我们都要提前一个小时到学校，大声朗诵《古文观止》《增广贤文》和唐宋诗词。年少的我并不知道这样的学习，对我意味着什么。到了大学的时候，我保留了阅读典籍的习惯，《大学》《论语》《道德经》《金刚经》《易经》和《六祖坛经》等，这些经书典籍的阅读，在其时我并不能够完全理解，只是因为阅读变成习惯，保持了下来。但是多年后，我才恍然大悟，这些不期然的、积极投入的朗诵和阅读，已经把这些经典沉淀在我的认知和秉性里，这些我早年并不理解的典籍，已经在多年前成了改变我人生埋入的种子。时至今日，这些看似遥远的典籍，却真实地解决了今天世事的苦恼与问题——怎样与自然相处？怎样与变化相处？怎样与人相处？怎样去发现和想象美好？选择怎样的生活？让我在今天，能够去理解"如何成为一个更好的人"和"如何创造一个更好的世界"的思维方式和可能性。

借助于怀特海在《教育的目的》一书中的一段话来说明我的想法，他在书中写道："要用充满想象力的视角去看任何人类组织的约束力，用充满同情的眼光去看人类天赋的局限性以及唤起服务忠诚度的条件。要掌握一些养生规律、疲劳规律和保持持久耐力的条件的知识。要富有想象地理解工厂的社会影响。要对科学对现代社会的作用有充分的概念。要懂得对别人说'不'或是'好'的原则，不是出于盲目的固执，而是出于对相关可选择的方案经过理智的评估后得出的坚定回答。"

无论是中国传统文化的典籍还是有关现代大学教育作用的诠释，都给予我们有关知识的魅力和价值的理解。美国《独立宣言》的作者杰弗逊（Thomas Jefferson）曾说："我们相信最终会证明，人是可以受理性和真理支配的。"先贤把知识比喻为一个代代相传的火炬，照亮着人类前行的路，并指向人类的理想。人类的自信心是由人类社会在获取知识进步方面所取得的成就而产生的自豪感，如果回顾人类发展的历程，进步的地方通常就是那些知识空前繁荣的地方。怀特海继续写道："学者的作用是唤起生活中的智慧和美……一个前进中的社会需要依靠这三类人：学者、发现者和发明者。它的进步也依赖这样一个事实，即社会中的受教育人群由同时具有些许学识、发现能力和创造能力的人组成。我在这里用的'发现'，指的是关于具有高度一般性的原理方面的知识进步；'发明'，指的是根据当前的需求，一般原理以某些特殊方式进行应用的知识进步。"

研究学者会带来什么？在管理学领域，研究学者带来理论知识与实践经验的完美组合。我从这个组合中获益良多。我之所以能够享受到管理研究与管理实践之间的自由切换，正是基于这样的原因：一是理论研究与教学，让我得以了解较为完整的知识体系；更多的阅读让我了解丰富的案例和文献，让我可以隔开一定的距离理性地面对问题，并了解其中关联与相互的影响。二是承担具体的企业绩效成长，让我得以面对各式各样的实际问题与挑战，并与同事们寻找一个又一解决方案，从而取得绩效实现目标；承担具体的绩效成长，让我得以承受压力而去感受管理者真实的立场和角色，从而要求自己做出理性决策并承担责任。

我明确地意识到了这种组合的完美，我们去看管理经典理论产生的背景和缘由，不难发现，那些贡献了经典管理理论的研究学者，无一不是把理论知识与实践经验完美组合的人。Coloquitt和Zapata-Phelan（2007）回顾了1963—2007年在AMJ杂志上发表的667篇文章，发现管理学领域中的大部分理论都是在20世纪50—80年代之间发展起来的。结合管理实践现象不难发现，在这个时期出现了有意思的实践现象。在20世纪50—80年代，是欧美经济快速发展、工业化进程非常高的时期，也就是在这个时期，管理实践的创新层出不穷。以前从来没有过一家工厂可以有十几万人，在大工业革命时代成为现实；以前从来没有过一个小的组织单元可以全球分布，这个时候已经做出来了；以前也从来没有过用绩效来获取收益的职业经理人。所以我们会发现，实践上做出一堆创新，研究上就会贡献出一堆新理论。管理研究和管理实践本身的合一，造就了非常多的、具有影响力的、改变世界进程的管理理论。这些理论学者共性的地方，是密切观察，并且亲身经历了他们那个时代的社会问题。更重要的是他们对已观察到的各种组织形式和实践的变异，具有很深的感受和困惑，然后试图去解答它，而且幸运的是，他们解答出来了，也就出现了相应的管理理论。因此研究与实践是本源归一的。

所以，管理研究学者的基本价值取向是：理论研究与实践经验不能分离，研究主题的选择要基于某些管理实践现实中的问题并包含着对现实的启蒙。就如《浮士德》里的句子："如果你们没有感觉，你们就不能有所追求！"在具体责任之下的、对决策结果的理解是最真实的。当你需要对几万人的成长负责、对每一个顾客负责、对每一分钱的投资负责、对利益相关者和社会负责的时候，对于管理决策本身的理解是极为深刻而清晰的，而由此对理论价值的阐述和界定也是深刻而清晰的。就如泰勒对于生产效率的理解，波特对于成本与竞争优势关系的理解，德鲁克对于知识员工价值创造的理解，他们都是把自己置身于真实的管理实践之中，寻找到有效的答案——将实践经验升华为理论知识。

康德在《实践理性批判》第一卷第一章第一节中，对实践原理下了定义，在他看来，所谓实践原理是包含意志一般决定的一些命题，这种决定在自身之下有更多的实践规则。当主体认为条件仅对自己的意志有效时，这些原理是主观的，或者是准则；当主体认为条件是客观的，对于每个理性存在者的意志均有效时，这些原理是客观的，或者就是法则。这些话的意思其实就是说只有这些实践原理对每个理性存在者都是客观有效的，才能够成为普遍受用的法则，否则就是准则了，这些准则只能主观上受用。康德还明确地指出："实践的规则始终是理性的产物，因为它指定作为手段的行为，以达到作为目的的结果。"我试着去理解康德，去理解实践理性，这也许可以帮助我们去理解研究学者的价值与意义。

研究学者必须强调学术性，必须能够运用抽象的、理论性的表述，准确的引文以及规范性训练，这是基本技能，但是这不是学术本身，即便是詹姆斯·马奇（James G. March），一个被誉为一以贯之的数理科学倾向的学者，其核心也是一直围绕着人类的各种决策过程和问题的解决过程，以及这些过程在不同组织中的表现和意义。

研究主题的选择要基于某些管理实践中的问题并包含着对现实的启蒙，这就是研究学者能够贡献的价值。《墨经》上说：知，接也。人的知觉，是与外面物质界接触而生的。我依然觉得自己幸运，可以与中国企业的实践界充分接触，从而有机会去感受管理理论知识的意义与价值，并有机会把这些理论知识借助课堂传递出去，从而见证和参与了一些企业的成长和发展。

重新创造"道"

我曾经为我的一个班的学生写过一段毕业寄语，这段话比较完整地表达了我之所以写出这样多文章的原因。毕业寄语如下：

你们无疑会成为各自领域里的未来领导者，也正因如此，你们的品性与思想将会显得更重要，因为那会影响到很多人。所以，我决定手抄《德道经》送给大家，因为这是对我影响至深的，关于"道"的启悟。

很多人都相信每个人应该是一个充分认识自我的独特个体，尤其是在互联网技术的驱动下，每个人都相信自己应该活得真实，对真理保持忠诚。所以，我们都会为"如何成为一个更好的人"和"如何创造一个更好的世界"做出努力，这也是我想教授给你们的一种世界观。

因我们拥有着共同生长的训练，你不会让自己从整个世界中抽离出来，而是

让自己深深地融入现实世界中，因为你我都很清楚，唯有在实践与行动中，人的性格才会被培养出来。换句话说：我们不止于我们现在的样子，我们还可以成为更好的人。这项任务并不简单，这要求我们改变自己，而从你我认识的那一天开始，我希望改变开始发生。

我们再回到"道"。**"道"并不是一个我们必须尽力遵循的"理想"，而是一条通过我们自身的选择、行动与努力而不断去开拓的道路。**

这套文集就是我的选择、行动与努力，集合了过去20多年我对于中国企业实践的观察、思考与判断。这套文集，我并不曾想如管理学家们，有系统、有组织、严格地、精准地，把思想凝练在一条线上，依照逻辑的推演，祈求创造出一个理论体系。我只是想把伴随中国企业成长过程中所遭遇的各种真实问题，展开真实的对话，让理论与实践之间实现动态呼应，让管理研究与管理教育，能够根植于中国企业的实践，能够面向中国企业实践，能够与企业管理者交流，并给实践以理论的回应和支持。

所以这套文集分为3集10卷，第一集《管理研究》，包含5卷，分别为：《组织与文化管理》《变革与创新》《企业家与领导力》《组织学习与知识管理》《本土管理研究》，这是我在管理学研究领域所发表的观点，我在自己定位组织与文化管理领域、关注组织与文化管理过程中所产生的问题，以及有关这些问题的答案。第二集《商业评论》，包含3卷，分别为：《经营》《管理》《成长》，这是围绕着每个阶段现实案例和企业实践所面对的现实问题而展开的思考，我曾经分别在主要的财经杂志开设专栏，及时与大家探讨中国企业面临的现实问题，并给出我自己的答案。第三集《春暖花开》，包含2卷，分别为：《不为彼岸只为海：陈春花人生感悟》和《正在发生的未来：陈春花商业洞见》，这是在我所主持的微信公众号"春暖花开"上所发布的一系列的随笔，虽然不是全部，但是也收入了大部分。在"春暖花开"公众号上，我不仅仅关注企业管理实践，也关注人们的日常生活，甚至是人生部分的自我管理与自我成长，这是我另外一部分的价值创造。

整理这套文集出版，是接受了华南理工大学出版社卢家明社长的建议，社长从学术价值如何得以更持久展开的视角，尤其是对于中国改革开放40年取得成效的视角，给了我这个建议，让我深受感动和鼓舞；编审罗月花老师细心地和我探讨具体的内容安排、文体以及相应的建议和帮助，罗老师从其专业的视角给出明确的指引和帮助，让我下定决心整理这套文集。整理这套文集整整花费了10个月的时间，在这10个月的时间里，苏涛、程城、李芷慧、王霞、袁璐、蔡明峡、刘祯一直陪伴着我，刘祯最后还承担了分类和分卷的工作。这些工作需要极大的耐心和细心，需要专注与认真，当我看到最后文集总成的文稿时，内心充满了感激，感恩学生们与我在一起，激励并启发我。而在这套文集整理好交付给出版社后，华南理工大学出版基金又给予了巨大的支持，让这套文集得以呈现在大家面前，正如我开篇说的那样，能够在华南理工大学学习与工作，是我的大幸！

整理出版这套文集，我需要着重强调，我坚持持续研究写作，也是为了鼓励我的同仁们采取行动。管理本身是知行合一的，而其核心在于"行"。在过去40年中国企业成长的过程中，管理研究与管理教育产生了很大的影响并贡献了价值，但是在学界和实践界也一直存在着质疑，质疑管理研究是否对管理实践真正发挥了应有的价值影响。我对这种质疑深表理解，但依然坚持认为管理研究与管理实践是合一的，并确信管理理论能够解决管理实践的问题，我是这样想的，也是这样做的，并借此希望，我的写作能够起到一种作用，促使管理学界付诸行动，让自己的研究面向企业实践，面对现实问题并对现实启蒙。

对中国企业来讲，我们来到了一个最重要的时代机遇点。这是中国企业从未有过的一个时间点，我们在改革开放40年前里一直都在跟随西方先进企业，并没有太多的优势，无论是在规模上，还是在技术、人才和资本积累上，都无法与传统强国企业竞争。但是，我们来到了一个特殊的时间点，互联网技术使得数据、协同、智能等全新的生产力要素能高效组合在一起，也就重构了整个商业系统。

处在整个商业系统重构的今天，无论是中国企业还是世界企业，都重新站在同一条起跑线上。所以，有人跟我讲我们要不要做"弯道超车"，我不同意这个词。我们今天没有弯道，我们共同站在一个全新的起点上，我们不需要在弯道超越谁，只需要站在一个新起点上重新开始就可以。

而且已有很多中国企业的确做到了。在彭博社公布的 2017年4月份全球市值排名榜中，中国有两家企业进入前十，这在以前是不可思议的，可见中国企业进步的速度是非常快的。在2017年世界 500 强的名单中，无论是中国的国有企业，还是民营企业，都在彰显着它们的中国力量，也越来越多进入世界 500 强的排行榜。再看看中国的"新四大发明"以及很多的优秀产品案例,其实中国企业正在悄然地改变着世界。不仅仅是在规模和市值方面,我觉得最重要的是中国企业开始真正去创造一些全新的价值,这个价值跟人类所追寻的美好生活相关,蕴含着生活的意义。

如果说中国企业已经来到最好的时代机遇点上,这也同样意味着中国管理研究也已经来到最好的时代机遇点上。说到致敬改革开放40年,我们最好的致敬方式就是:站在这个时代最好的机遇点上,昂然走出一条全新的道路来。这条道路如果按照十九大的报告,用国家领导人的说法就是"中国智慧和中国方案"。我相信经历了改革开放40年的中国实践,肯定会为世界贡献一个优秀的中国方案,这就是我们研究学者的价值贡献,这是使命更是行动!

陈春花
2018年1月3日于朗润园

第二集

序

工作是修行

2004年开始,我为商业期刊和报纸写专栏,诱发我做这件事是因为,常常听到大家讨论一些即时性话题,企业界的朋友们非常希望听到理论界的声音,希望能够在现实发生的管理问题或者企业案例中,得到明确的观点和及时的帮助。当我经常被企业界朋友问询时,发现一些问题是共性问题,所以就决定写专栏,来做即时回复和讨论并给出我自己的看法。

开设专栏的第一本期刊是《销售与市场》,时间在2004年,但是没有想到从这一年开始,在《销售与市场》的专栏整整写了8年(2004—2011年);随后就开始了我写专栏的模式,《中国商业评论》(2004—2014年);《经济观察报》管理专栏(2005年);《21世纪经济报道》管理专栏(2005—2006年);《北大商业评论》(2005—2008年);《海南航空》(2007年);《IT经理人》(2010—2013年);《商学院》(2010年);《哈佛商业评论(中文网)》(2009—2012年);《中国企业家》(2017年);《清华管理评论》(2017年)。

专栏写作既是对耐力的考验,也是对思考力的考验,这部分的训练给了我很大的帮助,那就是如何让自己贴近现实问题和挑战,展开思考和研究,并养成每日写作的习惯。我想,如果不是这样的训练,也许我也无法在微信公众号出现后,自己可以承担独立写作支撑"春暖花开"微信公众号的"大工作量",也就无法有这三卷文集的出现。

记得1998年自己在华南理工大学工商管理学院当班主任的时候,为其中一个班的同学写过这样一段毕业留言:

你最贵重的财产和最伟大的力量
常常是看不见和摸不着的,
没有人能拿走它们。
你,只有你,
才能够分配它们。

管 理

我想写这段文字并不只是为了给学生们，也是为了给我自己，所以在为自己的一本随笔写序时，再一次把这段话作为序，就如现在我依然选择这段话作为序的内容一样。这虽然是20年前写给学生和自己的一段话，也是20年来不断警醒和要求自己的话。我知道，我的一切贡献和价值只有我自己能够分配它，如果我不为我的价值创造分配时间和努力，也就无法真正拥有财富和力量。

巨变的时代裹挟着我们每一个人，没有人成为旁观者。只有行动，这才是人最贵重的财产和最伟大的力量，因为付出和分享。也许每一个人都很渺小，每一个人都无法判断自己能够承受什么，但是一旦决定付出的时候，拥有的力量就无法战胜。

今天所处的环境，要求我们必须重构企业的商业模式以及管理者自己的思维范式，必须让自己和企业拥有与变化共舞的能力。在商业模式的重构上，我们需要关注的不再是产品功能，而是能够与顾客互动，共同创造；不再是对盈利的理解，而是对顾客价值的理解；不再是拥有多少资源，而是能够整合多少资源……

在思维范式的重构上，我们不能够只关注自己的发展，而是需要在与外部环境和相关联的世界中，发展建立明确而连贯的使命和价值认知；我们不再关注彼此的界限与优劣势，而是采用更开放的心态和合作模式，变成共生成长的关系；不再是传统与经验主义，而是动态与学习化……

这一切的重构，都依赖于持续精进提供基础。我甚至认为商业模式和思维范式的重构，取决于自我修行的成效，这也是我对自己的期待与要求，也是我坚持用写作专栏的形式，帮助自己每日精进和修炼的方式。

文字只是一种力量，这个力量的来源是所有的行动选择；专栏写作是一种标准，这种标准的价值是与读者价值构建的关联性；交流是一种关怀，这种关怀的本质是让彼此产生共鸣。作为一个管理领域的研究学者，我很清醒地知道，自己需要展开面向现实问题的思考与研究，借助于更多的媒介，让管理知识对现实中的实践问题更快更好地响应——不仅仅是以自己的研究为中心，更是以解决问题为主导。

因为对管理学者责任的认知，我们可以成为管理实践者的真正伙伴；因为对研究与实践协同的理解，我们可以拥有被管理实践所激发出来的无穷智慧和力量；因为对理论价值创新的确信，我们可以衔接研究与实践的过去与现在，从而一起去创造属于中国管理的未来。

陈春花

2018年1月17日于五山

第一部分　论组织管理

论我国企业文化发展的现状和对策　/ 002

中西管理之"太极博弈"　/ 008

衡量管理水平的唯一标准是什么　/ 013

我们该怎样理解组织管理　/ 014

职业经理人的六项修炼　/ 018

寻找缺位的管理观　/ 021

总裁：请警惕第五阶段　/ 024

企业并购中的价值迷失现象与企业文化关系研究　/ 026

中国企业仍停留在企业家文化的阶段　/ 035

决策无偏差　/ 036

企业管理五步走　/ 038

揣摩"管理"　/ 042

法约尔与组织效率最大化　/ 044

谁在误读泰勒？　/ 047

德鲁克给我的"不安"　/ 050

当管理实践遇到管理经典　/ 053

企业边界管理　　/ 057

重读韦伯：权力的内涵　　/ 062

管理需要回归本源　　/ 064

别再幻想"最佳领导方式"　　/ 068

福列特的管理原理　　/ 071

变革管理和知识管理　　/ 073

强调企业系统能力　　/ 075

中国式管理怎样与西方管理交融？　　/ 077

中国企业的下一个机会：成为价值型企业　　/ 080

"剩"者之道　　/ 082

危机中企业如何逆境增长　　/ 084

我们依然处在危机中　　/ 089

管理就是把理论变为常识　　/ 091

规模、效率和技术　　/ 096

管理四大法则　　/ 098

走近稻圣先生　　/ 101

中国制造企业的成本与管理之道　　/ 104

管理百年的思考　　/ 113

未来企业的竞争是文化的竞争 / 115

管理者的改变与超越 / 122

百年管理经典的价值贡献 / 124

"半稳定状态"企业更抗冻 / 132

构建一种持久的关系 / 135

重寻发展的力量 / 137

管理性别论？管理环境论？ / 139

增长不受环境影响 / 141

管理效率之桔 / 143

管理的新内涵 / 145

从职能管理迈向流程管理 / 148

到源头去解决问题 / 154

组织转型的秩序 / 156

所有的问题都有解决的方法 / 159

企业文化是"第一竞争力" / 161

重新认识管理的价值 / 166

管理解决的就是效率 / 171

独特的实践者 / 177

陈春花点评华为和日航，揭示优秀企业所需能力！ / 181

理性决策的7个步骤 / 187

重塑边界已经成为事实 / 192

重新理解组织 / 194

来自7-ELEVEN的启示 / 196

到底什么是"知识"？ / 198

第二部分　论个体激活

向上管理，向下负责 / 202

打造执行力 / 205

员工是"社会人"而非"经济人" / 209

什么是激励 / 212

组织内的关系是奉献关系 / 214

核心人才的管理方式 / 217

管理是管事而非管人 / 220

员工为什么忠诚 / 222

如何打造员工活力 / 224

管理是"管事"而不是"管人" / 228

管理用什么说话 / 231

怎么样做一个变革的管理者? / 234

60%的员工都在无效工作,他们的绩效都去哪儿了 / 240

激活个体,互联时代的"共生众享" / 243

金字塔管理体系,局限性在哪里 / 247

激励并不总是有用 / 250

深度的人性关怀 / 252

仅有"保健因素"不管用 / 257

员工不流动对公司来说是好事么? / 259

管理的第一要务就是释放员工能量 / 261

听陈春花说关于领导力的秘密 / 265

管理总是失控?我们需要改变的四个习惯 / 271

要活力就授权员工去改革 / 274

未来领导者的素养 / 277

如何让授权有效 / 282

为顺丰总裁点个赞 / 284

创业总裁最该干什么 / 286

激活组织的七项工作　　/ 288
效率来自协同而非分工　/ 292
选择合适的领导行为　　/ 295

第一部分

论组织管理

论我国企业文化发展的现状和对策

企业文化作为现代企业管理理论，于20世纪70年代末80年代初已形成于日、美等国，90年代以来，我国对企业文化的研究和建设不断向深度和广度发展，不少著名企业也初步建立起自己独特的企业文化，在不同程度上促进了企业的发展。

由于各国的文化背景、社会制度、传统习惯、生产力发展水平不同，企业的经营状况、所处行业特点、职工素质、管理水平不同，这要求不同国家、不同行业、不同性质的企业采取不同的企业文化。因此，我们必须从中国国情出发，从本企业的特性入手，借鉴西方各国企业文化建设的有益经验，形成独特的适合本国、本民族的企业文化。

企业文化是企业在适应市场环境的基础上，以自己的产品或服务、员工的行为、管理规范而反映出来的企业经营观念和价值观体系，其核心是企业精神。

传统企业管理理论从资金、信息入手，实施对企业物质形态的管理；而企业文化从员工的思想、企业的意识形态领域入手，实施对企业意识形态的管理。通过对员工的思想观念、价值取向、伦理道德、行为准则模式的诱导和影响，激发员工内在的责任感、进取心、成就欲望，促进员工认同企业无形的规范，自发与企业目标取得一致，与企业追求趋同，使员工真正成为企业中的一员，在生产经营等各环节、各部门发挥其创造力、想象力，高速度、高效率、高质量地完成企业目标，以企业兴衰为己任，促进企业的发展。同时，员工的思想素质、道德观念、个人品德也得到进一步升华，提高员工自身的文化素质，为企业的可持续发展奠定新一轮的精神动力。这就是企业文化的功效力。

我国众多企业的企业文化建设中，既有成功的先例，也有失败的教训，总结多年来的经验，笔者认为，目前我国企业在塑造和建设企业文化过程中存在以下主要问题。

一、塑造和建议企业文化存在的主要问题

（一）脱离本民族文化，照搬外国经验

企业文化从宏观来看属于亚文化形态中的子文化系统，是微观文化。它从属于本国、本民族的传统文化，而民族文化对企业文化的产生、形成、发展具有历史起点和根源作用。当它作用于企业文化的内化结构时，会影响企业成员的心理状态、行为准则、价值取向、对经营目标的看法，使之不能完全脱离原有传统观念；当它作用于企业文化的外化结构时，会影响企业的管理方式、经营方式，包括规章制度、组织形式、人际关系，使之不能摆脱原有体制的影响。如日本传统文化是家族主义和封建群体意识，强调效忠天皇、大和精神，因而日本企业文化要求员工效忠企业，并以终身制来约束员工。美国企业文化的基础是个人主义功利价值观。美国是一个移民国家，各民族带来的文化都以个体的方式进入美国，并保持各自的独立性，很难形成一个统一的美国文化，只有个人主义功利观深入人心。个人主义价值观、个人尊严、个人奋斗意识则成为美国企业文化基本价值观的文化根源。

无论是把日本的大和精神嫁接到美国企业，还是把美国的个人主义移植到日本，都无法发挥其原有的功效。可见，外来文化只有植根于民族文化的土壤中，才能生根、发展。否则，不从本民族文化的实际出发，盲目照搬外国经验，培育企业精神将成为无源之水和无本之木。

（二）脱离本企业实际特点，雷同现象严重

任何一个企业都必然有别于其他企业，其原因在于企业所处行业的特点、职工素质、管理状况、企业目标、企业传统都具有不同特点。而企业文化又建立在企业长期经营的过程中、适应市场环境的基础之上，企业经营状况不同，以此为基础的企业文化也必然不同。脱离本企业的实际经营状况，企业文化无异于空中楼阁。而在我国学者徐艳梅、孙中柱所调查的34家企业的企业精神中，"创新进取"有27家，占79%；"严细文明"有24家，占70%；"求实团结"有18家，占53%。这样的企业精神既不能反映企业的实际特点、精神面貌、价值观、目标取向，其内容又显得空洞无力，缺乏实际指导性。

（三）片面地强调精神文化，忽视物质文化、制度文化

企业文化是包含物质文化、制度文化、精神文化三个层次的一个整体，其中，物质文化与制度文化是基础，是硬件，硬管理；精神文化是软件，软管理。西方企业文化强调软性管理因素，是因为其硬件管理因素已经很完备，为软件的发挥准备了完善的物质和制度基础。而我国很多企业正处于传统经验管理向科学管理逐步迈进阶段，硬性管理因素很不完备，例如企业规章制度形同虚设，职工素质不高等。这样落后的物质和制度文化必然限制精神文化的发展，落后的厂房设备、基础设施、职工素质决定了其管理制度的简单性和原始性，并在此基础上形成了封闭保守的经营理念，即使制定了完备的现代企业制度，也会因硬件的局限而无法实现。

（四）过分强调企业上层主导作用，而忽视职工参与

企业文化的核心是企业精神，企业精神的载体是企业管理者和企业职工。企业管理者尤其是高层领导对企业文化的形成具有主导作用，他们引导企业精神的发展方向，但企业精神的主体是广大职工。企业文化也是全体员工的价值理念，而非少数个人的想法。只有管理者的倡议，没有员工的参与，就不能称其为企业文化，也就无法把众多企业员工团结到经营目标之下，这时的企业目标只是强加于员工身上的外在约束和限制，而非员工发自内心的执着追求，必然无法发挥企业文化凝聚导向的功能。

以上几点是近几年我国企业文化建设中较为突出的问题。不重视问题的存在，势必会影响企业文化功能的发挥，制约我国企业向着更深层次发展。鉴于此，笔者认为，当前发展我国企业文化必须从以下几方面着手。

二、发展我国企业文化的对策

（一）既要继承和发扬中华传统文化的精华，也要学习、借鉴西方的企业文化理论

我国几千年历史的传统文化，为我国企业文化提供了丰富的精神资源，在新的历史条件下，应根据时代发展和企业发展以及职工素质的要求，取其精华。

发挥传统文化的精髓，首要的是"仁""礼"。

"仁"即仁爱、仁义、仁政。这种朴素的人道主义，具体表现为尊重人、敬

爱人的世俗文化，肯定和承认人的价值，以人与人之间的相亲相爱来处理人际关系，这与企业文化以人为本的思想、重视人的价值观是相吻合的。

"礼"为礼仪、礼节、礼教，即维护社会秩序的伦理道德、规范、契矩之道，通过社会秩序来规范人的行为。制度文化建设就是制定必要的规章制度，并使之合理化、切实可行，以规范员工的行为，从而提高组织绩效。

另外，传统文化注重积极入世的精神和关心社会现实的态度。通过这种关心，把人的内在思想转化为外在的积极行为。因而必须重视员工在企业文化建设中的主体作用，迎合员工积极参与管理的要求，正确对待员工的意见和建议。

企业文化作为一种现代企业管理理论，是西方企业管理科学的最新发展成果，在国外众多著名企业中也取得了显著成效，如GE公司的企业文化"机遇与风险并存"，松下公司的"造物之前必须造人"等，都为我国企业文化建设提供了新的思路。唯有从中国传统文化出发，结合现代国外研究和实践的成果，做到继承和创新，使民族性与现代性相统一，才能真正构筑适合中国员工心理特点、行为模式的有生命力的中国企业文化。

（二）企业文化要有独特性

企业文化的独特性包括企业内外环境、企业价值观、企业精神的独特性。只有独具特色的企业文化，才能为职工创造人无我有、人有我优的工作环境和心理优势，有利于稳定职工队伍，增强员工的认同感，满足职工多层次的需求，吸引更多优秀人才。

构筑独特的企业文化，就要把企业现有价值观体系、企业传统、企业所处行业特征、市场、产品、组织结构的特色、员工的现状等联系起来，对它们的相互关系进行审视和整合，使企业文化真正体现出个性特征，真正发挥激励全体员工的作用。

（三）硬性因素与软性因素相结合

我国企业管理的现状，决定了当前我国企业文化管理中紧要的任务是加强管理的基础工作，包括物质文化建设和制度文化建设。

物质文化建设，就是要通过美化企业的工作、生活环境，为工作人员创造一个舒适和谐的劳动生活空间，让员工亲身感受到企业对员工的重视，从而激发其为企业目标而奋斗的热情和创造力。美化企业环境，具体应解决以下几个问题：

（1）美化工作环境，加大基础设施如厂房设备、办公环境的投入。改善劳动场所，包括空气、照明、温度、湿度、噪声、振动机器设备等，治理污染，加强绿化。

（2）美化生活环境，包括改善职工居室条件、生活区设施、福利制度等。

另外，物质文化还包括厂容厂貌、厂旗、产品造型设计、包装装潢等可让消费者感觉到的直观的企业、产品形象，因而必须实施CIS战略，强化VI、BI。

制度文化建设，就是要改人治为法治，以规章制度来指导管理工作，使管理工作沿着理性、科学的轨道进行。首先是搞好立法：建立健全的法规、制度（指导企业职工从事生产、经营活动所遵循的规范、准则、章程）；其次是讲法：树立法规权威；再次是执法：人人都要按制度、程序办事，尤其是领导。如《孙子兵法》中所言："故行之以文，齐之以武，是谓必取。"以"文"的手段，即用政治道义来教育士兵；以"武"的方法，即用法纪来统一步调；这样的军队打起仗来必然能胜利。

另外，要推广科学管理，鼓励有利于实现组织目标的行为规范，促进技术进步；加大科技投入与员工培训的投入，为广大员工提供更多的发展机会。

随着企业文化管理中硬性因素的不断完善，职工素质的提高，应逐渐把重心转向软性因素——精神文化的建设。通过管理者总结企业发展的经历，取得成功的文化因素，同时广泛吸收外来文化的营养成分，与本企业的实际相结合，构筑本企业的价值观，建立真正出自本企业，反映企业特点、发展历程，并为员工普遍接受、认同的经营理论。

（四）发挥管理者的主导作用与员工的主体作用

建设企业文化，既要加强管理者的主导作用，又要充分发挥员工的主体作用。

企业管理者尤其是高层决策者，其首要的工作就是决定建设什么样的企业文化，引导企业价值观系统和企业传统应朝什么方向发展、调整，判断是否需要对原有的企业文化进行改变、如何改变，懂得怎样使企业价值观体系和企业传统与时代特征、市场需求、外部环境相结合。在具体工作中，应力戒形式主义，把企业文化建设和生产建设搞成两张皮，而应讲究实际效果。另外，企业管理者也必须提高自身修养，身体力行，真正起到"火车头"的作用。

发挥员工的主体作用，要求在企业文化建设的每一步，包括企业文化的定位、实施都应鼓励员工参与，使构筑的企业文化为企业员工所认同、接受，这样才能发挥激励员工的作用。

员工主体作用的发挥，前提是员工必须有一定层次的知识结构和能力水平。因而，在鼓励员工积极投入企业文化建设的同时，必须对其进行不同层次的培训：

（1）岗位培训。让一个班组内、一个工段内的员工熟悉每个岗位、工序的工作，增强其创造性及部门之间的相互了解，形成整体观念，为公司提供合格的基层人员。

（2）专门培训。选择有发展潜力的员工到相关教育机构深造，以培养现阶段发展所需的骨干人才。

（3）文化素质培训。包括职业道德、参与意识、敬业精神、团队精神，为公司未来发展积蓄精神动力。

培训不是目的，目的是激励。职工的水平、素质一旦提高，企业就应创造条件，为其提供发展的机会，使他们的水平和素质得到充分发挥。只有这样，企业的培训工作才会收到成效，也才会激发员工更大的潜力，形成员工、企业共同进步的有利局面。

（原载：《广东科技》，1999年第10期；合作者：潘海）

中西管理之"太极博弈"

作风尖锐的西方管理理念如何融入崇尚中和之道的中国公司？这就如同太极图谱的推演一般，需要在科学的博弈中寻找管理实践的阴阳平衡。

近20年来，中国公司的管理者在不断学习各种规则与新理论，他们尝试接受更多流行的西方管理思潮：须保持弹性；须标杆学习以达到最佳表现；须外包以求更高效率；须再造以求更高管理水平；等等。但是，许多管理者最终会在实践中失望，如同对韦尔奇的中国布道那样失望，管理者发现GE公司和韦尔奇的神话无法在他们的公司实现。难道是这些理论错了吗？难道是中国管理者不善于学习？当然不是。西方流行的、出自实践的管理理论大多是正确的，问题在于管理者如何在自己的公司中运用自如，因为管理首先是一门实践学科。

举例来说吧。公司必须保持弹性，迅速回应竞争与市场变迁，但是能够保持弹性的公司首先是具备了领先的地位，具有了引领市场和引领顾客的能力；持续标杆学习以达到最佳表现，问题是持续标杆学习必须能够积累公司自身的管理模式和文化；等等。因此，当管理者学习西方的管理理论时，必须清楚自己的状态。

我们可以先放下西方的管理理论，回到自己公司的状态来，对于每一家中国公司来说，仅仅是承认活着恐怕还不够，我们还需要知道：怎样活着？为什么活着？因此我们需要探讨公司作为组织的本质是什么，然后才可以真正了解公司组织本身，也才能够选择合适于这个公司组织机体的有效行为方式。

西方先进的管理理论、管理方法、管理工具到了中国公司中就显得非常尴尬。同时，很多中国公司的管理者也不知道，这些理论和工具的运用是否有效。例如，一家公司究竟需要怎样管理呢？在公司初创阶段，先锋公司该怎样迅速组织管理团队呢？又该怎样与员工一起控制和实施各种绩效和目标呢？

我们可以先看远一点，日本所实践的成功管理模式是戴明的质量管理思想。戴明的管理思想是典型的西方理论，但是到了日本，质量管理变成日本的管理精髓，成为日本公司在国际市场角逐的竞争优势。问题的关键是，为什么戴明的质量思想到了日本被发挥得淋漓尽致？日本的成功恰恰是能够把西方的管理理论与日本的本土文化相结合。质量管理需要的是服从的文化，需要精益求精，需要对工作的高度负责，需要一种荣誉感，这些恰好是日本文化所包含的内容，两者的结合造就了日本管理的竞争力。

一、西方标准里的中国理念

回到中国，海尔、TCL、华为、宝钢、联想这些我们称为先锋公司的中国本土公司给了我们非常充足的管理方式资源，那些深入人心的管理标语以及自成体系的管理制度都令人感悟。我们得到一个明确的结论：中国理念，西方标准。可以用太极图谱来阐述这个理论。

我们将源于西方的管理方式与源于中国的管理方式以"太极图"的方式相结合（图1），阐述先锋公司中国理念、西方标准的管理方法。阴阳代表中西两方，阳中阴点表示中方的管理方式中吸取了源于西方的管理方式，阴中阳点表示西方的管理方式中也引用了源于中国的管理智慧。"中国理念、西方标准"的关键在于阴阳结合，运转于无穷。事实上，这两种管理方式的结合益处及原因，并不是我们研究中得出的创新成果。很多公司（包括西方百年公司）都已先后实施并倡导这样的管理方式。我们所注重的是中国的先锋公司如何站在中国文化和管理历史的角度，以中国的管理哲学来运用西方的管理科学。

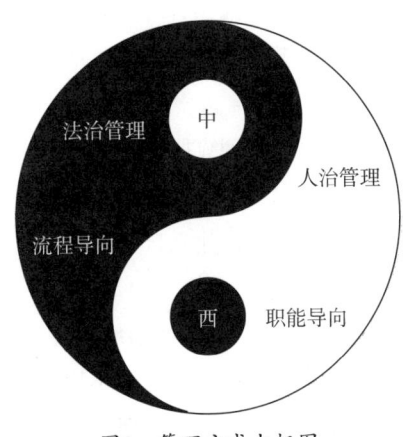

图1 管理方式太极图

西方标准是指做事的习惯：一丝不苟、遵照流程、不讲人情、完全符合标准，等等。但是西方理念是基于其文化背景，譬如西方人比较强调自己能力的发挥，而中国文化更强调公司为员工创造平台，西方文化则是员工自己创造平台，两者相差很远。所谓中国理念就是员工的文化背景，管理者必须在此背景下考虑管理模式，而不能超越背景。譬如，中国文化有一个很重要的准则是让员工都"过得去"，也就是"面子文化"，因此管理者不可能忽视这种文化。林语堂曾说中国人最重视的三个东西是面子、人情和权力，管理者就不得不考虑这些因素。因此西方文化倡导自己照顾自己，中国文化则倡导公司照顾群体。海尔集团倡导的公司文化是"海的文化"，也就是中国理念，但是做事却要"日清日毕"，用的则是西方标准。

中西管理的结合关键是三个转变：从"以人为本"向"以执行为本"转变；从"以岗位为本"向"以目标为本"转变；从"职能导向"向"流程导向"转变，两者兼容。

二、执行导向的公司治理

法治管理侧重"法"，即制度；人治管理侧重"人"，即情理。在理解西方人文主义所体现的"人是宇宙中心"精神后，我们认为西方文化追求自我价值的实现和独立人格的形成，同时强调人不应当贬低自身，而应当追求自身价值与幸福。正因如此，西方社会中，人与人之间不存在宗法伦理及等级关系，而是平等基础上的契约关系。当社会发展需要把这种契约关系用某种法定形式规范下来时，西方社会就形成了法制社会。表现在管理上就是规范管理、制度管理和条例管理，即在管理中特别注重建立规章制度和条例，严格按规则办事，追求制度效益，从而实现管理的有序化和有效化。

以美国式管理为例，由于制度管理克服了传统管理的无序状态、放任状态、经济主义等方面的缺陷，因而构成了全部管理的基础。亦即任何形式的管理，如果不能经历科学管理阶段的全部内容，建立自己的科学管理体系，其管理绩效不是无效的就是低效的。

相对而言，孔子的"仁义礼智信，恭宽信敏惠"之所以在中国千古不衰，源于这一理念建立在以家族为本位的社会伦理秩序的基础之上。中国特色的管理哲学十分强调"家宁""家兴"和"家顺"等理念，它不仅表现为公司本身就是

"大家""厂家",更重要的是强调中国管理具有更多的"情感"特色,即公司是员工情感交流和满足需要的重要场所。

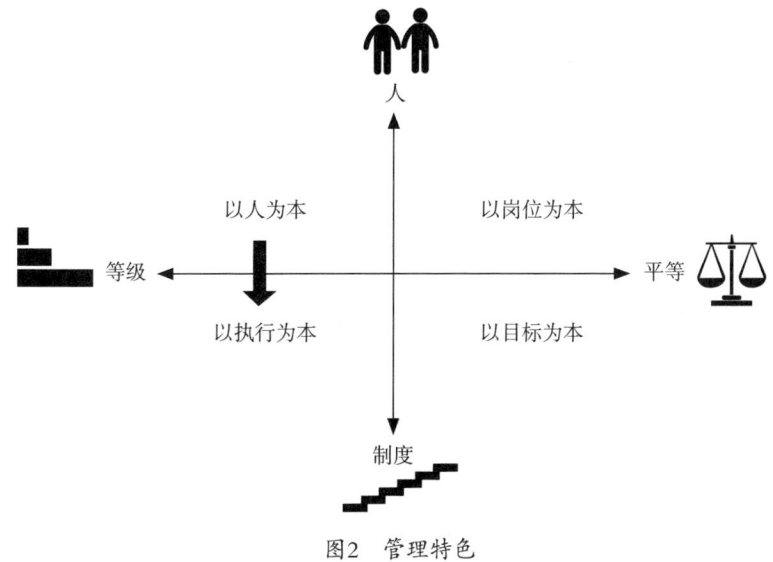

图2　管理特色

在图2中,我们描绘出了在中西方传统文化影响下侧重点不同所显示出的管理特色。

先锋公司试图寻找中、西两方的平衡。按照图2所示,当管理者试图从注重人和人的平等关系,转向西方通过管理制度形成的管理环境,实施"移情于法"时,公司管理特色就从"以人为本"自然转移到了"以执行为本"。这就是先锋公司在短短十多年的经营中所形成的管理方式。此外,各个公司的管理方式或多或少都包含了适当的人、制度,无非是各自的运作机制不同,各自的管理成本不同,由此引申出不同的管理模型和体制。

三、流程导向的管理模式

让我们首先通过图3来理解两种管理模式所关注的不同重点。

职能导向侧重于职能管理和控制,关注部门的职能完成程度和垂直性的管理控制,部门之间的职能行为往往缺少完整有机的联系。没有确定时间标准以及工作标准,一般由该部门的主管领导临时确定,大幅加重了主管领导的工作量。由

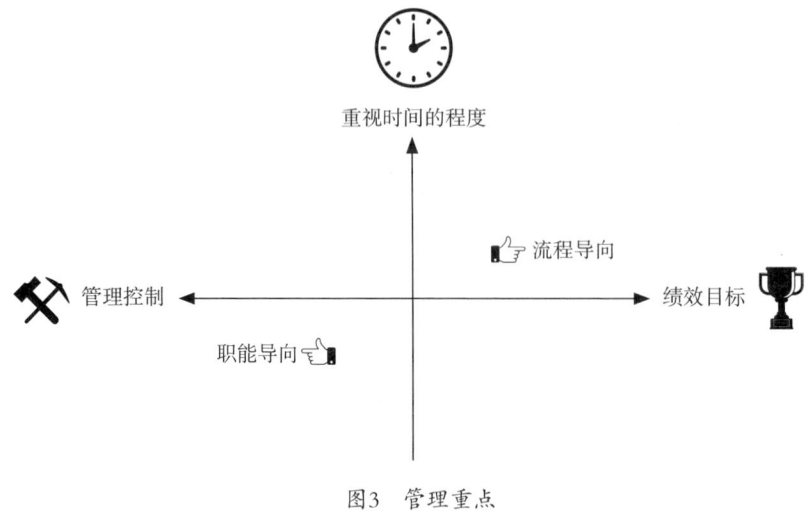

图3　管理重点

于标准不确定,极有可能导致整体工作效率大幅降低。

流程导向侧重的是目标和时间,即以顾客、市场需求为导向,将公司的行为视为一个总流程上的流程集合,对这个集合进行管理和控制,强调全过程的协调及目标化。每一件工作都是流程的一个部分、一个节点,它的完成必须满足整个流程的时间要求,时间是整个流程中最重要的标准之一。

在西方公司中所执行的流程管理,很大一部分还依赖于先进的公司资源管理软件,与公司外部上、下游相关的计划执行软件、客户关系管理软件等,这些软件在中国公司的应用和实施已经得到了很多关注,但仍然需要漫长的普及过程。中国先锋公司的深谋远虑,即在于合理地平衡这之间的利弊,并将这些合理地应用于自己的公司。这包括确定主要流程和支持流程,**避免流程太细化**;主要流程规范公司的组织架构,建立公司整体流程绩效的管理标准;侧重于主要流程的各部门,保持职能导向的管理方式,以控制流程再造过程中产生的各种风险;支持部门进行整合,以降低支持部门的总体管理成本。

总之,中国公司的管理者不应被管理学中的"洋务运动思潮"冲昏头脑,而是应该审时度势地在自己的公司环境中演绎符合公司成长规律的"太极博弈"。

(原载:《21世纪经济报道》,2004年11月4日)

衡量管理水平的唯一标准是什么

很多人用各种标准来评价管理水平，比如有人用管理人员的知识结构来评价；有人用使用的管理工具来评价；有人用管理经验来评价；还有人用专家来评价。但是，评价管理水平高低的标准其实只有一个，就是是否能够透过管理，让组织里每一个人的个人目标与组织发展的目标合而为一。

在管理中，人们都意识到一个问题：有能力的员工常常会不受组织目标的约束，更可怕的情况是这些有能力的员工会背离组织的目标。在管理中，一个最常见的争论是如何看待"忠诚"。我比较喜欢杰克·韦尔奇所作的定义："我的关于忠诚的概念不再是对于企业实体付出时间，然后被保护在一种与外部世界隔离的状态下。忠诚是那些希望与外部世界斗争并取得胜利的人们之间的一种默契。"这个定义让我们知道，忠诚的衡量应该是员工对于组织目标的贡献而非其他。

我们理解的忠诚更多的是对于企业的感情，很多中国企业的老板之所以把员工对公司的感情看得这么重，其根本的原因是管理水平不够。老板们知道自己的有价的资源有限，也知道自己的能力有限，所以只能够靠无价的情感来弥补。但是这样做的结果只能是，留住那些需要满足情感的员工，而对于需要满足能力发挥的员工来说只能选择离开，这样的企业想发展是绝对不可能的。

好的管理可以使企业在任何时候都能够了解个人的目标，并能够让组织的目标代表个人的目标。

（原载：《中国社会报》，2004年12月2日）

我们该怎样理解组织管理

近20年来，中国企业的经理人在不断学习各种方法与新理论。但是，像韦尔奇那样的神话却无法在我们身上实现。问题的症结就在于，我们自己对于管理的理解只对了一半。

我们需要探讨企业作为组织的本质是什么，只有想清楚这个问题，我们才可以真正地了解企业组织本身，也才能够选择合适于这个企业组织机体的有效行为方式。

对于任何一个在组织中生活过的人，都很清楚"组织"意味着什么。人类为了生存和发展，需要有组织，即有共同目标的人群集合体。这是因为组织有潜在的优势：能够做到单个人所做不到的事情；能够通过分工，取长补短，取得比个人所能取得的效果之和大得多的整体效应；能够超越个人的生命而持续不断地发展。因此，怎样提高组织整体力量就成为管理中永恒的主题之一。

简单地说，组织的存在是为了实现目标，组织管理的存在是为了提升效率。对于组织的正确理解包括如下四个方面。

一、组织是一个实体

当我们说组织是一个实体的时候，就意味着这样一件事情：在组织中我们需要用目标、责任和权力来建立连接。组织有正式组织与非正式组织之分。正式组织是指用情感、兴趣和爱好来连接人群的集合。我们在管理概念下主要是谈正式组织。从简单的意义上讲，组织理论就是探讨责任与权力是否匹配的理论；从本质意义上讲，组织结构设计就是一个分权、分责的设计。

当我们理解组织是一个实体的时候，也就意味着对于组织而言，不能够谈论情感、爱好和兴趣，不能够希望组织是一个"家"。联想集团今年大裁员所带来的震动,如果从组织理解的角度来看是应该的,但是依然掀起了波澜,其缘由是员工认为"联想应该是个家"。但是,我们只能够抱歉地告诉大家:组织不是家,它更注重的是责任、权力和目标,当目标无法实现的时候,组织也就没有了存在的意义,而组织中的人也就失去了参与组织的意义。

当我们说组织是一个实体的时候,还意味着一个组织的权力、责任和目标必须由同一组人承担。当组织中出现结构臃肿、效率低下、人浮于事、责任不清、互相推诿等情况时,我们必须先看看是否存在同一件事情有两组人在做、同一个责任有两组人在承担、同一个权力有两组人在使用,这正是出现上述情况的根本原因。这些情况我们可以称之为"组织虚设"。虚设的组织在企业中大量存在,比如,一个企业有市场部门但是又设有营销部;有各个职能部门又专门设一个管理部。结果大家都有责任,又都不需要负责任。组织中最可怕的情形就是这个"组织虚设"。

二、组织里的人是公平的而不是平等的

在社会结构中,人是以生存为前提的存在,人们受到法律和道德的双重制约,在法律和道德面前,人与人应该是公平而且平等的。但是在一个组织结构中,人是以目标为前提生存的,人与人应该承担各自的责任和目标,从而拥有了不同的权力。因为这些的不同,所以人与人应该是公平的但并非平等的。

组织的重点是人,这是毋庸置疑的。但是在这个前提下,不能怀疑的一点就是,组织里的人并不平等。当我们处在组织中的时候,必须认清楚自己的角色和位置,不能够以为自己可以解决一切问题,自己也应该可以表达所有的意见。

我们的组织中,每一个人都在关心他们认为组织中重要的东西。组织里所有的问题,大家都可以发言,但是对于自己专业范围内的事情,却看不到专业的意见和解决之道。每一个人都对别人的领域感兴趣,尤其是对上司的领域感兴趣。在中国的很多企业里,当你与高层谈话的时候,他们讲得最多的是用人、效率、品质、管理制度;当你与中层交谈的时候,他们讲得最多的是公司的战略、公司发展、竞争对手、市场;当你与公司的基层聊天的时候,他们讲得最多的是成长、发挥才能等;结果是每一个层面的人都没有关心这个层面应该关心的问题,每一个层面都从更高一个层面去思考和工作,丧失了组织本身所要有的功能。

三、分工是组织管理的根本方法

组织的能力来源于分工带来的协作，没有分工就没有了组织结构的活力。很多公司对于自己的管理制度的健全和完善津津乐道，但是，我还是更倾向于先解决组织分工的问题。管理制度越少越好，因为制度本身就是一个成本。好的公司的状态应该是：一个有机的组织，一个健康有活力的文化，一个专业化的分配制度。这样一个企业的管理体系就足够了。

组织的分工主要是分配责任和权力。组织必须保证企业所必须承担的责任有人来负责，同时负有这个责任的人拥有相应的权力。我们看到国有企业的问题，往往会归结到体制的问题上去，这样也可以解释，但是其中还有一个关键的问题是组织管理的问题。在国有企业的管理中，我们一直非常推崇民主决策，但是决策的责任却不是民主来承担的，结果就出现了"大家管，管大家，大家拿，拿大家"的情况。国有企业的管理有其好的一面，但是没有明确的责任意识、没有明确的分工，而只有主人翁意识是不够的。

四、组织的目标必须是明确而单纯的

每个人都知道组织是有目标的，并且每个人也都承认组织目标非常重要。但是，如果我们需要确认什么才是组织的目标、什么才是组织内部每个部门的目标的时候，往往会发现答案却不是唯一的，更糟糕的是，更多的人会认为一个组织应该有多个目标，并坚持这些目标可以随时改变。

理解组织的目标，一定要站在管理和解决问题的角度上才行。我们在管理问题上往往容易犯的错误就是忽略了管理的时间特性，忽略了管理是一个权变的概念。如果用静态的方式来思考管理的问题，我们对于很多问题的认识都出现了不可扭转的错误，会把大家带入歧途。

对于企业组织而言，它的目标非常简单，我们只需要一个指标，即持续的获利能力。一般认为，合理的战略始于正确的目标的确立。我们可以套用迈克尔·波特的观点：能支持合理战略的唯一目标就是超强持续赢利能力。如果你的公司不是从这个目标出发，而是直接奔向这个目标，那么，公司很快就会被引到摧毁战略的歧途上。

如果公司的目标是赢利之外的任何东西，比如这个目标只是将公司做大，或者是快速成长，或者是成为技术领导者，那都会使公司陷入麻烦之中。因为这些时候，公司为了追求这些看似正确的企业目标，投入了所有的资源，但换回来的可能是失去企业持续获利的能力。

（原载：《中国电力报》，2004年12月22日）

职业经理人的六项修炼

职业经理人要转变解决问题的思维方式、自身的心态和行为，必须做到三个方面，即"融""和"以及"适"。

首先是"融"。

所谓的"融"，是把个人的职业命运与企业的命运融合到一起。这并不是说职业经理人一定要绝对效忠企业的创立者，但是他要忠实于企业这个生命体本身。

当企业家对企业生命体造成破坏的时候，职业经理人可以通过自身的努力，来形成一套好的决策程序，以制约企业家的一些个人的性情和内在的无序冲动。前提是职业经理人必须首先融入这个企业，他的个人目标要与组织成长目标一致。

目前中国一些职业经理人有两种极端，一种是只尊重个人感觉或者说尊重"经理人"这一职业；另外一种就是有过强的创业心态，借企业家的平台创业。因此职业经理人与企业之间更多的是一种博弈关系，就是以投机主义对投机主义。这是一种系统的负向思维，以不信任对不信任，以短期行为对短期行为。这个问题企业家要解决，职业经理人也要解决。

其次是"和"。

所谓"和"，就是要和而不同、求同存异。职业经理人进入企业之后，要找到企业内部最大的支持者，要尊重企业的发展历史，在思维方式、战略选择和管理行为上，找到共同的交集。不能按照一分为二的思维，而是要用合而为一的思维。中国传统思想上有斗争思维：一变二，这是一种裂变的思维；和，这是一种统一的思维。这两种思维相对应的是道家和儒家思想。老板都喜欢道家，因为它是裂变，一生二、二生三、三生无限；儒家就比较强调克己复礼，强调统一、融合、中庸，所以职业经理人就应该追求儒家思想。

如果职业经理人的观念内没有儒家思想，要争取最大化的交集、共识，那么外化到具体的行为方式上就会出现一些问题。所以，中国的职业经理人需要更练达，积累更多的人情经验。

再次是"适"。

所谓的"适"，即职业经理人要深入企业，找到合适的解决问题的办法。这与"和"的意思是不太一样的。"和"就是要取得更大的统一，就是善于化敌为友，强调自我改善生态环境，自我营造一个绿洲。"和"是针对企业具体的环境、具体的生态、具体的历史，自己去改造生态环境；"适"则是要找到企业的具体解决方案，不能抽象地去否定过去产生的历史。为企业提供解决问题的方案，要个性化，或者说要具有企业特色，导入的原则要适应这个企业的具体情况。

由此演化，职业经理人需要具备六个素质。

第一个素质，具备管理道德责任。职业经理人向谁负责？有人会说向企业负责，有人会说向社会负责，有人会说向雇佣者负责，有人会说向自己负责。从聘用关系上来讲，应该是向聘用你的人负责。当企业的所有者在出现战略性错误时，职业经理人会面对管理的道德标准与社会的道德标准之间的矛盾。这时候从职业角度来看，经理人只能服从企业的管理道德标准，要不就选择离开。

第二个素质，职业经理人必须从关注结构转换到关注人。大部分职业经理人都是关注结构，喜欢生硬地遵循自己的思路、架构来管理企业，而这往往会碰壁。在现阶段的中国，职业经理人要更多地关注企业内的每一个人，这样才能保证管理更具弹性。

第三个素质，职业经理人要从关注程序和流程转换到关注企业的核心能力。职业经理人会很关注流程、程序，但是他可能不知道这一大套流程和程序可能跟企业的核心能力是不匹配的，因为很多企业是有它自己的能力的，因此经理人首先必须了解企业的核心竞争力，才能找出与之匹配的程序、流程来运作。

第四个素质，就是实事求是。职业经理人要基于事实来管理，用诺基亚的话说就是基于事实和数据的管理，并且这个事实和数据必须是这个企业的事实和数据。

第五个素质，要具有嵌入战略的素质。就是要把自己构想的战略嵌入到企业中。不能光谈战略，但是嵌入不到企业当中去。这是一个非常重要的素质。现在经理人常犯的一个毛病就是，他的战略观念很强，但经常是他唱自己的调，无人应和。对于企业组织的管理和文化，要继承与发扬，是一种扬弃的关系，而不是改造的关系。所以职业经理人必须采用嵌入的战略方式，他有战略思想，企业家也有战略思想，他必须理解企业领导者的战略思想，然后找到一个切入点，嵌进去。

第六个素质，职业经理人必须是一个人才发动机。他要有能力让整个企业的人都变成人才。现在的职业经理人犯的一个通病是，常认为"我是人才，你们都是蠢材。我进来就要证明我强，你们都不强，你们过去的都是错的，其他人都错，实在不行我从外边再带人进来"。这是导致空降兵与地面部队发生冲突的重要原因。

职业经理人的各项素质互相融合，就是向上管理的素质，这是职业经理人的根本素质。以前的观点是对下属负责，这是对的。但是对于职业经理人来说，一个关键的前提是董事会或者企业所有者给予充分授权，如果连资源都没有，就丧失了向下管理的平台。因此向上管理，能够管理上司和企业所有者，这样才能把职业经理人的作用真正发挥出来。

（原载：《21世纪经济报道》，2005年1月27日；合作者：施炜）

寻找缺位的管理观

企业的管理观决定了人们如何进行管理活动。有了清晰的管理观，才会有清晰的管理行为，也才会有合适的管理标准。

在近20年的中国企业管理历程中，一直没有人关注管理观。人们讨论企业的经营理念，探讨企业的价值观，研究企业的管理哲学，但是却没有人整理清楚什么是管理观。

如何看待管理，回答管理是什么，这样的问题就是管理观的问题。那么，管理观包含什么样的内容呢？笔者将其归纳为三句话：管理只对绩效负责；管理是一种分配；管理始终为经营服务。

一、用绩效说话

企业的绩效包含着效益和效率两个方面的内容。一个企业要有好的效益，同时又需要用最快的时间达成这个结果。因此，无论采用何种管理形式和管理行为，只要是能够产生绩效的，我们就认为是有效的管理形式和管理行为，反之则是无效的，是管理资源的浪费。企业的主要目标是达成良好的绩效，管理的所有活动都是围绕着这个目标来进行的，所以，笔者认为，管理观的第一个内容就是：管理只对绩效负责。虽然这是一句非常普通的话，现实情况却表明，真正理解它的人并不多。

如果一个人能力很强，才干很好，但是品德极坏，那不是会对企业和社会造成极大的伤害吗？是的。但是我们需要澄清一个非常重要的观点：人都会犯错误，所以我们不能够在品德上下赌注，管理所要做的就是让人没有机会犯错。管理所面对的人，不能够从道德的角度来评价，而只能够从行为学和经济学的角度来评价。从经济学的角度来看，人是自私和贪婪的；从行为学的角度来看，人是懒惰的。这个自私、贪婪、懒惰的人,就是管理面对的人,他不是一个道德人,所以我们不能够用道德来下赌注。今天这么多党的干部犯错误,实际上是我们的管理让他们有机会犯错误,但是竟然有那么多的人认为是品德教育不够导致的。

管理观之一:管理只对绩效负责。实际运作中就是要功劳,不要苦劳;要关注能力,不要关注态度;要关注才干,把品德作为基本的条件。

二、等边分配法则

管理其实很简单,它需要做的是一个分配。管理就是分配权力、责任和利益。但是需要特别强调的是,必须把权力、责任和利益等分,形成一个等边三角形。

在管理上出错基本上都是没有把这三样东西分成等边三角形。很多管理者喜欢把权力、利益留下,把责任分出去;好一些的管理者把权力留下,把利益和责任一起分出去;也有管理者认为责任和权力以及利益都应该留在自己的手上,根本不作分配。这些管理观点都是错误的。我们可以以国有企业的管理做例子,很多人认为国有企业管理不好,根源在于产权问题,但是我认为,产权是一个不能够在经营层面和管理层面讨论的问题,任何管理者都是在有限条件下进行选择,所以我坚持不在经营层面讨论产权问题。我们没有管理好国有企业的一个根本问题是:没有很好地分配权力、责任和利益这三样东西。国有企业的权力非常大——上百亿的国有资产的管理权,国有企业的责任也非常大——上百亿的国有资产保值增值、几万职工就业。但是国有企业的管理者在利益分配上是没有机会的,因此出现这么多国有企业的困境就是不可避免的。

管理观之二:管理是一种分配,把责任、权力和利益分成等边三角形。

三、经营大于管理

管理与经营是企业的两个面,经营是选择正确的事情做,管理是把事情做正确。从这个意义上说,经营是第一位的,管理是第二位的,管理始终为经营服务。可以用这样一个比较来说明,当一个企业在经营上选择"薄利多销"的时候,管理上就要选择成本管理;在经营上选择"一分钱一分货"的时候,在管理上就要做品质和品牌管理;如果像联邦快递一样在经营上选择"隔夜服务",管理上就要进行流程管理；如果像戴尔一样用"直接定制"的策略，管理上必须做到柔性化管理。

以上举例只是想说明这样两个观点：第一，管理做什么，必须由经营来决定；第二，管理水平不能够超越经营水平。中国家电企业这么容易亏损，并不是这些家电企业的管理不行，反而是这些家电企业的管理水平太高了，超过了它们的经营水平。我们的大部分企业还在薄利多销的经营水平上，但是很多这样的企业竟然开始了流程再造的努力，这些企业不亏损才怪呢！基于同样的理由，我开始担心很多企业的管理培训，因为我常常被企业邀请为企业的员工讲解领导力或者企业策略。这样的培训是会产生反作用的，因为员工接受的培训超过了员工所承担的责任，这样的培训我称之为"培训过度"。当一个企业的管理水平超过经营水平的时候，这个企业离亏损就不远了。

管理观之三：管理始终为经营服务，就是经营定位决定管理定位，要确保管理水平匹配经营水平，千万不能够让管理水平超过经营水平。

（原载：《河北经济日报》，2005年6月8日）

总裁：请警惕第五阶段

在总裁生命周期理论中，阐述总裁在其任职过程中，会经历受命上任、探索改革、形成风格、全面强化和僵化阻碍这五个阶段，业绩往往会出现始于上升、继而持平、最终下降的抛物线。当总裁滑入第五阶段的时候，企业也就进入了衰退期，这是一个管理上的事实，也是许多企业盛极而衰的原因。我们可以看到中国许多私有企业，其一开始发展的势头很猛，但衰落得更快，几乎是一夜之间就没了。很显然，总裁在树立绝对权威以后，一个错误决策所带来的破坏力大得惊人。

那么，为什么会形成总裁这样的管理生命周期呢？汉布瑞克和福克托玛认为有五个因素导致了这种状况，分别是认知模式、职务知识、信息源质量、任职兴趣和权力。其中，最关键的因素是认知模式和信息源质量。

凡是成功的企业家，几乎都有自己的一套有特色的理论。例如张瑞敏提出了"吃休克鱼""斜坡理论""OEC"管理法等方法；而其他更多的企业家是拥有自己的想法，只是没有明确总结出来。另外，由于每个人的背景不同，所以对营销、技术、生产、资本运营等的侧重程度也不一样。这些就构成了总裁的认知模式。每个总裁的认知模式都会有一个从发展形成到固定强化、从模糊到明确、从试探摸索到坚定不移的过程。这种认知模式最初是作为一种外在的工具手段，而发展到最后，就进入炉火纯青、溶化在血液中而浑然不觉的状态。并且，这种认知状态的刚性也在不断加强，之所以不愿对自己的思想行为方式做根本性改变，主要原因有这么几条：一是过去的成功强化了对自己目前方式的认可，即使要做出改变，也是对原来方式的修修补补；二是不愿放弃过去的"沉没成本"，一个人对过去的投资越多，就越舍不得放弃过去，正如有时一个项目即使效益很差，但很多人还是抱着侥幸的心理追加投资，而不愿意放弃；三是坚持自己被社会和公众所认可，一旦做出彻底改变，就意味着在社会面前否定了自己过去的一切，而且自己对于变革也没有必胜的把握,所以更倾向于自己熟悉的东西。

导致总裁管理生命周期后期僵化的另一个重要因素是信息质量的下降。随着任期的延长,总裁的信息源会变得日趋同一。一方面,可能是因为总裁对外界信息主动搜集的机会减少;另一方面,周围的人会逐渐摸清总裁的信息偏好,"报喜不报忧"的现象日益严重。

那么,如何才能有效防止总裁进入"僵化阻碍"的阶段呢?尤其是在中国家电的现阶段,总裁往往本身就是创业者,拥有至高无上的权威。对于今天的第一代家电领导人,要防止掉入"第五阶段",只能靠其自己,因为没有人可以超越其上,也没有任何制度可以超越其上;但是对于第二代家电领导人,则可以通过建立标准的董事会和明确的决策制度,来防止他们滑入"第五阶段",并保证决策不出方向性的错误。

(原载:《21世纪经济报道》,2005年10月10日)

企业并购中的价值迷失现象与企业文化关系研究

企业并购是世界经济发展过程中的常有现象。目前，世界上较大的公司都是通过不断并购形成的。据有关资料统计，到2002年为止美国已经发生了15起数额在100亿美元以上的巨型企业并购案，总耗资2095.6亿美元，且小数额的并购案每年都数以千计。但是从全球范围来看，在过去20年里有65%的企业并购是失败的，无法实现当初的承诺和并购企业的价值。并购的实质就是一方用现金或股份等换取双方认同等价的被并购方的价值，包括其厂房、固定资本、人员、专用技术和专利、市场份额、特殊客户群等，和购买一台电视机的过程并没有实质性区别，都是一次等价交换的过程。可是，在全世界的并购案中，只有不到一半真正实现了最初期望的并购价值。为什么会出现这种现象呢？笔者认为在并购过程中出现了价值迷失现象。

一、企业价值链概念

说到企业价值一定会想到企业价值链理论。第一个提出价值链思想的是迈克尔·波特（Michael Porter）（1985）。他描述了顾客价值是如何通过一系列可以导致一个最终产品或服务的作业而形成的。

波特将价值链描述成一个企业用以"设计、生产、销售、交货以及维护其产品"的内部过程或作业。他进一步论述道："一个企业的价值链以及它所指导的单项活动的方式都是这个企业实现战略的方法，以及其作业的根本经济状况的反映。"

波特把企业活动分为两大类：主要活动和支援活动。主要活动由投入到产出的转化,以及交货和售后服务直接构成。

约翰·沙恩克(John Shank)和非·哥芬达(V. Gowindarajan)(1993)所描述的价值链比波特的范围更广一些。他们认为:任何企业的价值链都包括从最初的供应商手里得到原材料直到将最终产品送到用户手中的全过程。这一论断把企业看成价值生产过程中的一个部分。

波特在其《竞争战略工业与竞争者分析技术》一书中又对价值链进行了重新定义:一系列连续的价值创造作业,从基本的原材料到供应商、生产者,直到消费者使用的和在运输途中的最终产品。

综合上述观点,我们可以将价值链简单表述为:将企业的生产经营看成一个价值创造过程,作为这一过程中的一个环节的各项作业连接在一起构成了一个链,这个链就是公司的内部价值链。

二、企业并购与企业价值链

企业为什么要并购其他企业?并购动因理论中有协同效率理论、市场势力理论、代理成本理论、信息不对称理论等很多解释,但归根结底还是为了股东利益最大化。

从企业价值链的角度来分析并购的动因,横向并购是为了使价值链变得更粗壮,纵向并购是为了使价值链链环之间加固和延伸,混合并购则是为了使企业多拥有几条价值链。

图1和图2显示了企业横向并购前后的价值链变化。一个企业要横向并购另一个企业,一定是并购双方处于价值链相同环节,而在价值链上下游有交叉的情况。

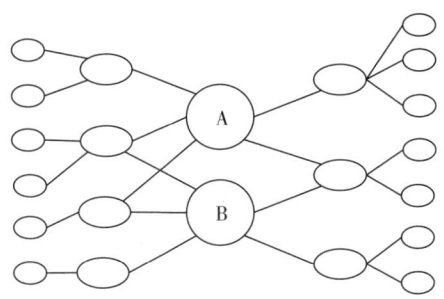

图1 横向并购发生前A、B企业价值链示意图

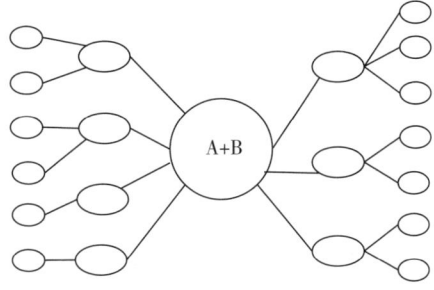

图2 横向并购发生前A+B企业价值链示意图

比如美国19世纪末发生的第一次并购浪潮就大量发生在同一部门或同一行业之间，并由此产生了一批具垄断地位的大企业。该次并购的浪潮主要有两类并购：一类是行业内若干小企业聚合在一起，组成一个较大的企业集团或托拉斯；另一类是由一家大的企业对全国范围内生产经营同样产品的小企业进行并购，形成托拉斯。美国经济学家拉尔夫·纳尔逊的调查显示："由于合并而使公司消失的数目从1896年的26家上升到1897年的69家，1898年为303家，1899年为1027家。其后三年为340家、423家、370家，1903年降回到79家。在这次大兼并浪潮中，美国公司中的75%被并购，1898年到1903年被并购消失的企业达2653家。"

横向并购增强了垄断势力，意味着许许多多细小的企业价值链变粗壮了。20世纪初托拉斯式的组织已遍布美国各主要经济部门，1904年美国各部门中大型托拉斯已达440个。到1910年托拉斯式的组织在美国国民经济各部门生产中所占的比重大部分已经超过50%，如食品加工业占60%、化学工业占81%、钢铁工业占84%等。

企业纵向并购不仅仅使企业价值链中一些关键环节耦合紧密了，同时还削弱了竞争对手的价值链。图3、图4显示了纵向并购前后的变化过程。

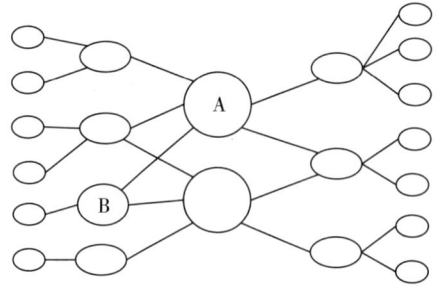

图3　纵向并购发生前A、B企业价值链示意图

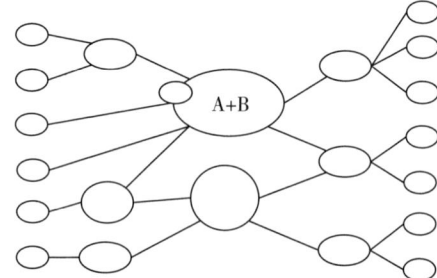

图4　纵向并购发生前A+B企业价值链示意图

20世纪20年代美国发生的第二次并购浪潮就是以纵向并购为主的。纵向并购是把一个行业内各个生产工艺和各种生产工序的企业整合到一起，构成一个具有完整体系的联合体，以达到规模经济效应，增加产出，降低成本，减少开支。例如福特汽车公司在20年代先后兼并了焦炭、生铁、钢材、锻造、汽车零部件以及汽车用冰箱、皮革玻璃、橡胶等各类企业，形成了有关汽车制造的无所不包的生产统一体，并且拥有完整的运输体系及遍布全国的销售网，使公司企业价值链的每个环节都完全在公司掌握之中。

混合型并购,特别是不相关多元化兼并,基本上是靠资金把几条企业价值链联系在一起,可是在业务层面上毫无关系。

中国近期发生的一些重大并购案中,如联想收购IBM公司PC部门属于横向并购,联想的价值链变粗,一跃而成为世界第三大PC厂商。TCL并购法国汤姆逊公司则属于纵向并购,TCL通过这次并购得到了彩电在欧洲的生产厂和市场。从价值链的角度分析,可以发现企业并购所付出的成本并不是完全购买被并购方当前的价值链,很多时候把被并购方未来可能形成的价值链也部分计算到并购价值中。也就是说,并购价格包含了目前价值链和想象价值链,如图5所示。

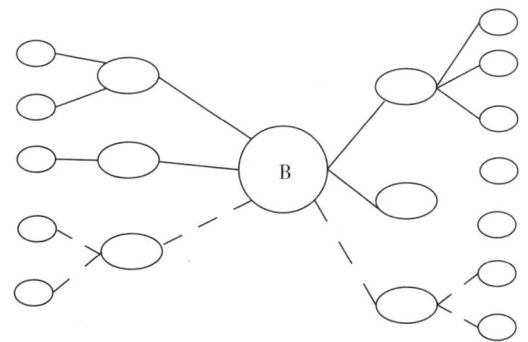

图5　并购时计算的企业价值链(虚线部分为想象价值链)

已经形成的价值链代表了公司过去的历史,即代表已经形成的实际价值,而想象价值链代表着公司未来可能增值的部分。

三、企业文化与企业价值链

从前面的论述中可以看到,专家学者们对企业价值链的研究基本上关注于企业供产销的过程及对应的售后服务、质量控制等辅助过程,并没有多少专家把企业文化与企业价值链的关系作较深入的研究。

笔者认为,企业文化与企业生产价值过程的关系很像机油与汽车发动机的关系。在一辆汽车运行过程中,机油并不直接产生动力,但机油却为发动机提供了润滑、密封、冷却和清洗作用,保障了发动机在高温高速运转的情况下正常工作。

波特把企业活动分为主要活动和支援活动两大类,而且价值链中每个环节还要考虑对相邻环节的价值贡献,恰恰企业文化既不算主要活动也不算支援活动。

企业文化本身不构成企业价值链的一个环节，但企业文化却是企业整体价值中重要的组成部分，渗透在企业生产价值过程中的每一个环节，和企业的生产、销售、服务、供应、财务管理、质量控制等各环节密不可分。

如果汽车发动机没有机油的润滑、密封、冷却和清洗作用，就不可能高温高速运转。一个企业如果没有良好的企业文化，管理完全依靠制度硬碰硬地运转，正如没有机油的汽车发动机。

企业文化是企业价值链存在的环境，犹如人存在于空气之中，空气不是人体的任何一个部分，但空气又存在于人体的里里外外，而且空气的质量直接影响人体的健康状况。

对于某些企业的并购来说，价值链的总和差不多就是企业总价值。比如说一个企业去收购一家濒临破产的国有工厂，看中的并购价值是该工厂所占有的那块地，工厂的产品、设备、人员在并购方眼里没有什么价值，人员安置反而成了并购的负担，这时候被并购方的企业文化在并购过程中没有什么价值。

对大部分并购来说，被并购方的总价值远远不止于价值链总和，比如说一家高科技企业。优秀的人才是企业核心竞争力的组成部分，而人才在不同的企业文化氛围下的工作状态是绝对不同的，这时候企业文化的价值可能高于企业厂房、设备的价值，但没办法对文化的价值作量化计算。

如果把厂房、设备等固定资产、企业应收账款、经注册的品牌、知识产权等可以在账面上计算清楚并可以通过并购双方人员清晰移文的价值叫作刚性价值的话，那么，我们则把无法计算的、无法清晰移文的企业文化、客户美誉度、员工忠诚度等价值叫作柔性价值。在企业并购过程中刚性价值的移交相当容易，但柔性价值的移交却非常困难。

四、并购中价值传递过程的迷失现象

2004年9月TCL与阿尔卡特联姻成立合资公司（以下简称T&A），TCL冀望借此一举成为全球第七大手机厂商。TCL集团利用近5500万欧元资金获得了国际品牌、技术和企业实体，其中阿尔卡特的研发人员有近600人，说得上是一桩好买卖。然而仅仅事隔8个月，双方就修订了合作策略，TCL通过换股方式收购阿尔卡特在T&A中的所有股权，阿尔卡特收回相关专利的使用权并支付相关费用，宣告双方初始合作策略的失利。并购整合效应并没有发挥，TCL对T&A基本处于失控状态,以致造成前4个月近4亿的巨额亏损,销售部门和技术部门的人员流失非常严重。另据一位早离职的苏州公司员工透露:包括北京等三个大区在内的市场人员"差不多都走了,销售部门走了一半以上"。

知情人士透露了融合中的三大实际难题:一是阿尔卡特手机并入TCL之后,原先的很多职位被调整,一些主要职位也多由TCL人员来担任,原阿尔卡特手机的一些员工尤其是管理人员的职位在事实上被下调了;二是薪酬上的变动也让他们不愿接受。以销售业务为例,阿尔卡特的薪酬在业内处于中游水平,且收入稳定,而TCL采用的薪酬方式则是相对较低的底薪加上较高的提成;三是因为两家公司的销售模式有很大不同,国产手机厂商一般都会有很多销售人员,花很多的钱去做直接(终端)销售,这些销售人员的水平及素质也良莠不齐。而阿尔卡特主要是通过经销商来做终端销售,销售人员不直接做,对销售人员的要求也比较高。因此阿尔卡特不愿意接受前一种模式。

TCL并购案的结果与并购之初的期望相去甚远。就像俩人结婚,总是抱着相亲相爱、白头偕老的美好愿望走进婚礼的,但结果总会有些差强人意。TCL和阿尔卡特在并购之前也是抱着强强联合、优势互补、协同效应等良好的意愿走到一起的,但结果却令人遗憾。

并购没有达到预期的目的,并购方没有真正得到期望的被并购方的价值,并不是被并购方故意隐藏了一些企业价值不移交给并购方,而是在并购中价值传递时发生了迷失现象。我们可以用一个简单的试验来模仿并购中价值传递的迷失现象。用一杯绿豆代表被并购方的刚性价值(可以清点计算具体数)、用一杯花生油代表被并购方的柔性价值,用另一个大杯子代表并购方。

先看刚性价值的传递过程。把这杯绿豆往大杯子里面倒,如果倒的速度很快,就可能撒落一些绿豆。可以用两种办法让绿豆都不撒出来,一是很小心地慢慢倒,二是加一个漏斗。漏斗其实就是一个严格的监管机制。

刚性价值的传递过程可以说是完全传递的。一种办法是把所有被并购方的资产认真核对移交,一种是加强监管机制,不要有漏洞。如果不投入足够的人力、时间或监管不力,有些设备等资产就可能丢失,价值传递就可能迷失。无论是采取投入更多时间、人力还是采取更严格的监管制度,都会增加并购整合过程的成本,关键是看这样的成本上升是否可以带来更大的效益,即降低刚性价值迷失的风险。

柔性价值的传递过程要复杂很多。把一杯花生油倒入另一个大杯,如果速度过快就会撒落，而且倒完后原来的杯子一定还会粘住一些，无法完全倒过去。采用和倒绿豆一样的解决办法，一是延长时间，二是加漏斗，结果发现问题还是没有解决。如果延长时间很慢很慢地倒，从理论上讲，小杯子里的花生油可以彻底倒进大杯子里，实际上总会粘住一些没办法完全倒出来；加漏斗可以避免撒落现象，可以加快倒的速度，但这样不但杯子上会粘住一些，漏斗上也会粘走一些，没有办法彻底传递过去。

企业文化本身具有社会性、民族性、融合性、人本性、过程性、渗透性、自觉性、实践性、传统性和创造性等特征。随着企业发展不断丰富、不断改进，与企业的组织结构、制度、人员、产品等相互影响，深深渗透到企业的方方面面。企业产品在市场上的美誉度、企业员工对企业的忠诚度等都与企业文化息息相关。有一些文化是与地域密切相关的，换一个地区就会产生文化冲突；有一些文化可能就是带有企业总经理个人特性的，一旦这个企业不再由其担任总经理时，这些文化特性就可能消失。所以无论如何采取措施，企业文化的价值都无法100%转移到另一个平台上。

如果企业文化的价值在并购中非常重要，可以采取保护原有文化的方式来维持其价值。1995年，IBM和LOTUS两家公司的并购，是一个非常值得回味的企业文化价值保护的经典成功之作。这本来是一起典型的敌意并购，这种情况下文化的冲突有时会异常激烈，本来人们以为，用不了多久LOTUS就会被IBM这架巨大的官僚机器轧平，其独特的创新文化也会消散在蓝色巨人这片沼泽地中；顶尖的软件开发高手无疑将"跳槽"离去，只剩下IBM孤零零地守着这个35亿美元的烂摊子。IBM公司主席兼首席执行官Louis V. Gerstner, Jr和主管软件的副总裁John M. Thompson成功运作这起公司购并的始末，两家公司合并以来，双双获得了很好的收获。LOTUS借助IBM强大的市场能力把Noets的销售量扩大到10倍；而IBM则由LOTUS填补了产品空白，向软件巨人转变的过程也更加顺利。IBM并购了LOTUS，但仍然视LOTUS为一个完全自主的公司，让它继续拥有自己的品牌，公司员工继续从LOTUS公司拿工资和福利待遇。IBM没有把自己的管理规定和公司文化强加给LOTUS公司，实际上，IBM巩固了LOTUS的软件生产能力，而LOTUS则拥有IBM所缺乏的运营效率。令人担心的员工大量辞职现象没有发生，相反，LOTUS公司的雇员数量不断上升。在不到3年时间里，员工人数已经增加到接近9000人，几乎是并购时的两倍。

笔者从1995年到2005年一直跟踪IBM与LOTUS并购整合的过程，并一直保持与相关人员的接触，多次与LOTUS华南分公司总经理等人做访谈。从IBM中国华南分公司与LOTUS华南分公司的磨合上，可以看出IBM对保护LOTUS文化的良苦用心。

1997年，LOTUS公司进入中国华南地区，公司写字楼位于广州环市东国贸大厦，与IBM华南分公司相隔甚远；1999年，IBM华南分公司与LOTUS华南公司同时搬进天河北大都会广场，IBM在20~21楼，LOTUS在19楼，楼上楼下开会很方便，但公司完全各自独立运作、相互配合；2001年LOTUS华南分公司取消，并入到IBM华南分公司，但作为一条独立软件业务线运作，保持原来LOTUS团队不变；2003年取消LOTUS独立业务线，并入IBM其他软件业务，统一运作；2004年，LOTUS原华南分公司离开IBM，但其他所有团队成员都融入IBM；2005年，已经有LOTUS原华南分公司员工升为IBM华南分公司软件部门经理。从1997年到2003年，IBM用了6年多时间来保护LOTUS原有的企业文化，并完成了逐步向IBM文化迁移的过程。

并不是所有的并购都可以采取如IBM这样漫长的文化价值转移。刚性价值在延长传递时间的时候，最多会损失一些折旧，柔性价值如果传递时间过长，则可能发生更大的迷失现象，而通过增加严格的监管，可能发生更大的负面作用。

既然无论传递柔性价值是快是慢都不可避免地会造成价值的迷失，对有一些并购可能采取快刀斩乱麻的方式更有利。好像倒花生油的比喻，既然无论如何倒都要粘住一些，那么以最快的速度倒过去是损失最小的。例如源讯公司全球董事会主席兼首席执行官Bernard Bourigeaud就喜欢快速反应解决问题。他是一个历经多次并购，带领企业迅速扩张的领导者。1991年的时候，以集成为主营业务的源讯公司有员工1300人，年收入仅3亿欧元，之后收购Sligos公司组成Atos，再与荷兰公司Origin合并组建成最终的源讯公司（Atos Origin），几次主要的并购使得源讯发展成为年收入53亿欧元、拥有46000名员工的IT服务企业。Bernard Bourigeaud认为并购有其黄金法则。

他的一条黄金法则就是"速战速决"。一旦做出并购的决定，就要迅速跟进。源讯每次进行公司合并或者购买其他公司的时候，都迅速并不断向外界告知，让所有谣言和传闻都不攻自破，让所有与之相关的人和事都在正确的道路上行进。相比较起来，某些企业欲遮还羞的态度，其实正是放弃市场的愚蠢行为。

采取快速解决的办法从群体心理的角度看是有好处的，并购刚发生，很多基于并购形成的群体还没有来得及形成或刚刚开始形成，因而没有多少凝聚力，文化整合所遇到的群体抵抗力量要小得多，从而整合成本和代价也降低了。如果拖的时间长，反而会形成各种各样的非正式群体，并且群体的凝聚力在文化冲突过程中不断加强，意见越来越多，就会加大整合难度和成本。但对一个老牌的国有企业，即便是用最快的速度解决问题，还是会遇到群体的冲突，而且可能发生矛盾激化，用缓和的方案就好一些，像一些老的国有企业，员工之间很容易串联成一些非正式群体，用快速解决的办法就不好了。

五、结论

企业并购过程中的确存在价值迷失现象，文化冲突是价值迷失的重要原因。为了减少价值传递的迷失，刚性价值可以用增加时间和人力、增加监管的办法解决，柔性价值则需要根据双方企业文化的具体差异情况，选择快速反应或慢慢地逐步融合两种方案，但无论选用哪种方案，柔性价值的部分迷失都不可避免。

（原载：《企业研究》，2006年第2期；合作者：臧根林）

中国企业仍停留在企业家文化的阶段

中国大部分的企业只是停留在企业家代表企业文化的阶段,而这只是企业文化建设的初级阶段,距离真正形成企业文化的阶段还有一段很大的距离。

企业文化的核心是企业成员的思想观念,它决定着企业成员的思维方式和行为方式。它对于推进企业的绩效是从两个方面发挥作用的,一方面是当这个企业的企业文化能够以业绩为导向的时候,企业文化会推动企业的绩效;另一个方面是当这个企业的文化理念能够与市场的特征吻合时,符合市场和顾客的价值需求,这样的企业文化会为企业带来市场的共识,从而得到来自企业外部资源的支持。

企业文化建设本身就是一种管理,只是企业文化管理更多的是关注企业的组织氛围、员工行为的培养、价值观的选择等这些比较柔性的东西,是为了实现稳定的持续增长的需要。并不是所有的企业都要建设企业文化,对于创业型的企业,文化建设不是它的主要方向,应该用明确的行动来构建自己的企业文化。只有当企业壮大了之后,才需要自我管理,需要人们根据公司的价值选择来约束自己,文化才能成为管理的基本手段。

在企业家代表企业文化的阶段,企业应该构建规则体系,企业文化应该以规则为基础。当企业发展到一定阶段,渡过了创业阶段,开始向持续发展阶段转变,企业就要上升到一个新的企业文化阶段,这个时候企业文化的特征不再是企业家的特征。

(原载:《企业家信息》,2005年第8期)

决策无偏差

前一段时间与银行界的朋友聊天,大家谈到银行的坏账和不良资产。无独有偶,第二天又与一些政府的公务员聊天,结果又谈到垃圾工程、豆腐渣工程和很多浪费的投资。之后大家都回到一个问题上:怎样的决策才可以避免或减少这样的错误发生?

从管理学的意义上说,这是决策的问题,同时也是一个责任的问题。问题出在大家习惯了:个人决策,集体负责。结果出现问题的时候,我们找不到责任人,更加找不到解决的办法。这里需要更正的逻辑是:应该集体决策,个人负责。

一、集体决策,个人负责

管理是为经营服务的,经营的过程是将其风险和损失降到最低,这是企业经营的生命线,因此管理所要做的是保证整个经营过程良性运作。如何降低风险,我以为,不是最好的但却是最对的方法就是集体决策,而不是个人决策。当然集体决策并不意味着"跟着签字",上边签,下边也签。而是要告诉每一位参与决策的人:我们能做什么、我们行为的边界是什么以及相配套的奖惩制度。只有这样,人们在决策时才会真正尽自己的责任,才会有将工作做好的动力。

责任的问题一直是管理的基本问题,我坚持集体决策并不意味着要集体负责。责任永远是个人责任,没有集体责任这样一个说法,在这个方面我们需要非常明确,不能够有任何的含糊。在西方的管理理论中很少探讨责任的问题,因为在西方的文化中,责任是非常清晰的,人们在行为习惯中就形成了个人责任的意识,责任成为一个人从事职业的基本素质。但是中国传统文化一直强调中庸,强调求和与迁就,人们不习惯于负责任,反而比较习惯从众,加上民间盛行"枪打出头鸟""法不责众"的说法,人们更是希望责任淹没在多数人中,所以可以说中国人的责任意识是先天弱势的。但是,没有明确的个人责任意识,就无法让管理变得有效；没有个人责任意识，就无法承担经营的后果；最严重的是，没有个人责任意识，就不会有风险控制。管理只对绩效负责，没有个人的责任也就没有绩效可言。

二、项目批判式论证制度

但是仅仅从管理的层面来谈还不足够，还应该从战略的层面寻找到解决的办法。在战略的层面上，我们清楚地知道，战略是一种选择，从本质上说战略就是选择不做什么。如果我们能够明确地判断，清晰地做出战略的选择，应该说，很多决策的失误就会避免。在这里我想起新希望集团的一个制度，也是我所选择的战略层面的观点。

新希望集团内部有一个"项目批判式论证制度"。如果集团要上一个项目，就会请有关人士出面论证，而他们的论证不是从项目的可行性说起，而是从项目的可否性开刀。每个项目均要进行三轮"批判性论证"，第一轮在企业内部论证，第二轮邀请企业外部各方面专家论证，第三轮集中企业内部和外部专家共同论证。而且论证中不说优点和可行性，只对项目进行挑刺，谁批倒了就给谁大奖。经过这几个回合的论证仍驳不倒的项目，集团就可以研究这个项目投资上马的时间问题了。

刘永好说："我们请企业外部的人来批，如果一般人每人发1000元的论证费，那么批倒项目的人就发5000元的奖金，用最小的代价挖掘出项目的最大风险。"新希望集团采取这样的"项目批判式论证制度"，确实也"批死"了许多项目。这样做可以打破一些传统的思维方式，也是对"智者千虑，必有一失"的匡正。一个所有的人都批不倒的项目，其成功的可能性更大，这样做可以避免企业领导层一拍脑袋就干的盲目做法。

市场如布，总有缝隙，逆向思维可以使我们较为容易地发现项目的不足之处和缺陷所在。如今，市场已进入了微利时代和买方时代，因此在寻找和论证项目的时候，为了不被自己手中已有的"适当利润"蒙住双眼，坚持"项目批判式论证制度"不失为一个保险的办法。

领导者担负着重大的责任。记得彼得·德鲁克先生曾经说过，领导者就是要不断地询问自己：我能够贡献什么？如果我们真是理解德鲁克的话，应该清楚，领导者最为重要的职责就是不断地做出贡献，不断地对结果负责。但是如果需要对结果负责，就要决策本身有效，否则一切资源、付出都是浪费。

（原载：《21世纪经济报道》，2006年4月24日）

企业管理五步走

企业管理包含哪些内容？概括起来是五个方面：计划管理、流程管理、组织管理、战略管理、文化管理。这五方面内容是一个递进关系，顺序不能颠倒，也不能只强调一个而忽略其他。一个好的企业管理，需要这五方面内容协同作用，而这五方面内容的协同就是企业的系统能力。只有具备了系统能力的企业，才有希望具有核心能力。

一、计划管理

计划管理常常被人们和计划经济联系在一起，这种偏见带来的直接后果是使管理处于无序状态。在对计划本身的理解当中，大多数人都认为计划是一组数据，是一个考核指标的指导文本，没有人认真地想过，计划本身属于管理的一部分。计划管理要解决的是目标和资源之间是否匹配的问题。因此，计划管理由三个关键元素构成：目标、资源和两者的匹配关系。

目标是计划管理的基点。计划管理也被认为是目标管理，目标管理的实现需要三个条件：一是高层强有力的支持；二是目标要能够经受检验；三是目标是经过高层管理者确认的。

资源是计划管理的对象。很多人对于计划管理的理解多是与目标联系在一起的，通常会以为目标是计划管理的对象。其实计划管理的对象是资源，资源是目标实现的条件，要实现计划，唯一的办法是获得资源。

目标与资源匹配是计划管理的结果，也可以说两者的匹配关系是衡量计划管理好坏的标准。当所拥有的资源能够支撑目标的时候，计划管理就得以实现；当资源无法支撑目标或者大于目标的时候，要么是"做白日梦"，要么是浪费资源。所以我们不必关心企业确定什么样的目标、企业设立多大的目标，我们只需要关心是否有资源来支撑目标。当企业高调进入国际市场的时候，是否拥有国际人才、国际渠道以及符合国际标准的产品呢？如果没有这些，空有一腔鸿鹄之志也只是徒劳。

二、流程管理

提高企业效率的关键是流程。实现流程管理需要改变传统管理的一些习惯：一是打破职能管理习惯；二是培养系统思维习惯；三是形成绩效导向的企业文化。

打破职能习惯。中国企业中的职能部门很大程度上秉承古代官制沿袭下的"自利取向"而非"服务取向"。在"自利取向"情况下，各职能部门特权膨胀，大家都只关注部门的职能完成程度和垂直性的管理控制，部门之间的职能行为往往缺少完整有机的联系，由此导致企业总体效率下降。因此，必须打破职能区隔习惯。

培养系统思维习惯。流程导向侧重的是目标和时间，即以顾客、市场需求为导向，将企业的行为视为一个总流程的集合，对这个集合进行管理和控制，强调全过程的协调及目标化。每一件工作都是流程的一部分，是流程的节点，它的完成必须满足整个流程的时间要求，时间是整个流程中最重要的标准之一。时间作为基本坐标决定了我们需要系统地思考问题，而不是仅仅依据自己所在的部门或所处的位置。

形成绩效导向的企业文化。这是流程管理的保障。管理层要重视转变员工观念，通过让员工理解的概念激励每个员工参与流程再造，重视员工的建议等以完成管理方式的改变。没有这样的文化氛围，流程管理只能是流于形式，这也是很多企业引入流程再造不能取得成功的根本原因。

三、组织管理

权力与责任一直是管理中需要平衡的两个方面，让这两个方面处于平衡状态是组织管理要解决的问题。从古典组织理论中，我们知道组织结构设计需要遵循四个基本的原则：一是指挥统一，一个人只能够有一个直接上司；二是管理幅度，有效的管理幅度是5~6个人；三是分工，根据权责和专业化来进行横向与纵向分工；四是部门化，把分工所产生的同一专业的员工集合于一个部门内，由一个经理来领导并加以协调。组织设计的古典原则只是想平衡权力和责任两者之间的关系。因此实现组织管理需要两个条件：专业化与分权。

专业化。专业化能够解决很多问题，包括服务的意识、分享的可能，更重要的是，专业化能消除人们对权力的崇拜。如果一切以专业化为标准，尊重标准和科学，人们就不会再依靠权力和职位来传递信息和指令。

分权。不少企业也有分权手册和分权制度，但是实施起来常常走样，原因是不能正确理解什么是分权。分权是权力一经分配就不再能收回，而授权是可以收回的，很多人容易混淆分权与授权的界限。

四、战略管理

企业的核心竞争力包括三个基本特征：一是核心竞争力提供了进入多样化市场的潜能；二是核心竞争力应当对顾客重视的价值做出关键贡献；三是核心竞争力应当是竞争对手难以模仿的能力。显然，这三个特征都反映出核心竞争力的最关键要素是从顾客需求的角度定义企业的核心竞争力。不符合顾客需求、不能为顾客最重视的价值做出关键贡献的能力不是核心竞争力。核心竞争力首先应当是深入理解和准确把握市场和顾客需求的能力。对于这一点，海尔集团是这么总结的："与顾客零距离就是与竞争对手远距离。"

核心竞争力的建立和培育对于确立企业的市场领导地位和竞争实力是极为重要的。为此，企业必须站在战略的高度上从长计议。企业需要审视自身经营的业务、所拥有的资源和能力，观察市场需求和技术演变的发展趋势；通过运用企业的创新精神和创新能力，独具慧眼地识别本企业的核心竞争力发展方向，并界定构成企业核心竞争力的技术，这些就是战略管理需要回答的问题。因此，简单地讲，战略管理就是为得到核心竞争力所做的独特的管理努力。在企业核心竞争力要素的整合过程中，需要相关的机制与环境条件加以支持。

战略管理包括以下要素：有利于学习和创新的组织管理机制，以团队管理为中心的分权化扁平状网络组织，创造充满活力的创新激励机制，以市场为导向、以顾客价值追求为中心的企业文化氛围，既开放又相互信任的合作环境。

基于此，企业核心竞争力同样是一种以企业资源为基础的能力优势，而且是异质性战略资源，如技术、品牌、企业文化、营销网络、人力资源管理、信息系统、管理模式等。只有在这些方面进行强化突出，建立互补性知识与技能体系，才能使企业获得持续的差异竞争优势。

五、文化管理

《福布斯》美国富豪排行榜的揭晓通常是英雄的盛典,因为进入美国富豪榜的人,他们的财富是慢慢积累起来并可以公开度量的。而每到中国富豪榜揭晓,除了一些传奇故事,大都经不住理性的推究和考量。随着《福布斯》中国富豪一个个落马或遭遇不测,中国人开始对财富有了戒心,人们于是注意到了富豪与企业领袖的区别:单凭财富并不能成为社会的栋梁,企业领袖终于成为人们关注的焦点。企业领袖代表着民族精神的方向,一个企业的企业文化之根源,是企业领导人的思维方式和管理方式的体现。

企业文化既是企业的核心灵魂,也是企业的本质特征。随着企业的发展,企业文化的发展通常经历企业家个性魅力(企业家文化)—团队个性魅力(团队文化)—企业个性魅力(企业文化),最终形成社会个性魅力(竞争性文化)。所以企业文化管理要经历生存目标导向、规则导向、绩效导向、创新导向、愿景导向的逐步过渡,才可以保证企业能够逐步成长。

随着市场竞争及国际化竞争的日益激烈,中国企业正在推动着自己的企业文化向愿景导向的竞争性文化转型,这其中还有相当长的路要走。

(原载:《中外管理》,2006年第6期)

揣摩"管理"

谈管理,就是确保人与物结合,通过管理实施最有效的活动。

管理是我们生活中使用最为频繁的一个词语,但是对于管理的理解实际上是非常混乱的,甚至存在着令人很无奈的误解。管理实际上是人、物、事三者的辩证关系,一样的物和一样的事结合,交给不同的人去管理,结果会得出不同的事来。

管理的通用定义是:通过人员及其他机构内的资源而达到共同目标的工作过程。

我喜欢"管理是一个过程"这样的理解,这样我们能够知道管理如何操作。"管理是一个过程"可以从流程的角度来描述,但是我今天想用另外一个角度解释。"管理是一个过程"就是说表现管理就要做活动。以日本管理来做例子,日本最著名的是品质管理,而品质管理的获得来源于日本的现场管理,日本的现场管理就是"5S"的活动。"5S"的活动让现场管理成为可以操作的现实,从而得到日本的品质。中国的很多企业都进行ISO9000的认证工作,但是在品质上还是无法与日本的产品相比。如果我们也像日本企业一样,进入现场就执行"5S"活动,我们也可以得到一样的品质。管理的思想、管理的制度和管理的规定都展示在管理活动中,不会安排和设计管理活动就无法得到管理的结果。

很多人用各种标准来评价管理水平,比如有人用管理人员的知识结构来评价;有人用使用的管理工具来评价;有人用管理经验来评价;还有人用专家来评价。但是,评价管理水准高低的标准其实只有一个,就是是否能够通过管理,让组织里每一个人的个人目标与组织发展的目标合而为一。杰克·韦尔奇曾对"忠诚"做过一个定义:"忠诚是那些希望与外部世界斗争并取得胜利的人们之间的一种默契。"在此,忠诚的衡量尺度是员工对于组织目标的贡献而非其他。我们理解的忠诚更多的是对于企业的感情,很多中国企业的老板之所以把员工对公司的忠诚看得这么重,其根本的原因是管理水平不够。老板们知道自己的有价资源有限,也知道自己的能力有限,所以只能够靠无价的情感来弥补了。

对于管理的资源而言，最重要的是人力资源和财力资源。相信所有人都会同意这一点，但这不是我要说的关键。管理的关键是要让一线员工得到资源并有权力运用这些资源。在管理的架构中，管理者处在结构的上层，因此拥有了资源和资源的分配权，但是越是处于上层的管理人员，就离顾客越远。而与顾客接触的一线员工反而没有资源以及运用资源的权力。青岛有一间五星级的酒店，每一个员工都可以调用资源满足顾客的要求，哪怕是一个保安或一个客房服务员，只要是为了解决顾客的问题，就有权调动酒店的资源，包括让上司为其服务。这样的管理才是真正的管理，但是很可惜的是我们能够看到的这样的企业非常少。

（原载：《21世纪经济报道》，2006年7月17日）

法约尔与组织效率最大化

我们之所以出现组织效率的困境，是因为忘记了组织管理自身的一般规律，从而偏离了组织管理的轨迹。

认识法约尔是在理解组织管理的时候，那是1993年，我第一次学习法约尔的14条管理原则。1916年，《工业管理与一般管理》发表，法约尔提出著名的"管理要素"，标志了一般管理理论的诞生。

管理从根本意义上说是解决效率的问题。从管理演变的历史来看，管理演变的第一个阶段是科学管理阶段，代表人物是泰罗，这个阶段所解决的问题就是如何使劳动效率最大化；管理演变的第二个阶段是行政组织管理阶段，代表人物是韦伯和法约尔，这个阶段解决的问题就是如何使组织效率最大化；管理演变的第三个阶段是人力资源管理阶段，包括人际关系理论和人力资源理论，这个阶段解决的问题就是如何使人的效率最大化。因此管理所谈的效率如果做细致的划分就是劳动效率、组织效率和个人效率。

在一个高度发展和充满竞争的环境中，劳动效率的改善已经成为基本条件，同时因为个人需求的提升以及满足个人需求的激励手段的不断出现，个人效率的改变也出现了前所未有的进步，但是相比较而言，组织效率的改善却不尽如人意。

为什么会出现这样的情况呢？人们习惯以条件变化来开脱。比如：组织不再是一个"封闭的系统"。组织采取的任何行动深受环境的巨大影响（当然组织自身也在很大程度上对环境产生影响），组织的行动会受到外部和内部的各种因素干扰而偏离了既定的方向，以上观点是正确的，所以一些人会认为因为组织效率无法控制外部环境的影响，而我们也只好接受。又比如：组织中不再存在明确的杠杆。以往我们习惯运用组织的明确的杠杆去做管理调整，例如我们可以通过裁员来提升组织的盈利能力，可以通过轮岗来提升管理人员的管理能力，通过流程重组来提升组织的效率。但是这种简单的线性关系已经不存在，极有可能当你在裁员的时候，竞争对手已经用新产品替代了你的企业产品；当你在提升管理者能力的时候，市场已经在发生全面的技术替代。

那么，法约尔的思想是否已经过时？

法约尔最初提出的14条管理原则里有两个关键问题，也就是影响组织效率的两个关键要素：专业化能力和等级制度。对这两个关键问题的理解，构成了组织管理的基础。从管理职能讲起，法约尔不断地比较企业中领导者、基层管理人员的能力价值，不断地强调员工能力贡献的重要性，特别分析了在各种类型的企业中，基层人员和领导者之间能力的特征。

他明确地得出以下结论：

（1）工人的主要能力是技术能力。

（2）随着等级地位的提高，管理能力的重要性递增，同时技术能力的重要性递减。在第三或第四阶层，两种能力趋向平衡。

（3）经理的基本能力是管理能力。等级越高，对其管理能力的要求越高。

（4）商业、金融、安全和财务能力在第五或第六阶层有其最大的相对重要性。随着等级地位继续提高，这些能力在总体价值中的比率会降低并趋于平衡。

（5）从第四和第五阶层开始，管理能力所占比率随其他比率的减少而增加，其他比率接近总值的十分之一。

他归纳为：低层员工的基本能力具有公司的专业特征，领导人的基本能力是一种管理能力。为了能够让所有人具有这些专业能力，法约尔特别强调了管理教育的重要性。

法约尔在阐述14条管理原则的时候，围绕四个关键问题展开，这四个关键问题是：

- 劳动分工
- 等级与职能过程
- 组织结构
- 控制范围

而对于这四个关键问题的诠释和理解，法约尔都在不断地强调专业化和分工、分责、分权之间的关系，甚至在谈到人员报酬、个人利益、团队等原则的时候，也是在分责的前提下来谈论的，在统一指挥、统一领导、集中、秩序、公正等管理原则中也一贯表达对于分责的理解和认识。

当我们掌握法约尔的所有原则的时候，我们也就明白：组织效率最大化的手段是专业化水平与等级制度的结合。

一方面我们需要强化专业化的能力,无论是管理者、领导者还是基层人员,只有贡献了专业化的水平,才能够算是胜任了管理工作;另一方面需要明确的分责分权制度,只有职责清晰的分工,权力明确的分配,等级安排合理,组织结构有序,管理的效能才会有效地发挥。专业化水平与等级制度的结合正是组织效率最大化的来源。

随着变化的加剧,环境对于组织的要求更高,组织既需要保持与外部环境变化的相一致性,又需要保持组织效率本身对于变化的超越的能力,所以今天重读法约尔的《工业管理与一般管理》有着更为现实的意义。我们之所以出现组织效率的困境,是因为忘记了组织管理自身的一般规律,从而偏离了组织管理的轨迹,忘记了专业化水平的提升和等级制度的建立,无论环境如何改变,如果想和环境变化保持一致,那么我们就必须不断地反问自己:什么类型的专业化和等级制度才能使组织效率最大化?

(原载:《21世纪经济报道》,2007年1月17日)

谁在误读泰勒？

认识管理的人，一定认识泰勒。因为泰勒，我们知道什么是科学管理；因为泰勒，我们知道工业化的依据；因为泰勒，我们能够得到流水线的概念和实践；同样因为泰勒，我们发现管理其实是一种分工。

在泰勒之前，管理就是一直存在的，只是并没有人去了解每一个人所作的努力是否有效，也没有人去分析习惯的做法是否可以改变。泰勒却关注到了这些问题。

一、泰勒的两个贡献

我们可以回顾一下泰勒的生命历程：22岁的泰勒加入米德维尔钢铁公司，并一路从机械工提升为车间管理员、技师、工长、总工程师。在米德维尔期间，泰勒开始奠定科学管理的理论基础。1895年，他的《计件工资》发表。1898年，泰勒来到伯利恒钢铁公司，同怀特一起革新工艺流程，从而使批量生产的出现成为可能。可惜的是，这些工作并没有完全得到世人的认可。1901年，他被解雇了。自此，泰勒开始了无偿的咨询工作，进行了一系列的演讲，撰写了很多管理文章。1903年，他的《工厂管理》发表。1906年，泰勒出任美国机械工程师协会主席。1911年，管理史上的里程碑之作——《科学管理原理》出版发行。1914年，泰勒在纽约的演讲吸引了6.9万名听众。1915年，他病逝于费城，终年59岁。在他的墓碑上，刻着"科学管理之父"。

在《科学管理原理》中，泰勒开宗明义，明确地说："没人会否认，在单个人工作的情况下，只有其劳动生产率达到最高，也即只有在其实现了日产出最大时，才可实现其财富最大化。"

对于两个人一起工作的情况，上述事实也十分清楚。假设你和你的帮手工作技能熟练到每天可制作两双鞋，而你的竞争者和他的帮手每天却只能生产一双鞋,显然,与每天只能制作一双鞋的你的竞争对手相比,在卖掉两双鞋以后,你可以支付你的帮手更多的工资,而且你可以比你的竞争对手赢得更多的利润。

在更复杂的制造企业中,事实也非常清楚。除非与你的竞争对手相比,你的工人和机器比其他企业的工人和机器制造出更多的产品,否则,你便不能向你的工人支付更多的工资。总之,财富最大化只能是生产率最大化的结果。

泰勒用一生的时间所要探讨的问题,恰恰是管理的本质问题:如何在有限的时间里获取最大程度的产出,也就是如何使生产率最大化。在《科学管理原理》一书里,他清晰地阐述了获得劳动生产率最大化的四条原理:

- 科学划分工作元素
- 员工选择、培训和开发
- 与员工经常沟通
- 管理者与员工应有平等的工作和责任范围

对于提高劳动生产率来说,最好的手段就是分工。但是做好了划分工作元素的工作还不够,还需要对承担分工的员工进行选择、培训和开发,这是第二条。泰勒第一次把员工摆在最为重要的位置,也是第一次告诉大家劳动效率取决于员工的素质和训练的结果,所以管理者必须和员工进行有效的沟通,必须明确两者之间有着清晰的分工和相应的职责。保持了这四条原则,劳动生产率就可以实现最大化。

在此之前管理都是凭经验,自泰勒以后管理才成为科学。改革开放之后我们开始学习管理,但是在那个时候,我们还是把理论归为理论,把经验归为经验,没有把管理变成科学。泰勒的贡献不仅仅是把管理变为科学,他还让我们知道,管理之所以可以变为科学在于它可以复制,而经验是没有办法复制的。

泰勒的第二个贡献,是明确提出管理的本质意义:要解决劳动生产率最大化。

二、中国企业家的误读

我常常听一些企业家讲企业的效率不够了,是不是分析一下该涨工资了?他们认为涨工资可以改变劳动效率,可是涨工资与效率没有关系。有些企业家说:我的公司效率不够,陈老师你来"洗一下脑"吧。"洗"完了告诉他,还是没用。因为当员工的脑袋被"洗"清楚的时候,他们发现真正的原因不是自己,是老板分工不明确。如果我们理解泰勒就会知道,效率不够的原因在于管理没有产出，分工不明确、不科学。

这20年来，我们在管理上做了很多尝试和努力，也学习了很多管理理论和管理方法，同时也不断地寻找可以参照的管理模式，但是我们的效果仍然不好。曾经看到这样一个数据：2005年，中国500强总量是全球500强总量的8.7%；中国劳动力平均产出只有美国的4.4%；2005年，中国家电企业的利润总和只有29.3亿美元，相当于全球IT 70强的24位，利润率为2.5%。我们做了这么多年的努力，在管理当中有很多很多的投入，但是我们并没有关心它的产出，所以我们的竞争力不够。

当面对这些事实的时候，我们需要回归到管理的本质含义上，这样才可以保证我们的管理行动是有效的，所以一定要很认真地理解泰勒对于管理的界定。如果我们的劳动效率只有美国人的4.4%，我们的GDP再高也将会停滞，因为你没有那么多的钱投，那时候你是没有机会的。借用德鲁克先生的话："《科学管理原理》的理论无论在哪里都很适用。生产力成倍地增长，工人的实际收入急剧上升，工作时间减少，工人的体力、精神压力减小。同时，销售收入和利润提高，而产品价格降低了。"正如泰勒本人在书中所说的那样，那些开始关注科学管理的人们，必须搞清楚三个关键问题：

第一，科学管理与通常的管理的区别在哪里？

第二，为什么科学管理会比其他类型的管理带来更好的结果？

第三，把合适的人选派到领导岗位难道不是最重要的吗？如果你已经物色到合适的人选，你敢于授权他去选择管理制度吗？

《科学管理原理》的主要目的之一，就是对上述问题给予满意的答复。

（原载：《21世纪经济报道》，2007年1月24日）

管理

德鲁克给我的"不安"

我们并没有做到德鲁克先生所断言的那样,这是我们不安的真正来源。

德鲁克先生对于管理领域的贡献并不需要我们去做注释,而对于中国的管理者来说,他的价值更加宏大。一直以来,我们在管理中耗费了极大的精力,也做出了极大的努力,但是成效却不尽如人意。近20年来,中国企业的经理人在不断学习各种方法与新理论。但是,正如中国企业界人士翘望杰克·韦尔奇中国之行最终感受到的失望一样,人们发现,韦尔奇神话无法在我们身上实现。难道是这些理论错了?没有。难道是我们没有学到真东西?也不是。那些理论都是对的,也是真的,问题在于,我们自己对于管理的理解只对了一半。

就"管理"而言,我们的理解是一知半解的。管理最为重要的作用,就是把人们联系在一起共同实现目标。因此,怎样提高组织整体力量就成为管理中永恒的主题之一。如果是这样的话,管理者就承担了这个最重要的使命:提升整体的力量,延续个体的生命。

在《卓有成效的管理者》这本书里,德鲁克先生明确地指出管理者的价值所在。德鲁克告诉人们传统管理者与有效管理者的区别是什么。第一,传统的管理者专注于繁琐的事务,因为他们只是关心发生的事务,所以这些管理者所有的时间都在处理别人的事情,简单地说就是传统管理者的时间属于别人。第二,许多传统管理者处在什么岗位上,就用什么样的思维方式来看待问题,所以导致部门之间不合作,导致很多管理者"屁股指挥脑袋",不知道整个系统所需要的条件是什么。第三,传统管理者只是专注于事物,但是忽略了对人的培养,他们总是认为没有人能够成长起来,下属总是不能够很好地完成任务。那么有效的管理者呢?他们关注时间管理,关注系统思考,关注培养接班人。

我喜欢他对于管理者的一个描述:管理者就是贡献价值——"管理者本身的工作绩效依赖于许多人,而他必须对这些人的工作绩效负责。""管理的主要工作是帮助同事（包括上司与下属）发挥长处并避免用到他们的短处。"换言之，如果管理者能够贡献自己的作用，让下属和上司发挥绩效，管理者自身的绩效也就表现出来；如果管理者自己发挥绩效并替代所有的下属或者上司，那么这个管理者就不能够被称为管理者。

对于管理，他的描述也十分精辟：管理就是承诺。

· 承诺目标。

对于结果目标的承诺，可以回答做什么以及做到什么程度的问题。看起来这是一个非常简单的问题，但是，通常管理者并没有这样去做，并没有切实地认为结果目标是一种承诺。在许多公司，目标常常是一种形式，而管理者对于目标的反应，决定了员工承诺的水平，也就进而决定了为了实现目标所投放的所有资源的成效。

· 承诺措施。

对于执行措施的承诺是回答如何做这个问题的。管理者所必须做出的努力就是寻找到实现目标的措施，并使得措施能够贴近员工的实际。如果管理者不研究措施，不能够在方法上和工具上给予员工帮助，管理的结果就不会得到，有效性就会大打折扣。所以为达成绩效目标，员工与管理者对完成目标的方法措施达成共识，并将执行措施作为工作的内容，以确保结果目标的最终达成，这是至关重要的。

· 承诺合作。

对于合作的承诺可以回答与谁做这个问题。管理所需要解决的问题就是管理者和被管理者之间的合作分工问题，没有分工、合作，其实是没有管理的。为提高团队绩效，高效推进关键措施和结果目标达成，管理者就要与员工交流，确保员工愿意参与和支持的承诺。

2006年德鲁克先生逝世的时候，我曾经写过一篇纪念文章。在文章里写道："以我自己浅薄的认识，一个人的生命的价值，就看他曾被多少重要的课题融解过。这种融解的体验是一种重大的人生享受，也许能够表述出来，也许无法表述出来，甚至有些时候表述本身倒成了一种失落。在这个时候想念德鲁克先生，有了很失落的感觉，在他完全被管理所有课题融解的生命中，他所享受的并不仅仅是'大师中的大师'的称号，更是21世纪管理能够面临的挑战的答案。但是，我无法再看到他智慧的新思维了。"

也许还应该回到德鲁克先生对中国管理者的忠告上："管理者不同于技术

和资本,不可能依赖进口。中国发展的核心问题,是要培养一批卓有成效的管理者。他们应该是中国自己培养的管理者,他们熟悉并了解自己的国家和人民,并深深根植于中国的文化、社会和环境中。只有中国人才才能建设中国。"我们并没有做到德鲁克先生所断言的那样,这是我们不安的真正来源。

(原载:《21世纪经济报道》,2007年2月2日)

当管理实践遇到管理经典

我们可以称之为经典的著作，会超越时空，超越很多东西，包括前人的智慧。为什么历史可以不断地重演，为什么很多东西可以在不断变化当中保持它的核心价值，其实非常重要的原因是有些东西是永远不变的。

在管理当中，就如我们的生活一样，也有恒定的东西。改革开放以来，我们遇到了一些困难，这些困难使得我们不得不检讨和重新审视：我们是不是走了一些弯路？

一、管理遇到什么问题

在20世纪40年代，人际关系训练被看作组织成功的关键，我们常常说企业里面沟通是无边界的，当企业内部都需要做沟通的时候，其实是非常可怕的。为什么？因为沟通需要成本。

当时，的确有很多时髦的理论告诉我们沟通的重要性，而在20世纪50年代的时候，德鲁克提出的目标管理理论又被视为解决管理问题的新方法，认为只要目标达成，一切问题都可以解决。

接下来，虽然目标实现了，但很多的问题我们没有从根本上解决，所以分权化成为最佳的方法，大家认为让所有人有平台就可以了。实际上不是这样的，提供了平台和权力并没有解决更多的问题。

进入20世纪70年代，中国在改革开放的时候恰恰是把战略和文化最早引入的，但是我们并不清楚战略和文化是需要条件的。我们还没有了解这些条件的时候，整个中国的管理随着时间的推进进入了20世纪90年代。

在20世纪90年代，因为电子和技术的出现，使得更多的新方法层出不穷。到进入21世纪的时候，我们认为管理创新理论在引领管理模式的变化。

凡此种种都是非常重要的，因为对于中国的企业来讲，所有管理理论和方法都是需要面对和接受的。但是，走到2006年我们却活得很苦，苦在什么地方？因为我们付出非常多，无论是哪个企业还是哪个个人，感觉最深刻的就是不服输。

我们中国人付出是最多的，是最能吃苦的，也是最不服输的，但是我们得到的却是最少的。

二、组织能发挥什么作用

在这样的生存境遇中，组织到底该做些什么？我觉得，对于一个人来说组织是很重要的，为什么中国人组织不起来？以前鲁迅先生说我们是一盘散沙，后来中国台湾的人文学者也常强调中国人的特性。然而，为什么中国人是这样的状态？这里面最根本的原因我不认为是人性。其实最根本的原因，是我们不懂怎么把它组织起来，我们每一个人从天性上来讲是绝对愿意发挥作用的，但是组织并没有提供一个平台。这根本的原因就是：我们的管理者是谁？发挥了什么作用？

对于这些根本性问题，我们所有的经验曲线是不是可以解决？我跟一些朋友聊天，发现我们在管理当中遇到的根本性难题，就是这个行业之所以做到现在这样，是我们凭经验在做。因此，我认为最大的问题就是产业条件全变了，但是我们凭经验在做市场。从某种意义上讲，我们的经验是不能解决问题的。

我们真的是人在决定管理吗？还是管理有自己的特性？离开每个个体的想法，我们的效率从哪里来？管理的逻辑如何？这是我们今天遇到的问题，这些问题导致了我们的现实结果很残酷。

2004年的时候，中国民营企业的平均寿命是3.8年，2005年的时候保持在3.8年，可是到2006年就只有2.9年。这几年我们经济发展的速度更快，经济规模更加庞大，但是为什么民营企业的平均寿命这么短？

2005年的时候，中国的500强总量是全球500强总量的8.7%，中国劳动力平均产出只有美国的4.4%，所以我们每天的平均工作时间，在工人这个层面上是超过16个小时的。但是有没有意义？没有。在中国电子这个概念上，这已经是中国最强大的行业，看看这个中国最大的、最具有市场化程度的行业的数据，它的利润总和只有29.3亿美元，相当于全球IT 70强的24位，利润率为2.5%。这还不能说明问题。丰田制造2006年4—9月的利润是712亿元人民币，他们半年的利润就是712亿元，而我们中国大部分做汽车的人已经认为没有什么利润了。

我们列这些数据就是想告诉大家，我们的差距实际上非常大。原因是什么？我们可以找到很多原因。我们实际上做了非常多的努力，那么这些努力是不是真的能解决问题？

三、我们的努力

比如说第一种努力。我们都知道企业要保持弹性，而保持弹性的企业最重要的还是要有领先的地位，但是我们领先的地位非常脆弱。我们今年可能是很好的，但是明年可能就不行了。这种弹性保持的时候，要处于领先位置的时候，最重要的是引领市场和顾客的能力，而不是营业额。

第二种努力就是向标杆企业学习。我们的企业之所以非常困难，就在于找不出自己的模式和管理文化。如果找不到，我们学标杆只能学一段时间，解决不了根本性问题。

第三个努力是外包，就是我们能做的自己做，不能做的我们要非常清楚，所以很多东西采取外包是对的，但是最重要的是，当我们做外包的时候花费的时间和成本并没有减掉。

还有，企业在内部成立一个部门，然后花更大的精力做。当自身的协同性没有解决的时候，是不能外包的。

很多企业很想培养自己的核心能力，但是核心能力是什么？其实核心能力从简单的概念上讲，就是想法能够变成现实。重点不在于有想法，而在于变成现实。变成现实，这个部分就叫作核心能力。

进行企业改造，在这个层面上我不认为有错。可是在这一过程当中许多人却没有关注到一个很重要的东西，就是流程需要系统，它并不是一种理论，而是一种语言，是思维方式，是每个人的行为习惯。为什么这些东西我们做不到？这一次我们重新回到经典的概念，我是非常非常佩服的，佩服的问题不在于我们的努力方向不对，我们从人际管理一直到创新都是对的，但是对管理的基本理解没有完成。

四、如何使效率最大化

中国企业学到了很多东西，我们遇到的难题反而是投入多产出少，这就是劳动效率不够。我们的竞争力不够，事实上这就是需要解决的问题。如果我们的劳动效率只有美国人的4.4%，我们的GDP再高也将会停滞。我们还有一个问题没有解决，就是当劳动效率到了一定程度的时候，能不能让一个人在有限的效率下释放出来，发动更多人一起释放效率。法约尔研究了组织的效率，提出14条非常清晰的管理原则，通过法律与约定去约定职位与职能，然后解决结构跟控制的范围。他很清晰地回答了一个问题：什么样的情况下组织效率最高？这需要两个条件，一个是专业化水平，一个是分权制度。

但是，我们大部分企业不明白分权要跟专业化同等对待才会有效力。如果这个人的专业化水平不够，分给他权力是非常可怕的。

让我们回到管理当中最基本的概念，就是效率从哪里来，每个人的效率应该怎样解决。从某种意义上讲，管理最基本的问题就是效率。

所以，我们在管理当中的问题非常简单，就是一个问题——效率，而效率必须是三个部分：劳动效率、组织效率和人的效率。管理者在从事管理的时候，就是在解决这三大效率，但是管理的顺序，是先解决劳动效率，然后解决组织效率和人的效率，倘若顺序颠倒，管理则会无效。因为人的效率需要支付条件，而支付条件是需要组织给出的，所以管理效率就是解决很基本的问题。

（原载：《中国联合商报》，2007年2月5日）

企业边界管理

企业是一个充满生命力的组织,因此它的边界也会经历生老病死的变化,掌握了变化的规律,就可以对企业边界进行有效的管理。

一、企业边界的影响因素

我们对企业的功能、组织、生产、契约、产权等进行分析,可以发现这些要素可以分为两大类:生产性要素和组织性要素。

生产性要素明确了企业核心能力大小、生产范围、上下游产品等,可以界定企业的生产可能性边界(可以生产什么、生产的能力大小、生产的异质性等);组织性要素明确了管理成本、产权分配、契约的完整性等,决定了企业的组织可能性边界(可以拥有多大的机构、采取什么样的组织方式等)。所以我们可以从生产要素和组织要素两个变量来分析它们对企业外部边界的影响。

借用古典微观经济学IS-LM曲线分析方法,可以把生产可能性边界和组织可能性边界映射到同一象限,进而可以在图1中得出一个结论:企业的生产可能性边界和组织可能性边界的交点就是企业的最优外部边界。

在本文中,企业的规模和边界属于同一个问题的不同表达。例如,企业的生产规模扩大可以理解为企业生产的可能性边界得到扩展。为直观起见,在图1中我们将横坐标表示为边界。其中L_1表示组织可能性边界,L_2表示生产可能性边界。图1中的A点,表示在这一点上,企业的外部边界是最优的。

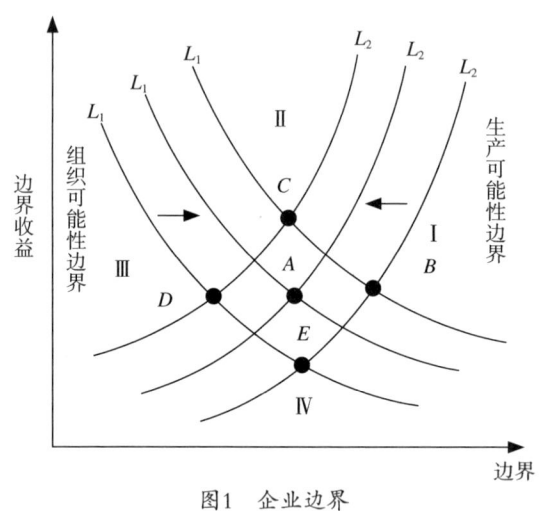

图1　企业边界

二、边界变化的四个纬度

我们分别讨论企业处于不同象限时,企业外部边界变化的情况如下:

第Ⅰ象限:企业边际生产收益和边际组织收益均比较大,因而企业为追求更大的收益,有极强的欲望将生产可能性边界和组织可能性边界向右推移,从而形成新的交点B,企业的外部边界向外扩展。

属于这一类的企业比较典型的代表是处于高速成长的新兴企业,它们一方面不断地兼并,进行横向一体化;另一方面大量收购上、下游企业,进行纵向一体化。CA公司就是这样一个典型。

CA公司创建于1976年,是全球最大的IT管理软件公司之一,总部位于美国纽约长岛,服务全球140多个国家的客户,专注于为企业整合和简化IT管理。经过70多次兼并,CA公司从只有4人的规模,在短短24年内,迅速发展成为当时仅次于微软的全球第二大软件公司。

第Ⅱ象限:企业的边际组织收益较大,而边际生产收益较低。这样企业出于理性的考虑会将一部分生产剥离出去,部分产品采取外购的形式,企业保持核心能力,从而使生产更加专业化,企业生产规模相对变小。

但是由于企业边际组织收益较大,企业有向外扩展组织可能性边界的动机,因而企业会以自己为核心企业,向外输出资金、管理,超越原有的组织边界,干预到交易方的生产管理过程。企业外部边界是内缩还是外扩要取决于生产可能性边界和组织可能性边界各自变化的幅度。从图1中看，原有的平衡点A被新的平衡点C所代替，常见的模式有虚拟企业、战略联盟等。

耐克公司是这方面的典型例子，耐克公司将97%的制造业务进行外包，从这方面看，它的生产可能性边界很小。但是耐克具有非常优秀的研发水平、品牌管理能力和资金运作能力，从这方面讲，耐克可以将自己的组织可能性边界进行很大程度的扩展。

第Ⅲ象限：企业的边际组织收益和边际生产收益都比较低，企业处于非常不利的位置。在这种情况下，企业要么收缩生产可能性边界，要么收缩组织可能性边界，或者同时收缩两者来提高企业的收益水平。企业常见的做法有大幅裁员和资产剥离。由图1可见，原来的平衡点A为新的平衡点D取代，企业的边界变小。

2004年，IBM公司PC业务连续3年亏损，亏损额高达80亿美元，PC业务的亏损严重阻碍了公司专业服务、软件等其他有利可图的业务的发展，1900名从事PC业务的员工也成了IBM沉重的负担。同年，IBM决定将PC业务卖给联想。2005年第三季度，IBM公司的利润超过了金融分析师的预期，赢利的主要原因之一，正是剥离了长期困扰IBM的PC业务。

第Ⅳ象限：企业的边际生产收益大而边际组织收益小，这意味着企业的经营管理不善、机构设置不当、管理冗余。企业有可能进行重组、重新设置组织架构、精简管理人员、去除冗余管理，或者进行合并，如历史上手工作坊网络向联合工厂的转变等，也有可能将生产可能性边界外扩，以消化较高的组织成本，获得好的组织收益。从图1分析，新的平衡点E取代了A，企业的外部组织边界发生了变化。

在很长的一段时间内，中国民航政企不分，冗员严重，效率低下给民航企业带来了巨大的组织成本，一直是影响民航发展的重要原因。2001年11月，国务院办公厅发文，宣布由国家计委牵头进行中国民航的重组。2002年10月，中国民航完成了重组，由众多的"诸侯"分割形成了南方航空等六大中国航空集团。中国民航的重组意味着企业在面临低的边际组织收益（高的边际组织成本）的情况下，必须对其外部边界进行收缩调整。

影响企业边界的四种情况，我们将其列入表1，可以使大家更清晰地知道企业边界所受到的影响，以及企业应该选择的对策。

表1　企业边界的四个象限

象限	边际生产收益	边际组织收益	企业对策	企业外部组织边界变化
I	高	高	横向一体化 纵向一体化	边界扩展
II	低	高	业务剥离 外购	组织可能性边界扩大，生产可能性边界缩小
III	低	低	裁员 资产剥离	边界缩小
IV	高	低	重组 业务扩展	组织可能性边界缩小，生产可能性边界扩展

三、企业边界的管理

很多人都会认为企业可以依照自己的资源和发展路径来决定企业自身的成长空间，但事实是，如果我们需要得到企业发展的有效空间，确保在成长过程中所做的选择是有效的，那就需要知道如何进行企业边界管理。

人从外行到专家要经过五个渐进的阶段：业余人员、学徒、熟练工、能手、出类拔萃者。类似地，企业对企业边界的管理能力也有五个阶段，如表2所示。企业边界管理模型旨在帮助企业判断自己所处的位置，并说明企业改进的方向。

表2　企业边界管理

阶段	关键性指标	判断标准	边界反应能力	边界创造能力
尝试	成功/失败	已有经验	无	无
重复	时间	执行和监督合同的成本	修正	创新
定义	收益	服务指标	权变	提升
管理	质量	可靠性	扩大	移植
成熟	适应范围	原则	重构	改造

图2为用二维坐标反映企业外部边界管理趋向成熟的过程，纵坐标表示企业外部边界管理的成熟度，其中成熟度用企业外部边界的反应能力和创新能力来衡量，横坐标表示时间。

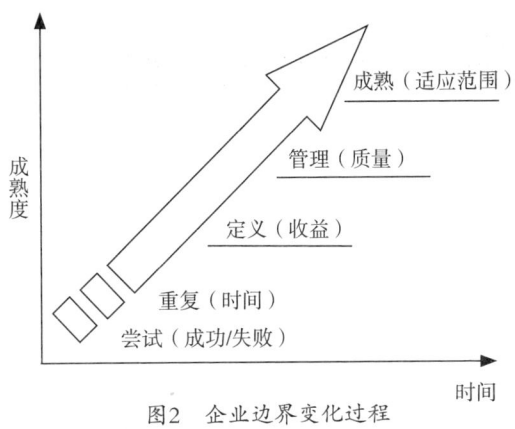

图2　企业边界变化过程

尝试阶段的特征是缺少任何关于边界管理的知识，采用典型的试错法来实施管理，企业多方合作完成的时间和成本都无法预测。在这一阶段，合作过程带有极大的尝试性，因此，这一阶段企业主要关心的是合作是否能够可行。

重复阶段的特征是基于以往积累的管理经验来实施新的管理。为了抓住市场机会，时间是首先要考虑的因素。该阶段中，由于合作在可行性上已经有了一定程度的保证，成员企业关注的焦点转移到时间这一关系到能否捕捉到市场机会的关键因素上。

定义阶段的特征是开始用文件的手段来认识正式的边界管理过程。当文件建立以后，潜在的成功合作伙伴的范围就大大拓宽了，即成员企业获得合作成功的可能性增加了。该阶段的管理方法是明确的，是经过实际经验和严格分析的。一旦合作的时间能够满足实现市场机会的需要，企业就开始把关注的焦点转移到如何降低成本、获取收益，以便合作后实现的合作效益更大。

管理阶段的特征是按界定的责任管理，管理建立在不断变化的知识的基础上。企业不断地了解和参与其他公司的边界管理过程，不再有严格的边界管理流程，边界管理的结果具有可预测性。当合作时间和成本都可以接受之后，成员企业的边界管理重点就转向合作的可预测性和一致性，即合作过程的质量上。

成熟阶段的特征是成员企业对适应性有了更深入的理解。如果以上因素都良好的话，即企业的边界管理能力良好，这表明企业的边界管理能力已经十分成熟了。这一阶段应重视应用范围的拓展，只有这样才能够获得更大的竞争优势。所以，在成熟阶段，其主要指标是适应范围。

（原载：《商界：评论》，2007年第2期）

重读韦伯:权力的内涵

我阅读马克斯·韦伯的著作是从他的《新教伦理与资本主义精神》开始的,开始学习管理的时候,才发现他更大的贡献是对于组织管理理论的贡献,他的《社会组织和经济组织理论》所阐述的官僚组织理论(也译为行政组织理论)对后世产生了极为深远的影响,因此他被誉为"组织理论之父"。马克斯·韦伯与泰勒、法约尔是西方古典管理理论的三位先驱,有人甚至将他与杜克海姆、马克思奉为社会学的三位"现世神明"。

在试图理解韦伯的时候,我才弄懂现代管理与经验管理的根本区别。事实上,管理一直以来都存在着一个基本的命题:权力是个人的还是组织的?韦伯认为对这个问题的解答,就是管理从经验到现代的分水岭。他的答案是:权力赋予职位而非个人。

19世纪,官僚制盛行于欧洲,此时是德国企业从小规模世袭管理到大规模专业管理转变的关键时期。韦伯从事实出发,把人类行为规律性地服从于一套规则作为社会学分析的基础,他提出了理性设计的原则:

- 权力
- 职位
- 非个人性
- 法律

这四个原则以最理性的方式预先假定了法律和权力的概念,明确地提出权力与职位的关系。韦伯认为权力是非个人的,必须在法律的界定下确定权力与职位的概念。这个思想在今天看来好像并没有什么特别,但是在一个一切以个人至上、权威为导向的社会,韦伯的理论无疑是一个巨大的冲击。韦伯明确而系统地指出理想的组织应以合理合法的权力为基础,没有某种形式的权力,任何组织都不能达到自己的目标。

组织最为根本的功能就是提高效率，所以如何获得组织效率是管理必须回答的问题。韦伯正是从组织效率出发，找寻影响组织效率的核心要素。他发现合法的权力是决定组织管理的核心。也正是从这个观点出发，韦伯强调组织体系中法律界定的权力划分，提出了官僚组织结构理论。这套理论为社会发展提供了一种高效率、合乎理性的管理体制，意义非凡。

在今天的管理中，表面上看我们已经解决了韦伯所需要解决的问题——权力不再是个人的，但事实上个人凌驾于组织之上而拥有权力的情况依然存在。如果仍然不能够保持权力的独立性、合法性，我们就无法真正获得组织的效率，也就无法发挥权力的有效作用。这正是今天我们需要重新认识韦伯理论的原因。

管理者对于权力的迷恋，放大权力的职位范围，没有权力就无法工作，这些现象都说明我们没有让权力与职位保持联系，反而让权力还是成了个人的附属物。于是，我们看到的结果就是需要管理者自身的影响力来发挥作用，而无法按照正常的基本程序发挥作用，人们更加关心权力，而不是关心权力如何获得组织管理的效率。

所以理解韦伯，应该理解他对于组织管理的原则的约定：权力赋予组织而非个人。组织管理的核心就是让权力从个人的身上回归到职位上，也就是组织本身，只有在这种情况下才会得到管理效率。

（原载：《21世纪经济报道》，2007年3月23日）

管理需要回归本源

一、今天的管理遇到了什么？

在从事研究的过程当中，我感觉到很多人在非常努力地尝试着新的管理理论。20世纪40年代，人际关系训练被看作组织成功的关键；而在50年代，德鲁克提出的目标管理理论又被视为解决管理问题的新方法；进入了70年代，我们看到了企业战略；而90年代随着电子和技术的进步，更多的新方法更是层出不穷。

当我们进入21世纪的时候，我们认为管理创新理论引领变化。其实这些都是非常重要的，因为对于中国的企业来讲，所有的管理理论和方法都是需要面对和接受的，但是到了2006年，我们发现自己活得很苦，因为我们付出的非常多。无论是企业还是个人，我们中国人是最能吃苦的，付出最多，也是最不服输的，但是我们得到的是最少的。

当你比较40～50岁的中国人、欧洲人和美国人，你会发现差别很大。他们满头白发却非常精神，而我们却是一脸疲惫。我们在管理当中起到的作用是让我们每个人变得很老，而不是很年轻。这根本的问题就是我们的管理者是谁？管理发挥了什么作用？

二、我们一直在努力

跟一些朋友聊天，我发现，我们在管理当中遇到的根本性难题就是这个行业之所以做到现在这样，是我们凭经验在做，但最大的问题就是产业条件全变了，而我们仍在凭经验做市场。我们是不是真的在做管理，我们的效率从哪里来？管理的逻辑又如何呢？这是我们今天遇到的问题，这些问题导致了我们所面临的现实结果很残酷。

我国民营企业的平均寿命在2004年时是3.8年，2005年保持在3.8年，而到2006年只有2.9年。这几年我们的经济发展速度更快，经济更加庞大，但是为什么民营企业的寿命这么短？此外，中国500强总量是全球500强总量的8.7%，而我们的劳动力平均产出只有美国的4.4%。2006年4—9月，丰田制造的利润是712亿元人民币，而我们中国销售额达到7亿元以上的企业能有几个？我们与别人的差距真的非常大，但是我们实际上做了非常多的努力，那么这些努力是不是真的解决了问题？

我们所做的第一个努力是保持企业的弹性。我们都知道企业要保持弹性，迅速适应竞争与市场变迁。问题是，能够保持弹性的企业首先必须具备领先的地位，但是我们领先的地位非常脆弱。要处于领先位置，最重要的是要有引领市场和顾客的能力，而不是营业额。

我们所做的第二个努力是向标杆企业学习。之所以说我们的企业非常困难，就在于我们找不出自己的模式和管理文化，如果找不到，我们学标杆只能学一段时间，解决不了根本性的问题。

我们的努力之三是我们在做外包，就是我们能做的我们做，不能做的我们就外包。但是最重要的是，当我们做外包时，花费的时间和成本并没有减掉，还有的企业在内部成立一个部门，然后花更大的精力做外包。其实，自身的协同性没有解决的时候，是不能做外包的。

为了在竞争中保持领先地位，企业必须培养自己的核心能力，这是我们所做的努力之四。但是核心能力是什么？我们实际上没有办法说清楚。中国大多数企业保持领先的时间很短，当以一个暂时的领先作为自己的参照坐标来奠定核心能力，结局可想而知。

此外，我们近年来还为一件事做了非常多的努力，就是我们一直在进行企业改造，在这个层面上我认为没有错。我们一直向日本和很多地方学东西，可是在学的过程当中，我们其实在创造。在做企业流程再造和改造的时候，我们没有关注到一个很重要的东西，那就是流程需要系统，它并不是一种理论，而是一种语言和思维方式，是每个人的行为习惯，只有这个改变了才可以。

我在教《工商管理学》的时候，遇到了两个可怕的难题，第一个难题就是我们在本源的理论上没有做任何的解释，只是把所有的理论教给了我们所有的学生，所以我们会发现，中国最奇特的地方是所有的职业经理人都具备了老板的脑袋，因为他要学的全部是老板要学的东西；第二个难题，是我们所有的员工都有了经理人的思想,就是说我们每一层的人,所拥有的知识都超越了本源的部分。

我们从人际管理一直到创新都是对的,但是却缺乏对管理的基本理解。我一直希望回归到基本。我对经典概念很喜欢,我希望回到本源上理解。

三、回归经典,使效率最大化

当你对管理的基本理解不够的时候,它后面所有的东西都是没有价值的。管理的基本到底是什么?

回归到古典管理理论,这些管理大师回答了对管理的最基本理解:效率。泰勒在《科学管理原理》中告诉大家如何使劳动生产效率最大化,他把管理变成了科学。如今,我们遇到的难题是投入多产出少,这就是劳动效率不够,应该"科学划分工作元素;员工选择、培训和开发;与员工经常沟通;管理者与员工应有平等的工作和责任范围"。早在1911年,泰勒就已经明确告诉我们,如果想取得效率,做好这4件事情就可以了。

当劳动效率到了一定程度的时候,人会变得异化和机械,如何使组织效率最大化?法约尔就告诉我们14条非常清晰的管理原则,而组织效率最高只需要两个条件,一个是专业化水平,一个是分权制度。我们大部分企业不明白分权要跟专业化同等对待才会有效力。如果一个人的专业化水平不够,分给他权力是非常可怕的。

解决了劳动效率和组织效率后,我们还需要关注人的效率。管理学先知福列特提出了"以人为本;人存在于组织环境中,而不是社会中;人际关系中的关键活动是激励人……"她解决了我们管理当中的另外一个问题,就是人的效率从哪里来。

其实,管理要回答的问题非常简单,就是一个最根本的问题——效率,先解决劳动效率,然后解决组织效率和人的效率,当顺序颠倒时管理则无效。因为人的效率需要支付条件,而支付条件是需要组织给出的,如果没有劳动生产力的产出就不可能有组织效率,没有组织效率也就不可能有个人效率。效率才是管理要解决的基本问题。

我们今天遇到最大的难题就是,改革开放把门打开时全世界都在谈个人效率,但是我们不知道前两个效率是否做完了。20年后每个人的效率都很高,每个人都有无限的梦想,但是我们的劳动效率和组织效率却没跟上。

当管理实践遭遇管理经典，我相信很多人都懂这些经典，但最重要的是我们每个人如何做。如果我们所有人可以回到最基本的问题上思考，可能所有的问题都会变得很简单。

（原载：《新前程》，2007年第2期）

别再幻想"最佳领导方式"

《组织行为学》这门课程里面，一直都有关于什么样的领导方式有效的讨论。大家对这个问题有着各式各样的解答，更多的讨论不是领导理论本身，而是很多人都认为理论上所描述的各种领导方式没有问题，问题是在管理的实践中，常面临多种模式一起发生作用的情况。但是，要让一个管理者具备多种领导方式的能力是非常困难的，因此我们需要换个角度来认识领导理论。

其实有一个人很早就解决了这个问题，这个人就是弗雷德·菲德勒。弗雷德·菲德勒是美国当代著名心理学家和管理专家，他所提出的"权变领导理论"开创了西方领导学理论的一个新阶段，使以往盛行的领导形态学理论研究转向了领导动态学研究的新轨道。他本人亦被西方管理学界称为"权变管理的创始人"。

《让工作适合管理者》是菲德勒第一部系统阐述权变领导理论的著作，比较完全地展现了其思想框架，并提出了"领导方式取决于环境条件"的著名论断。这是一部被管理学家们称之为"不可忽视的领导学理论"著作。

在这本书里，菲德勒在分析领导者风格之后，他认为能够决定领导者领导效果的是环境条件，他非常明确地告诉我们：领导效果完全取决于环境条件是否有利。简单地概括，当环境条件非常有利或者非常不利的情况下，工作导向型的领导者容易取得成效；如果环境条件处于中等有利情况下，员工导向型的领导者容易取得成效。领导效果取决于环境条件，而影响环境条件的根本因素有三个，他据此得出三个最为重要的结论：

第一，领导者与成员的关系。这是指下属对其领导人的信任、喜爱、忠诚和愿意追随的程度，以及领导者对下属的吸引力。通俗地说，就是上下级之间的关系，这是最为重要的影响因素，起决定性作用。

第二，职位权力。即领导者所处职位的固有权力，其所处的职位能提供的权力和权威是否明确充分，在上级和整个组织中所得到的支持是否有力，对雇用、解雇、晋升和增加工资的影响程度如何。这一地位是由领导者对其下属的实有权力所决定的。假定一位部门经理有权聘用或开除本部门的员工，那么他在这个部门中就比上级经理的地位权力还要大，因为上级经理一般并不直接聘用或开除一个部门的员工。

第三，任务的具体化。这是指下属担任的工作任务的明确程度，指工作团体要完成的任务是否明确，有无含糊不清之处，其规范和程序化程度如何，是否能够让下属明确其所承担任务的上下所属的关系。

根据这三种因素的情况，领导者与成员关系或好或差，任务具体化程度，职位权力或强或弱，菲德勒将领导者所处的环境条件从最有利到最不利，划分为八种不同的情境或类型。其中，三个条件齐备是最有利的环境，三个条件都缺少是最不利的环境，每个领导者都可以从中找到自己的位置。

这是菲德勒理论核心的部分。这个理论给我们的启示还表现在另外一个方面，也是我自己对他的理论的一个总结，这就是：改变领导风格比改变环境条件要困难得多。这个启示我觉得更具有现实意义，因为我们很多人都期望自己的上司是一个"平易近人"的人，或者"通情达理"的人，或者"雷厉风行"的人，但是实际情况是上司很难与我们期望的领导者风格相一致，大多数的情况下上司都是风格特性明显的人。结果常常听到下属的失望和怨言，或者下属认为自己运气不够好，无法遇到一个与自己期望相一致的领导者。如果你也是这样想的，那么你真的错了。按照菲德勒的说法，领导风格是很难改变的，这是一个基本的事实。

但我们可以调整环境条件，让环境条件适合领导者的风格。

对于每一个人来说，他需要明确自己所处的环境条件，特别是明确上下级的关系。如果上下级关系非常融洽，或者非常不融洽，作为领导者需要以工作任务为中心，这个时候领导成效高；如果作为下属，在这种情况下，也应该是以任务为中心，而不需要在调整与上司的关系上花时间。如果上下级关系状态是中等情况，那么作为领导者就需要以关心员工为中心，这个时候领导成效高。所以，关键的是调整上下级的关系来配合领导者的风格。

菲德勒从领导风格入手，但是并没有局限在领导风格当中，他很明确地知道，没有固定的最优领导方式，任何领导形态均可能有效，关键是要与环境情景相适应，即应当根据领导者的个性及其面临的组织环境的不同，采取不同的领导方式。菲德勒指出，适用于任何环境的"独一无二"的最佳领导风格是不存在的，某种领导风格只能在一定的环境中才能获得最好的效果。任何领导形态均可能有效，其有效性完全取决于所处的环境是否适合。菲德勒这篇著作中关于领导方式取决于环境条件的著名论断，对其后的领导学和管理学的发展产生了极为重要的影响。同时，也对我们观察今天的领导成效给予了一个全新的角度。

我们也经历了与西方许多研究者一样的阶段，就是争论究竟哪一种领导风格更为有效，特别是很多管理者不断强调注重领导风格的培育，领导方式的训练，这些我并不反对。可是如果我们了解到菲德勒在大量研究的基础上提出了有效领导的权变模型，我们就应该知道，领导风格或者领导方式并不是最重要的，因为任何领导形态均可能有效，最重要的是领导方式或者领导风格是否与所处的环境条件适合，领导形态的有效性完全取决于所处的环境是否适合，而不是领导风格本身。

（原载：《21世纪经济报道》，2007年4月4日）

福列特的管理原理

之前，我谈到福列特如何看待和处理组织内部的冲突，此为福列特管理基本原理的第一条，今天就继续谈谈剩余的三个原理。

福列特把企业看成一种社会组织而非仅仅是一个经济或生产组织的观点，是很多同期管理学观点所不能及的。这也正是福列特的第二个管理基本原理：企业是一个社会组织。

但是在那个时期，企业仅仅是一个商业机构。对福列特而言，企业不仅是一个经济单元，也是组成社会重要部分的社会机构。她把企业和管理的功能放在整个社会框架之下，并且强调它们对于构建更公正社会的本质重要性，后者是她一直的追求。在今天经济主导的社会中，企业成为社会的主体结构，从这个意义上讲，福列特强调企业的社会责任有着更为突出的意义，作为企业的管理者需要更加明确这一点。

今天，合作和社会责任问题可以用福列特的广义生活概念来解释。在这个概念中，一个人的工作被看作一种社会服务。福列特认为"管理者是各方利益的整合者"，"最重要的是在企业管理中，'群体创造性对世界意味着什么？'"，"如果企业不能找到一种更加丰富的视角，去理解统一企业组织的可行方法，它将不能对社会发挥最大功用，也不能巧妙地规范自己，去提供已有的服务。"

在这其中，她还探讨了个人职业问题，例如专业人员和管理者的忠诚，并有预见性地提出了一个观点——专家是组织中的领导，他们拥有可以使企业成员之间更容易沟通问题的"团队密码"，这些都是德鲁克先生非常认同福列特的地方。

第三个基本原理：管理是一种职能并以科学为基础。

福列特在自己的研究中进一步分析企业管理将会朝着什么方向发展，她认为："产业的基本要素是管理，既非银行家也非股东。良好的管理才能吸引贷款、工人和顾客。此外，不论什么改变出现，不管该产业是由个体资本家、政府还是工人所持有，它们都需要得到管理。管理是企业中一项持久的职能。"

她还预见性地提出："许多情况推动我们走向全面的科学管理，总结如下：①有效的管理不得不取代自然资源的开发，后者终究有枯竭的一天；②日趋激烈的竞争；③劳动力的缺乏；④对人际道德更宽泛的关注；⑤商业是一项公共服务，它需要承担自身的有效运转，这一观点日益得到接受。"

这些在20世纪三四十年代所做的判断，今天一一成为现实。换个角度说，今天的管理必须是全面的科学的管理。在福列特看来，全面的科学的管理包括：就其技术性的一面而言，有所谓的生产和分销的知识；就其人事方面而言，有如何公正而有效地与同事相处的知识。

第四个基本原理：重塑领导者的权责。

对于权力和领导者的探讨一直是福列特所关注的问题。她认为："我们现在更认同个体的价值，管理成为更准确的功能定义，逐渐地领导者被视为这样一个人：他有能力给群体带来活力、懂得如何激励创新、使每个人知道自己的任务。"

为了能够更好地表达她对于领导者的定义，福列特重新定义了权力，她认为，权力已经逐渐被视为一个群体的组合能力。"一些被视为领导的人，他的能力不在于能够施加个人意愿并让其他人追随他，而在于如何把不同的意愿联合起来成为群体的内在动力。他必须知道如何创造群体力量而不是施加个人力量。他必须创建团队。"

"最优秀的领导者并不要求别人为他服务，而是为共同目标服务。最优秀的领导人没有追随者，而是与大家一起奋斗。我们发现如果领导者不常发号施令，而专家不限于建议的工作，下属——包括经理们和工人们——会对领导力产生不同反应。我们希望鼓励合作的态度，而不是服从的态度，只有当我们在为一个如此理解并定义的共同目标奋斗时，才能达到这种效果。"

这些对于领导者和权力的明确的定义，使管理者知道自己的权责是什么，也使组织管理从个人转到了团队。在这个方面，福列特做了非常详尽的论述，也正是她对这方面的论述，让我对她肃然起敬。可以说，福列特的思想非常切合今天的巨变的环境，她所研究的问题在今天显得更为突出，也许整本书看起来有些生硬，但是如果你愿意沉下心来慢慢理解，仔细研读，你会得到极大的启发。

（原载：《21世纪经济报道》，2007年6月15日）

变革管理和知识管理

如果孕育传统管理理论的土壤已然流失,那么是时候思考管理的新内涵了。

新技术带给人们各种体验和无尽的可能,但同时也使管理面对许多未知。标准的管理职能,不能够概括全新的情况。"计划、组织、领导、控制",这些由亨利·法约尔为代表的管理职能理论也只能解决层级结构的组织,当组织网络化、信息复杂化、价值多元化的时候,如何管理成了一个全新的话题。

一、变革不是零和游戏

在讨论企业变革的各种研究材料中可以发现,30年前跻身于财富10强的企业有三分之一被淘汰出局。同样是巨型企业,为什么有的企业能长久不衰,有的企业却困难重重,一个重要原因是企业创造适应变革的管理机制。

德勤国际集团首席执行官Jim Copeland说:"面对未来,我们唯一能确定的是:未来是不确定的。"在以网络科技和知识管理为特征的新经济中,变革管理成为企业管理中最重要的方面。

马基雅维利在《君主论》中提出:"世界上没有比推动变革更难的事件。"一方面,多数当权者一般会担心自己的利益受损,一开始就对变革持否定态度;另一方面,员工由于不清楚变革后自己能否获得利益,也不会十分支持变革,这就导致变革管理很难被推动。

变革最大的逻辑就是要以发展为目的。如果变革本身只是零和游戏,不产生增值,那么变革就难以获得足够的支持。其逻辑性体现在变革要有长期目标、短期目标、合理的策略、较为详尽的计划和时间表、数据支持、具体的制度支持等。

从社会文化来看,变革是确保可持续性发展的重要因素。重大变革不是以企业业绩在短期内达到预期水平为终结的。只有当企业内员工及外部相关人员(如股东、投资者、社区等）都充分地从思想上理解了变革并在行为上给予支持时，变革的成果才可以长期维系。

二、知识是战略性变量

为了使竞争优势持久，管理者还必须管理知识资源。企业的知识管理应当形成获取知识和运用知识两种能力。知识管理不仅是纯技术方面的，还包括技术与整个组织（如生产、财务、市场营销等）的兼容能力。

从有效知识管理的角度来看，获取知识和运用知识是相辅相成的。有人说过一旦公司获得了知识和产品制造的技能，下一步便要把它化为有形资产，对其进行开发，从而获得"基本产品"。基本产品的开发是公司管理中最为重要的活动之一。事实上，如果能在基本产品市场上占据领先地位，就能长期对最终产品市场中的制造标准及其演变加以控制。

"知识运用"阶段则是由战略性经营单位通过生产和提供最终产品与服务而得到实施的。在此阶段，主要可以采取四种战略使竞争优势维持更长时间：增值战略、锁定战略、先占战略和封锁战略。前两项战略用于吸引客户，并长期留住客户；而后两项则是用于维持竞争优势。总体目标是使公司的技术标准得到改变和提高，防止竞争对手进入市场，或至少使他们觉得进入这个市场并没有什么吸引力。

"所谓战略性方法，要求具有丰富技术知识的高级经理人和企业首席技术官共同参与制定战略。"汉斯·丹尼尔迈尔在《未来公司》里这样总结，知识决策要由最高管理层这一级别做出，知识本身应视作战略性变量而非生产性变量。知识管理的作用在此凸显：它构成了一种综合协调各方力量、捕捉重大机遇的新型战略性方法，整个组织依靠这一方法得以创造知识一体化的格局；其有力之处在于，可以正确地应对技术开发过程中的不确定性，并能够在有关机构、企业和个人之间合理地分配所有权和生产责任。

所以，管理的新内涵就是变革管理和知识管理。如果管理者没有转变思维对此加以认识，就会使企业一直流连于传统管理的评判和习惯当中。这样，相对于一个不断变化的环境来说，管理一定无法跟上环境，从而导致管理限制人们的能力和创造性的发挥，这是非常令人担心的事情。

（原载：《新华航空》，2007年第8期）

强调企业系统能力

大规模作战的系统能力是什么？简单地说，就是企业的内部能力能够外部化。

迈克尔·波特曾提醒过我们：全球化的过程，让竞争的规模愈来愈大，而且愈来愈复杂。

2005年开始我深深感受到这种规模竞争的现实，更加感受到竞争复杂性的加剧，甚至我自己也不断强调：个人时代结束，团队时代开始。虚拟组织、战略联盟、协同效应、供应链管理、价值链竞争、合作与合并等，这些概念不断地出现在经营和市场中，其最为简单的表达就是全球化。

在这样一个环境中，企业不能够再单体作战，也不能够凭借单个要素获得成功，系统能力成为企业必须具有的基础，但我们是否具备了大规模作战的系统能力？

我们还停留在流程、分工、协作的粗放阶段，对大规模产销是从容应对还是惯性使然？

我曾经历过这样一件事：在与一些国际研究人员探讨中国企业问题的时候，我曾问他们，中国企业做得最好的是什么？这些专家告诉我，中国做得最好的是中小企业的管理。当时我非常惊讶，因为在我的逻辑里，中国的中小企业在管理上是非常差的。

但当他们把名单说出来的时候，我才知道是自己弄错了，因为他们说：比如你们的海尔、联想、华为等都做得很好。而在我的心目中，这些都是大企业。不管大家如何定义大企业或是小企业，在规模的概念上，我们的企业还相距甚远。规模的距离只是一个表象，真实的原因是我们还根本不知道真正大规模的企业要如何运营，也就是我们根本还不具备大规模作战的系统能力。

回顾中国企业的成长历程，可以看到这样一个大致的轨迹：20世纪80年代初期中国企业做出企业化的尝试，开始了财务管理过程；80年代中后期领先的企业

进行产品化努力，引进和学习是这个时期企业主要进行的管理；90年代初期企业进行改造，一部分先进的企业率先进入市场化时期，开始了营销管理的尝试；90年代中后期企业进行组织变革，领先的企业进入资本市场，开始了规范化管理的历程；2000年之后企业进行创新重塑，优秀的企业能够进行流程再造、人力资源管理和构建事业平台，并开始实施国际化的战略。

在这个成长的历程中，我们看到了中国企业所做的努力，同时也发现每一次的进步和发展，仅仅是某一个部分的变化，并没有系统能力的提升。走到今天我们需要知道：我们还停留在流程、分工、协作的阶段，企业从10亿到100亿，所采用的资源、技术和人力资源并没有什么根本性的改变，所以对于这样的变化更多的是利用经验和惯性，而不是系统能力。

我曾经反复讲沃尔玛的案例，虽然如今沃尔玛也有自己的问题，但在2006年它仍然是世界500强的第二位，实现销售收入约3100亿美元。对于分布在全球市场、处在微利行业的沃尔玛来说，成功的原因是它的系统能力：全球的采购及高效配送能力，全球的供应链管理，准确的市场定位以及实现市场定位的内部能力。

事实上，在市场定位和战略的确定上，经历了20年努力的中国企业，不会与这些优秀企业有太大的差距，最大的差距是在实现市场定位和战略的能力上，而这一点正是系统能力。

所以评价一个企业是否具备系统能力，就要看企业内部的各个环节能否参照市场标准，能否彼此完全协同，能否延伸到供应商、分销商、顾客那里。如果借用价值链的理论，就是指企业内部的价值链上的任何一个环节，都可以提供市场价值，可以承担外包的任务而不是被外包掉。

中国企业基本上还不能够按照内部市场化的办法，处理企业各业务板块间的关系，只有内部的能力外部化，强化内部服务对价值链的贡献和整合，才能真正具有系统能力。

（原载：《新华航空》，2007年第12期）

中国式管理怎样与西方管理交融？

有人说，中国式的企业管理就像垒石墙，因人而异；西方企业的管理则像是在垒砖墙，讲求标准化。可以肯定，未来20年，吸取过去30年经验和教训的中国企业，其管理既不能照搬西方企业的管理模式，也不能不讲求标准，中国式的管理哲学必须与西方管理水乳交融。

那么，富有中国特色的企业管理体系这座"高楼大厦"到底该如何构建？

众所周知，经过短短30年的发展，中国企业不仅改变了世界产业的格局，改变了中国经济，也累积了优秀的管理智慧。这些管理智慧，正是构建未来管理体系的良好基础。

一、中国理念，西方标准

纯粹地照搬西方企业的管理方式一定行不通。中国企业与西方企业所面对的经营环境完全不同——在中国企业开始市场化的时候，西方企业则开始全球化，管理方式也是针对全球化；在中国企业开始全球化的时候，西方企业则开始面对未来。这说起来虽令人气馁，却是不争的事实。更重要的是，中国企业面对的市场环境要复杂得多，发展速度又非常之快，这些都是西方企业所没有经历过的。巨大的文化差异和思维方式差异，也使很多西方企业优秀的管理方式在中国企业的运用中得不到预期的效果。

中国的传统文化，必将在中国企业的管理中发挥越来越重要的作用。中国传统文化是中国人习惯和行为选择的依据，我们平常所说的"社会经验"或者"潜规则"，其实就是文化的一种外化表现。从价值层面来判断，中国传统文化中"求和"的思想，"外圣内王"的追求，"大丈夫"的气概，都会对企业管理产生良好的影响。而中国传统文化中的"服从""道德自律"等，也会提升企业的管理效率。我曾经研究过中国先锋企业的成长，寻找它们之所以能够领先的原因，结果发现：这些行业领先的企业，在管理方法上不约而同地具有相同特点——中国理念，西方标准。

华为就是中西管理融合的典型案例。"华为基本法"就是这个企业的标准和法则，在其中我们看到了华为管理层力图完善和达到的各种"标准"：团队协作、科技创新、客户满意、人力资源培养、目标利润、快速反应、市场需求、资源最佳配置等。随着华为不断壮大，任正非觉得与越来越壮大的高新技术人员和管理人员之间的沟通变得力不从心，"华为基本法"就是在这样的背景下诞生的。任正非十分重视"法"的制定，他说："制定一个好的规则比不断批评员工的行为更有效，它能让大多数员工努力地分担你的工作、压力和责任。""华为基本法"的措辞与任何法律、法规和法则都不同，每一条都渗透着华为管理层与华为人的情感——不仅蕴涵着管理层对企业的希望，更真实地反映了华为员工的真性情。

我们在华为精神里看到了任正非的精神，同时，深深影响我们的是华为精神产生的巨大号召力——这之中就有企业家对所有员工的郑重承诺。

二、中西方管理的阴阳太极

将源于西方的管理方式与源于中国的管理方式以"太极图"的方式相结合，可以很好地诠释中西方管理的融合。

其中阴阳代表中西两方，阳中阴点表示中方的管理方式中吸取了源于西方的管理方式；同样，阴中阳点表示西方的管理方式中也引用了源于中国的管理智慧。"中国理念，西方标准"的关键在于阴阳结合，运转于无穷。可以预见，在

图1 管理方式太极图

未来，越来越多的中国企业会将中国式管理与西方管理进一步融会贯通。那么，管理者该从哪里入手？实质上，中西管理融合的关键在于三个转变——从"以人为本"向"以执行为本"转变；从"以岗位为本"向"以目标为本"转变；从"以职能导向"向"以流程导向"转变。

执行为本。法治管理侧重"法"，即制度；而人治管理侧重"人"，即情理。西方文化追求自我价值的实现和独立人格的形成，同时强调人不应当贬视自己，而应当追求自身价值与幸福。因此，西方社会中人与人之间没有形成宗法伦理等级关系，而是平等基础上的契约关系。表现在管理上就是规范管理、制度管理和条例管理，特别注重建立规章制度和条例，严格按规则办事，追求制度效益，从而实现管理的有序化和有效化。未来中国企业有必要寻找中西方的平衡——当管理者试图从注重人的平等关系转向注重通过管理制度形成的管理环境，实施"移情于法"，企业管理特色就从"以人为本"转到了"以执行为本"。

流程导向。流程导向侧重的是目标和时间，以顾客、市场需求为导向，将企业的行为视为一个总流程上的流程集合，对这个集合进行管理和控制，强调全过程的协调及目标化。每件工作都是流程的一部分，它的完成必须满足整个流程的时间要求，时间是整个流程中最重要的标准之一。

未来中国的其他企业有必要向先锋企业学习，合理地平衡二者间的利弊。这包括：决定主要流程和支持流程，避免流程太细化；以主要流程规范企业的组织架构，建立企业整体流程绩效的管理标准；处于主要流程的各部门，保持职能导向的管理方式，以控制流程再造过程中产生的各种风险；对支持部门进行整合，以降低支持部门的总体管理成本。

员工参与和身体力行。从先锋企业的实践来看，管理者通过让员工理解概念、激励每个员工参与流程再造、重视员工的建议等，完成这个艰巨的管理方式改变。他们的经验是：企业的高层管理者以身作则，明确地认同新的管理方式，并主动参与推广和执行；创设新的仪式、象征和典故；建立新的评估及赏罚制度；以正式化的、成文的条例，取代非正式化的、不成文的规范，并以员工参与的方式，取得员工的共识。

最善于把握平衡术的企业家也许就在中国，因为中国是这样一个讲求"人与自然融合"的国家。先锋企业的探索充分证明：以中国的管理哲学严谨地实施西方的管理科学，才是中国企业的最佳管理之道。

（原载：《经理人》，2008年第6期）

管 理

中国企业的下一个机会：
成为价值型企业

当我决定为中国改革开放30年写一点儿东西的时候，我没料到自己会陷得如此之深。几乎每一个晚上，我都被所记录的企业拽入深思，每一次思考都焕发出振奋，每一串数据都引发无限的想象。这是一个充满诗意的年代，中国用30年的时间，缔造了一个撼动世界的奇迹。当我试图理解它的时候，才发觉这是一个关乎成长的最内核的思想，这30年教会我们如何辨别出事物最内部的秘密，即隐含在它之中的规律，更重要的是我们真的成长起来了。

时间刚好来到了2007年底，在这个时间里，更多的企业开始思考2008年应该做什么，或者判断更长远一些该如何做。这同样是我想做的事，毕竟不管我们多么兴奋和骄傲，未来才是最重要的。

劳伦斯·莱斯格所著的《思想的未来》这本书让我们知道：在互联网的环境下，每一种未来都是可能的。同时，他更强调，"我们完全可以预见到我们已选择的未来"，"如果我们不对产生创造与创新能力的源泉有更清楚的认识并加以保护的话，互联网就会改变"。因此，正是对于未来的想象和认识，促成了人类文明自工业革命以来最伟大的技术革命，正是这种对未来的把握带来了一个不同于过去的充满创造力的世界。

那么在中国改革开放30年之际，我们该如何理解未来？

我想到了"禅"：

学僧道岫下功夫修持，却不能契悟，于是失望地向师父广圄禅师辞行。

"为什么没有觉悟就要走呢？难道到别处就可以觉悟了吗？"广圄禅师惊讶地问道。

"我每天除了吃饭睡觉，都在用功修持，却连禅的影子都没有看到，反观同参的道友们却都一个个日有进益。我想，我还是做个苦行僧好些。"道岫诚恳地说。

"悟是一种本性的流露，根本无法形容，也无法教给别人，更是学不来也急不得的。别人有别人的境界，你修你的禅道，为什么要混为一谈呢？"广圄禅师说。

"唉，我跟师兄们比，就像小麻雀跟大鹏鸟相比一样啊！"道岫感慨地说。

"怎么样的大？怎么样的小？"广圄禅师装作不解。

"大鹏鸟振翅疾飞数百里，而小麻雀不过低空盘旋几丈寻而已。"道岫答道。

"大鹏鸟虽能振翅疾飞数百里，可它已经飞越生死了吗？"广圄禅师问得意味深长。

的确，大鹏鸟和小麻雀虽有形体大小、飞翔快慢之分，但是它们在虚空中奋飞的时候，有谁又飞越了虚空呢？关键是超越自身。

雅斯贝尔斯认为，人的本质是一个在实践中发展的过程，他说："人的本质不是不变的，而是一个过程；人不仅是现存的生命，在其发展的过程中，他还有意志的自由，能够主宰自己的行动，这使他有可能按照自己的愿望塑造自身。"因此，雅斯贝尔斯得出结论：人必须超越自身。企业正如人一样，从本质上讲是一个发展的过程，就是一种可能性，正因为它是一种可能性，所以它有无限的可能性。同样的结论是：企业必须超越自身。一如大鹏鸟和小麻雀一般，不是两者的差距，而是对自身的认知和超越。

超越自己的想法贯通了这本书，同样也是超越我自己的历程。我们非常幸运地生活在这样一个创造了神话的年代，可以目睹中国企业成长的30年，更幸运的是，我们可以确信：中国企业未来成长的历程，不会停留在当下的辉煌，也不会满足于把握任何的一致，而是不断地追求超越，超越使瞬间达到永恒的过程。

（原载：《商学院》，2008年第8期）

"剩"者之道

全球金融危机爆发，让珠三角很多进行国外订单生产的企业忧心忡忡，危机来了我们该如何应对？不过，也应看到乐观的一面：一是中国企业终于有机会做自己的品牌了；二是中国市场格局将会重新改变。在这个"冬天"，我们应该在危机中审慎地回顾自己的成长历史，思考我们到底该怎么做。

事实上，从经济规律角度看，从2000年开始，中国企业就应该转型，但是我们没有。"产业衍变"要经过四个阶段。第一阶段是创业阶段，即这个产业本是没有的，因为有了需求，因此有了产业。新产业一出现大家都会抢着做，百分之百的企业都能活，但随着太多企业抢占资源，就会有一部分企业受到伤害，另一部分形成规模化运营。于是，进入到第二阶段：规模阶段。在规模阶段企业不会停止发展，产业会继续向前。第三个阶段叫集聚阶段。这个阶段可能会有40%左右的企业被并购。第四个阶段是均衡阶段，会有60%左右的企业被兼并或被淘汰掉，剩下的40%又实现均衡发展。从创业、规模到集聚，前三个阶段，中国企业经历了30年时间，现在要从规模阶段到集聚阶段转变了。其实，即便没有这次金融危机，这个阶段也会到来。于是，我们说"剩"者为王的时代到了。

那么，到底谁是"剩"者？

中国真正市场化是从1992年开始的，从那个时候到现在，中国企业起起伏伏经历了很多坎坷。如果用平均寿命去衡量，2006年，民营企业平均寿命只有5年，到2007年这个数字就变成3年8个月，而2008年的数字是2年9个月。但是在美国这个平均数字却是40年，在日本则是20年。

为什么中国企业的平均寿命这么短呢？这次金融危机其实只是个导火索，背后更重要的问题在于企业如何实现持续增长。如果一个企业做1000万，但可以活10年甚至100年，它应该是一个很好的企业；如果一个企业做1000亿，但只能活两三年，反而不值得欣赏。

在危机爆发之后，外部环境开始逼着企业转型，以前很多增长方式不可能坚守了。比如很多企业喜欢高盈利，现在可能就要放弃；有些企业喜欢以自己对产品的认知方式来运作市场，现在就得站在顾客的角度去认识产品……

现在中国企业需要从规模增长型转变为价值增长型。一般来说，企业成长需要满足三个条件：第一是它必须满足顾客价值，就是企业必须知道谁是自己的顾客；第二是实现行业价值，因为一个企业能不能发展，一定要基于整个行业的成长；第三是员工价值，这也是三个价值里面最主要的。如果一个企业能够很好地释放员工价值，就能够满足顾客的价值，也就能够推动整个行业的成长，如此，这个企业自然是一个价值增长型企业。

我们所说的转型，是指基于价值链的全面转型，其中也包括供应商转型，因为供应商决定了整个产品的质量，这也是企业改造中比较困难的地方。

先期开始转型的企业就有可能成为行业的领袖，它会成为真正的"剩"者。

（原载：《中国经营报》，2009年2月9日）

危机中企业如何逆境增长

在每一个充满危机的时代,都会涌现出一批成功的企业,这些企业都经历了数次变革,度过了各种危机,保持着旺盛的生命力。例如,亨利·福特(Henry Fort)和福特汽车,盛田昭夫(Akio Morita)与索尼,鲁柏特·默多克(Rupert Murdoch)与美国新闻集团,约翰·D.洛克菲勒(John D. Rockefeller)与美孚石油,老托马斯·沃森(Thomas Watson Sr.)与IBM,罗伯特·伍德拉夫(Robert Woodruff)与可口可乐,当然,还有许多人和许多公司战胜了经济危机。在这些行业背景全然不同、个性迥异的公司中间,我们会注意到,它们都具有一系列共同的重要特征。

一、坚信增长才是最重要的,增长不受环境的影响,增长是一种理念,并以这样的理念来指导他们的行动

这些领导者和他们所领导的公司可能处在良性的环境中,也可能处在恶劣的环境中;可能处在一个高增长的领域,也可能处在增长已经陷入停滞的行业。但是,这些领导者还是领导着他们的公司,经过自身的艰苦努力,取得了同行无法比拟的增长,年复一年,不管经济阶段处在一片繁荣之中,还是处在衰退时期,保持增长就是他们坚定不移的信念。

1923年,罗伯特·伍德拉夫加入可口可乐公司,在随后的40年里,直到1965年正式退休,他一直统治着可口可乐帝国,他在位时经历了一段声势浩大的增长期,可口可乐公司因此成为全球性企业。随着第二次世界大战的临近,人们对企业发展感到迷茫,罗伯特·伍德拉夫承诺:"我们将确保每个士兵花5美分就可以喝上一瓶可口可乐,不论他身在何处。为此,我们公司将不惜一切代价。"战争反而使可口可乐传遍全世界。

而中国企业的发展空间依然存在，政策面的持续向好，对市场和对顾客的认识与挖掘还有不断发展的机会，这都决定了处在冬天里的中国企业不用等待太久就可以迎来春天。

为什么这些企业不受环境的影响，特别是能够战胜危机，而没有发生轰然倒塌的情况？这可以认为在危机时要把握住以下这个显著的特征。

二、财务必须保守，只有资金的运用是高效能的，才真正具有安度危机的基础

著名经济与管理学家阿里·德·赫斯（Arie De Geus）总结自己在皇家荷兰壳牌集团公司长达38年的工作体验，以及对世界上长寿的公司进行研究之后，得出了这样的结论：为积蓄财力而在财政上采取保守政策是长寿公司的特征之一。

长寿公司从不轻易地用自己的资本去冒险，而其良好的资金配置使其足以应付企业成长的需要。虽然这一点常常被认为是传统或保守的，尤其是在这个高速运转的变化的时代，但它却是企业持续发展的战略性因素，我们可以在经营上、技术上、产品上创新，但在财务上一定要保守。

不用资本去冒险，必须了解现金在其全部资产中的重要性。已经有太多有很好基础的高成长企业去做资本的对赌，导致企业陷入危局。持有现金可以使企业在竞争对手无法办到的情况下捕捉到机会或更好地应付危机，其资金配置足以支持企业增长和发展的需要。那些一直保持增长的公司都对资金使用效率进行永不松懈的关注，否则冒进的财务政策往往会导致灾难性的结果。

只是有稳健的财务、丰沛的现金流仍然不够，因为最能创造价值的还是人。直面危机的公司的第三个特征如下。

三、释放员工能量，靠员工来取得事业的成功

《基业长青》一书中讲述过惠普创始人的故事，1946年，已经有10年历史的惠普公司因为第二次世界大战结束，国防合约枯竭，其营业收入减少了50%，他们面临急迫的现金周转危机，而在市场上又没有立刻可以解决问题的商机，就像普克描述的情形那样："我们都在庆祝大战结束，但是同时知道我们会有很严重的问题，1946年，我们的销售额从前一年的大约150万美元降到大约只剩一半，

我们很担忧,不知道能不能维持下去。"

在这种情况下,他们只能选择裁员,裁减了大约20%的员工,但是,同时他们还采取了一个行动,对于一个业务缩减了50%的公司来说,这种行动堪称胆大妄为。当时,所有靠国防合约生存的机构都面临艰苦的日子,他们决定利用这一事实,开始到战时政府资助的研究机构聘请杰出的科学家和工程师,同时他们也决定挽留公司内部最优秀的高薪人才。正是这些人才,推出了许多创新和大受欢迎的新产品,让惠普在之后的20年里获得了巨大的成功。

经济危机的环境中,人员的变动会直接影响公司的增长,一些无法增长的公司想到的第一个动作就是大量裁员,但是如果能够合理地借助于经济环境的调整来重建人力资源的结构,释放出员工的能量,则会取得意想不到的成绩,正像通用电气金融服务公司的首席官加里·温特(Gary Wendt)指出的:"企业的发展是每个人的责任。"每个员工承担了这个责任,就一定可以获得增长。

有了信心,有了财务保障,还有了要为企业负责的员工,在危机中成功的企业就有了第四个特征。

四、用低价格出售品质好的产品

在沃尔玛(Wal-Mart)的商店里,我们很少见到2.99美元或者5.95美元等接近整数的标价,更多的是诸如2.73美元或5.22美元的价格牌。这是为什么呢?

原来,自1950年一家名为"沃尔顿小店"在阿肯色州的本特维拉市开业的近半个世纪以来,沃尔玛的创始人山姆·沃尔顿(Sam Walton)一直把最大可能地向顾客提供最低价位的商品作为沃尔玛的经营宗旨,沃尔玛的成功也得益于这个简单而又平凡的道理。

沃尔玛是怎样实现其"天天平价"的承诺的呢?它不是通过处理积压商品或质次商品,而是通过不断降低管理成本来实现的。

正是沃尔玛奉行这个简单而又平凡的道理,使沃尔玛在遭遇经济危机的时候,可以获得持续的增长。2001年,美国由于互联网泡沫破灭,经济萎靡不振,一大批重头公司赢利减少,股价暴跌,裁员成风。与此形成鲜明对照的是,前两年并不被专家看好的"旧经济"代表沃尔玛连锁零售集团却稳步发展,独占鳌头。

沃尔玛在70年代的销售收入约为4000万美元,而现在已发展成为拥有100万名员工的全球最大的企业。山姆·沃尔顿当年曾经许诺,如果公司业绩出现飞跃,他就会在华尔街上跳夏威夷草裙舞,后来他真的履行了自己的诺言,这一惊人之举给很多投资者留下了难忘的印象。自从1972年沃尔玛的股票上市以来,它的股票价格年均增长率高达27%,沃尔玛股票惊人的回报率给沃尔顿家族带来了滚滚财源,直到今天,沃尔顿家族仍然持有沃尔玛公司38%的股票份额,家族中的5人包揽了全球富豪榜的第六至十位,总资产1029亿美元,沃尔玛这5名持股人组成了名副其实的全球最富家族。

接下来的观点,相信我们都会认同:企业无论是在顺境还是在逆境,最终解决的还是顾客的问题,所以能战胜危机的企业最重要的特征是第五点。

五、坚持贴近顾客,要求企业必须成就顾客而不是自己

在美国房地产遭遇危机而出现增长停滞的时候,恰恰有个叫作Build Net的房地产服务商创造出了奇迹。在美国市场,一般的建筑商需要盖精装修房子,还配备家具电器,企业利润率为7%,经济不景气时利润不足4%。Build Net对行业分析之后得出结论:竞争激烈使购房者不停地进行价格比对;购房者一般居住15年,期间可能坏掉4万样东西,而且平均一辈子换3次房子。对此Build Net找出了自己的策略,这就是关注服务价值:用最好的材料盖最好的房子,以成本价出售,赚取其后15年服务带来的利润,这令其他竞争对手无法应对。现在Build Net从房地产开发商成为房地产服务商,原有的10万家竞争对手成了Build Net公司的开发商;它拥有的顾客超过千万;供货商超过1万家;公司专注于服务的提供,而对房屋价格敏感的购房者并不计较换电器零部件的价格,公司的策略一举扭转了低收益的局面。Build Net所做的正是和顾客走在一起,满足了顾客的需求。

这样看来,企业能否在市场上成为主导者,最为关键的是找准顾客并为顾客贡献价值。只要企业的顾客还在,即使没有了厂房,没有了设备,但企业还是可以有生存下去的希望。这不仅适用于制造型公司,也适用于服务型公司或是技术型公司。无论是快速增长的行业,还是停滞衰退的行业,这些都不重要,重要的是公司要知道所面对的顾客是谁、如何为其创造价值。所以问题的关键不是环境和市场,而是贴近顾客的能力。换句话说:只要能够提升对于顾客价值的认识,符合顾客期望就可以超越环境。

除了上面的特征之外,直面危机的企业还具有最后一个特征。

六、以创新超越危机

危机和压力相对于一些企业来说,所带来的反而是创造力的迸发,正是因为创造性地解决问题,才使这样的企业拥有了全新的市场地位。

很简单的事实是,危机来临的时候,人们会发现"市场"的增长的确在变慢,但是同时瓜分市场的企业也在减少,这是否意味着企业有机会拥有更多的市场份额呢?回顾近百年危机的历程,我都会发现有企业是在危机中获得新的市场格局的,而他们能够获得这样的地位的方法就是创新。

比如汽车行业,二战前,世界经济危机重创北美汽车业,大批中小汽车厂倒闭,通用汽车、福特汽车、克莱斯勒公司伺机推出一批以V8发动机为主的流线型设计产品,受到市场欢迎,遂成为底特律"三巨头",雄霸世界车市半个世纪。正是创新,让这三家企业在经济危机中获得了全新的市场机会。

对于那些渴望度过寒冬并有所作为的企业来说,我的方案不会一蹴而就,也不主张病急乱投医,我认为所论述的这些特征中国企业并不难以实现,但是它需要一段时间的努力,其间领导者承担起改变自己的责任,而一旦坚持下去度过危机,在企业环境转好时,企业的发展将走入快车道。

因此,最后问题的焦点在领导者的素养。

七、经营的意志力

这是度过危机环境的企业的坚实基础,拥有在任何环境下都坚持增长的理念,以及拥有实现和顾客在一起的运营能力的领导者,可以让企业在经济危机的环境中,超越环境获得发展;相反,如果因为环境的变化而出现企业停滞甚至消失的结局,大部分的原因也可以归结到领导者的身上。

所以,树立信心,稳健财务,带领员工,为顾客提供期望的优质低价产品,让企业安然度过经济危机,是领导者的职责。

(原载:《经济界》,2009年第4期)

我们依然处在危机中

我认为，我们需要安静下来好好地思考，30年来我们所依赖的增长方式是否可以持续带来增长，下一个30年我们必须做出的转变是什么。为此，我写了一本书——《中国企业的下一个机会》。但很可惜，因为2008年的金融危机，更因为中国在这场危机中的努力所带来的持续增长，人们忘记了企业最需要思考的是什么。然而，如果不做出必要的思考和调整，我们事实上还处在危机中。

1978—2008年，中国经历了四个主要的经济发展阶段：工业化、市场化、产业化和国际化。用30年的时间实现了西方用300年才完成的经济发展历程，让中国在短短的30年间实现了飞速的发展，并影响了全世界的经济发展格局和政治格局。那么，到底是什么驱动了中国经济的高速发展？

在我看来，中国30年来经济发生变化的原因和驱动力在于以下五点：第一是固定资产投资规模的扩大。30年来，固定资产投资率之高和攀升之快举世罕见，这是中国经济增长的主要动因。第二是产业结构和产业组织的调整。统计显示，第二和第三产业年均增长都超过10%，增速是第一产业的两倍，对GDP增长的贡献的绝对数和相对数都高于第一产业。第三是市场经济制度和企业的逐步发育成型。引起增长的真正原因是制度变迁，引进外资的优惠政策和系列法律法规以及加入WTO，使海外制造业大规模向中国转移，改变了中国产业的分工格局；激励民营企业的公开规则和潜规则也促成了民营经济的从无到有、从小到大。第四是政策因素的重要推动作用。具体说来是四个政策：财政政策、货币政策、消费政策、对外开放政策，在推动经济的增长。第五是市场力量在推动经济增长中占据重要地位。国内市场需求的不断增长，非国有经济投资持续增多以及外向型经济的新突破等都在推动经济增长。

由此可见，我们30年经济增长的推动力量中政策和资源占据了根本性的地位，一方面我们可以认为政策到位，政府很好地发挥推动经济增长的作用；另外一方面，也需要我们清醒地认识到：政策和资源在某种程度上都会被用光，继续依赖这些已经不行了，必须转变增长模式。

这让我把眼光转向美国，希望了解美国所依赖的增长方式是什么。因为在现代的历史中，能够持续超过30～40年繁荣的地区被公认的是美国和中国，所以当我们了解到中国是依靠政策和资源驱动增长的时候，更需要了解美国依靠什么持续获得增长。

在分析美国持续增长的原因的时候，管理大师德鲁克写了这样一段话："20世纪70年代中期以来，'经济零增长''美国限制工业化'及长期的'康德拉杰夫经济停滞'之类的说法被人奉为金科玉律，在美国十分盛行。然而事实和数据却证明这些观点完全是无稽之谈，真正发生在美国的是完全不同的情况。在这一时期，美国经济体系发生了深刻的变化，从'管理型'经济彻底转向了'企业家'经济。"德鲁克更明确地认为："在美国出现的真正的企业家经济，是现代经济和社会史上最具深远意义和最鼓舞人心的事件。"

"企业家"一词源于法文，意思是"敢于承担一切奉献和责任而开创并领导一项事业的人"，带有冒险家的意思。在1800年前后，法国经济学家萨伊（J. B. Say）将"企业家"一词广泛推广，他曾经这样说过：企业家"将资源从生产力和产出较低的领域转移到生产力和产出较高的领域"。当我们明白什么是企业家的时候，也就了解到德鲁克所认为的美国持续增长的缘由，即"创新"与"效率"，这和我们驱动增长的动因完全不同。虽然今天的美国因为金融危机陷入困境，但是对于创新和效率的追求会让美国摆脱危机的效果，也许会完全不同于我们，而这正是我特别强调的部分，也是我们需要认识到自己处于危机的根本原因。

历史上，率先实现工业化的国家，在向后工业化过渡时期，也曾遇到过经济发展与环境和资源关系紧张所带来的所谓"增长极限"问题。跨越、消除这一极限的重要手段之一，就是构建新型工业化，从技术进步和效率改善中获得增长，如果不能够寻找到这样的增长路径，我们依然处在危机之中。

假如因为我们拥有辉煌的过去，而错失了未来，那才是真正令人可悲的事。这是查尔斯·汉迪（Charles Handy）的警示，也正是我所想表达的思想。

（原载：《IT经理世界》，2010年第10期）

管理就是把理论变为常识

在最初讲授《组织管理》课程的时候，我就一直被这样一些问题困扰：为什么同样的资源和人，交给不同的管理者进行管理，结果却相去甚远？为什么这样多的人，陷入无效的、甚至毫无意义的工作中？影响人们有效工作的关键因素是什么？为什么这么多人觉得组织并没有让他们发挥作用？管理真正的价值到底在什么地方？

对于这些问题的思考和研究，一直贯穿于我的整个教学和研究过程中。如果我们不能解决这些问题，就会浪费很多人的付出，让人们变得毫无价值；而解决了这些问题，就可以让人们做出巨大的贡献，管理的确关系到我们每一个人的切身利益。导致出现这些问题的核心因素就是：没有很好地理解管理。无论是对于管理相关概念的理解，还是对于管理相关理论及其规律的认识，都产生了偏差，甚至在很多基本概念的理解上存在错误。这些认知上的偏差，导致了管理行为的偏差，也就影响了人们的绩效。换个角度说，因为管理者自身对于管理认识的偏差，导致了人们无效的工作。

无论是从管理实践的角度，还是管理教学的角度，我了解到：

管理是"管事"还是"管人"？

人与组织到底是什么样的关系？

组织结构在什么情况下才能够改变？

领导如何发挥作用？

人为什么要工作？

群体决策有效还是个人决策有效？

为什么计划没有变化快？

……

这些都是在日常管理中必须面对的话题，如果我们没有正确的认识，就会产生很多管理行为的误差，而这些误差就会导致绩效结果受到损害。事实上，在大部分效率低下、内部无法协同的组织中，由于管理误解所导致的因素占了绝大多数，很多时候，我并不认为是员工的素质不行，更不认为是我们的企业文化不行，遇到管理不畅、员工能力弱的情况，首先需要检讨的是管理者自身，管理的认知和行为是否正确，只要管理者具有正确的认知和行为，所有人的绩效就一定会展示出来。

因为研究和课程的缘故，我有幸担任过山东六和集团的总裁，在此之前和之后也一直担任一些公司的顾问，我在每一家公司都看到相同的情况：对于管理的职务、功能和效果缺乏认识和思考，很多人只凭借经验、情感和责任来进行管理工作。我所看到的是个人绩效的损伤、组织效率的消耗，而这一切，只要从管理的基本概念出发，整理清楚，就可以避免，于是我决定来梳理这些概念，从最基本的部分入手，来解决问题。

在我的内心里，最希望看到的是：每一个人都可以在组织中充分发挥作用；每一个人都有能力解决自身的问题；而每一个管理者都可以让下属拥有绩效，并获得成长；更重要的是，因为管理者有效的管理行为，本不能胜任的工作得以胜任，同样的资源投入获得更大的产出。

有关管理的各种问题都会呈现在每一个管理者的面前，这些问题纷繁、琐碎，几乎涉及组织的每一个人、每一个环节，我也深知最重要的不是陷入在这些问题中，而是解决问题，因此我抽离出最基本的管理概念，了解什么是管理、组织、领导、计划、决策、结构和激励，以这些日常管理中不断面对、习以为常的管理概念入手，整理清晰，明确内涵，为此我写了一本书《管理的常识》，在这本书里诠释了这个概念。

什么是管理？管理是人、物、事三者的辩证关系，不同的组合就会得到不同的结果，而管理，就是确保人与物结合后能够做出最有效的事情来，这也正是管理的魅力所在。因此，管理就是让下属明白什么是最重要的；管理没有对错，管理就是面对事实解决问题；管理是"管事"而不是"管人"；管理就是让个人目标和组织目标合二为一；管理就是让一线员工得到并可以使用资源。

什么是组织？组织是指为了实现目标系统化的人的组合。组织是为目标存在的，组织最大的功效就是让本不能胜任工作的人可以胜任。因此，正式的组织更强调责任、权力和目标，而非情感、兴趣和爱好；在组织中人与人公平而非平等，承担更大责任的人会获得更大权力，从而具有更高的地位和尊重，某种程度上讲，在组织里最重要的是"正式身份"；分工是个人和组织联结的根本方法；组织因目标而存在意味着任何组织离开任何人都是没有问题的，只要这个组织的目标是明确而且有生命力的。

什么是组织结构？组织结构有着自己的特性，一方面结构的作用是保持稳定，只有稳定的结构才可能产生效率，另一方面每一次结构的调整和重组，都意味着对于变化的适应。组织结构所要解决的就是权力与责任关系是否匹配的问题，只有在匹配的权力和责任的关系中，组织管理才会发挥作用。所以组织结构需要清晰地设计出沟通线、控制线、责任线和权力线，其中权力线和责任线是组织结构的纵向安排，沟通线和控制线是组织结构的横向安排。组织结构的纵向安排必须依照"谁责任大，谁权力大"的原则，让承担责任的人拥有最大的权力，离总经理最近；组织结构的横向安排必须依照：做同一件事的人需要在一个部门里交由一个经理来负责，尽可能减少部门。纵向安排以实现绩效、贴近顾客为主，横向安排以提升效率、降低成本为主。组织结构一定要依据责任而不是权力来设定，可以建立组织和个人之间的心理契约。组织结构需要配合企业发展的需要，影响组织结构变化的因素是策略、规模、技术和环境，因此领导人变更并不是组织结构改变的影响因素。

什么是领导？领导是指影响别人，以达到群体目标的过程。这个定义意味着领导是一个施加影响力的过程，是一个管理职能，因此每一个领导者以及每一个管理者都需要发挥领导的职能。但是领导者和管理者却有着根本的区别，领导者需要做的是：定立方向、构建团队、促进变革；管理者需要做的是：解决问题、保持稳定、按章行事。换句话说，就是领导者对成长负责，管理者对绩效负责。领导这个职能最重要之处就是如何把人用好，在日常的管理中，用人会出现两种情况：做好事情和做不好事情。如果所用之人可以把事情做好就应该授权；如果所用之人做不好事情，也只有两种情况，一是不会做，二是不愿意做。不会做就提供培训，不愿意做就要激励，因此，领导的职能如果在管理中发挥的话，应该是授权、激励和培训。如果我们可以这样理解领导的职能，就不会出现在管理中找不到合适的人来做事的情况。因为不管员工的能力如何，只要管理发挥领导职能，就可以产生绩效，因此"没有不好的士兵，只有不好的将军"，就是在说明这个道理。

什么是激励？激励就是如何使人更好地、更愿意地工作。首先我们需要了解到，人为什么工作？人要工作的理由是非常多的，但是归结起来大约是五个方面：赚钱、消耗能量、社会交往、成就感以及社会地位，而激励正是从这个五个方面展开。在激励中需要我们注意以下这些问题：涨工资并不会带来满足感，只会降低不满；最低层次的需求如果得不到满足，影响力最大；人不流动也许是因为安于现状不求发展；人的需求很难满足所以需要引导需求；满足感高的员工并不一定带来高绩效；不公平是绝对的，公平是相对的；人会成为他所期望的样子。在三种情况下激励不发挥作用：①工作超量所造成的疲惫；②角色不清、任务冲突；③不公平的待遇。如何使激励措施有效：重要性、可见度和公平感，从这个意义上看，金钱是最重要的激励措施。

决策如何有效？决策是领导者的日常管理行为，一方面需要快速决策，另一方面又要保证决策有效。经常有很多人问，如何保证决策是正确的，这几乎无法回答，因为这个问题本身就偏离了决策的方向。决策是为了能够执行，而不是追求正确性，或者说决策正确性指的不是决策本身而是决策得到执行的结果。重大的决策必须是理性决策，而在这个决策的过程中，需要遵循这样的原则：集体决策，个人负责。我之所以强调这一点，是因为很多决策其实是个人决策，集体负责。如果每一个参与决策的人不能够真正承担责任，这样的决策是无法理性的。我们需要了解到个人决策的局限性，也需要了解到群体决策一定不是最好的决策，而是风险比较小的决策。当遭遇到重大问题的时候，决策是为了控制风险，这一点请大家一定要了解。

什么是计划？计划就是为实现目标而寻找资源的一系列行动。计划是管理中最基础的职能，但也是大家最容易忽略其管理价值的一个职能。对于很多管理者而言，计划只是一个纸面的文本，是年初上缴的提案，年底总结的参照，而在管理过程中用计划职能来工作的人并不多。但是，计划确是所有管理的基础，因为企业管理所有活动中最基本的活动是目标与资源，围绕着目标展开责任、流程、控制等一系列的管理活动，组织目标决定管理的所有活动的出现以及这些活动的价值。我之所以偏爱计划管理，还因为这个职能具有解决企业健康成长问题的能力。企业在其成长过程中需要协调三对矛盾：长期与短期，变化与稳定，效率与效益。计划管理确定高层管理者对投资回报和市场占有率的增长负责，而这正是长期和变化的基础；中层管理者需要对生产力和人力资源负责，而这正是稳定和效率的基础；基层管理者需要对定额、品质、成本负责，这也正是效益和短期的基础。在理解计划时，最需要提醒各位的是：第一，目标因为是基于对未来的预测而无法合理，计划可以确保实现目标的行动是合理的；第二，目标必须是每一个人的目标；第三，计划没有变化快的原因是，计划没有包含变化。

这些基本概念的正确理解才是组织与管理的真实内涵，很多管理者没有很好地理解这些基本的概念，导致组织内部效率低下，很多人做的是无效的工作，甚至更多的人并没有感受到工作的成效，无法获得成功的喜悦，而是疲惫不堪。这一切都源于管理者不能够把理论变为常识，把理论依然看作理论，而在实际工作中依然借助于经验，这是特别需要改变的地方。

我想到一段禅：

峨山禅师是白隐禅师晚年的高足，峨山禅师年老的时候，有一次在庭院里整理自己的被单，信徒看到后觉得很奇怪。

信徒问："您有那么多的弟子，这些杂事为什么要您亲自整理呢？"

峨山禅师道："老年人不做杂务，那要做什么呢？"

信徒说道："老年人可以修行呀！"

峨山禅师非常不满意，反问道："你以为处理杂务就不是修行吗？那佛陀为弟子穿针，为弟子煎药，又算什么呢？"

信徒因而了解到了生活中的禅。

一般人对于修行的最大误解，就是把修行与做事分开来看，这是概念的误区。其实，无论是修行，还是任何其他的事情，如果不能够运用于生活之中，不能够运用于日常行为中，那就不是最好的，管理的理论也是如此。管理就是把理论变为常识的过程。

（原载：《经济界》，2010年第4期）

规模、效率和技术

如何重新认识经济增长的来源，是目前发展中的一个关键问题。我们知道，经济增长率=人的贡献+资本投入的贡献+全要素生产率（TFP）。30年来，劳动投入对经济增长的贡献是显而易见的，劳动力所带来的竞争力帮助中国企业获得了世界分工的机会。最近10年来，资本投入的贡献也开始显现出来，借助于资本的力量，中国企业也具有了进入市场的机会。所谓全要素生产率，是用来衡量生产效率的指标，它有三个来源：一是效率改善，二是技术进步，三是规模效应。可是长期以来，我们似乎只关注了规模这个要素，在效率和技术方面，我们与国外相比有着明显的差距。

不管我们是否愿意，竞争的性质已发生了改变：竞争格局已经不再是输赢的状态，也不是双赢的状态，竞争已经转变为发展，确切地说，竞争是为了发展。

竞争基本性质改变使从前需要一定时间和空间来界定一类产品或者一个产业的生命周期，如今这已经不再受时间和空间的影响。从前需要界定产品的生命周期，现在则需要确定消亡的时点。由于技术普及，使人们的消费习惯、思维方式、生活方式发生了全新的变化，价值观亦呈现出多元化的取向。所有的商业模式、交往模式甚至生活模式都发生着戏剧性变化，人在生活中的角色也开始变化。对于公司而言，管理模式将发生根本性改变，习惯于用传统方式去管理的人，发现过去的经验带来极大的局限性。管理本身也发生了戏剧性变化，管理不再是管理者与被管理者之间的事情，而是每一个个体自我管理的过程。知识在今天的环境中不仅可以编码化，还可以成为被贮存的资源和能力，而附加价值的根本来源正是知识。

正是源于这些变化，我们会看到传统工业的界限正在模糊。我们已经不能说哪一类企业是传统产业，哪一类企业是新兴技术企业。正如乔·巴克所说的那样，对于未来而言，需要有三把钥匙——预测、创新和卓越。

在过去的时间里，我们通常只有GDP、经济增长率、外贸总额、投资总额等指标，而没有"生产力质量"和"技术基础"的概念，这是中国经济改革理念上的一个重大缺陷。生产能力永远是一个决定性和限制性的因素，所以如果仅仅是以增长为衡量的指标，而忽略了限制性因素，生产本身的意义则可能是破坏性的。我们需要引入的生产力观念是，一方面能够将投入与产出的一切努力都加以考虑，另一方面又能够根据产出关联的制约因素来约束所有实际的投入，而不是假定有了投入与产出就拥有了生产力的有效结果。

事实上，我们更需要关注的是产出所产生的巨大影响，也许它们无法用数字来衡量。首先是资源因素，人们在战略上选择的究竟是持续不断地使用各种资源，还是有限度地使用资源，这会直接影响到生产力的高低。其次是能力因素，在中国制造系统中，很多企业都是全功能、全流程的经营，在人们的认识上，最好能够把所有环节都放在自己的经营范畴下，但是，任何企业、任何管理者都各有其专长能力和局限性，每当企业或者管理者试图超越自己的能力和局限性的时候，也许就意味着失败的开始，能够体察自己的局限性所在，也是生产力要素之一。最后是组织结构因素，各种活动之间的平衡会深刻影响到生产力，如果不能够合理、明确地界定组织结构与分工，而是依据自己所喜欢的方向努力，那么结果就是造成生产力缺乏。以上的三个要素在衡量生产力的指标中并没有显现出来，但是缺乏这样的指标正是我们经济统计的一大漏洞。

同样被忽略的还有技术基础，技术所产生的影响是明确而不需解释的，技术对于经济增长的贡献也是清晰无疑的，问题是我们是否真正了解技术对经济增长的本质影响。如果仅仅以为技术投入与经济增长是相关的，而忽略了对于技术基础的明确理解，那么这样的经济增长就非常危险了。很多人把技术与竞争、技术与劳动力过剩、技术与资本需求增加等联系在一起，但是这些联系是错误的。技术并不会带来竞争优势，也不会造成劳动力过剩，更不是资本投入的增加，从根本意义上讲，技术是一种控制的观念。因为技术的出现对于个人或者企业的局限性有了根本改变，所以它能够真正实现高度分权、弹性和自我管理，能够在手段和目的、投入和产出之间保持平衡。如果不能够如此理解技术并以此作为经济增长的基础保障，增长的方向和方式本身就存在了先天缺陷。

（原载：《IT经理世界》，2010年第16期）

管理四大法则

当今中国的企业管理,常常很"尴尬":一方面需要维护系统自身的稳定,另一方面又需要把自己放在竞争环境中,不断变化;一方面需要留住优秀的人才,另一方面又需要不断引进新的人才,以打破固有的平衡;一方面需要保持竞争优势,另一方面又要超越自己,放弃固有的东西……

怎么办?这似乎已成为企业管理者最头痛的问题。

实际上,今天的商业世界比以往任何一个时期都混乱。与此相对,中国的大部分企业组织,却仍然处在一个相当稳定的结构中。

这是一种"超稳定结构"——最高管理者制定战略,中层管理人员执行战略,基层管理者则负责不断强化组织的稳定。看上去,似乎每个企业都在留意,甚至追求精密的控制和报告体系。不仅如此,随着信息化程度的提高,更多的企业满足于大量的数据分析和一层一层地向上报告,就连高层管理者也满足于根据数据说话,并对于运用新的信息工具沾沾自喜。

当然,这样的结构有助于降低成本、维持品质以及提高执行力。然而,在今天这种混乱的竞争环境下,降低成本必须和高速增长并存,维持品质必须和毁灭性创造并存,提高执行力必须和不按常规做事并存。但在超稳定的结构中,这很矛盾,从前运作有效的组织管理模式已经不再能够那么有效地运行。

一、管理者也需要混沌思维

日本本田公司进入美国摩托车市场的时候,美国市场在大家眼里公认的消费习惯是"更大更奢华",本田公司也正是朝着这个方向努力,并制订了计划,但是并没有成功。接下来,当本田公司偏离了这个计划,抓住了人们对小型车的兴趣这个点的时候,没想到,它在5年之内就主宰了美国摩托车市场。

这就是我们所说的混沌的思维方式。稳定均衡的思维方式，是我们习惯的组织管理思维方式。这种思维方式最在意的，是如何确保所有的行动回归到预定的计划上来。因此，管理者所努力的方向，是保证结果与计划相符，所以在发挥管理职能的时候，会很坚持控制和计划这两个管理的基本职能。

比如，我们在计划管理中习惯使用的"例外管理"就是这样一个例子。我们计划实现某种均衡状态，一旦偏离这种均衡状态，我们会采取行动，这就叫"例外管理"。但是混沌的思维方式刚好相反，它不是不关心计划与结果的吻合，而是更关心目标实现过程中，如何寻找到超乎寻常的结果。拿"例外管理"来说，在混沌的思维方式下，它不是关注是否出现偏离均衡状态的行动，而是关注不断寻找改进的机会。这就是本田公司最终获得了在美国摩托车市场的成功的原因。

二、构建自己的弹性能力

所谓弹性能力就是指不借助任何外力，能够自己加压、自我超越的能力。

我们常常看到有些企业似乎永远不会犯错误，似乎总能够抓住机会获得竞争的优势地位。也许你会归结为这家企业运气好；或者这家企业本身处在领导地位，能够控制市场或者控制环境。这样的理解是非常错误的，支撑一家企业的关键因素之一是企业自身的弹性能力。

在稳定均衡的状态中，企业可以保持自己原有的竞争优势，也可以按照自己对于市场理解的经验来判断未来。但是当企业进入一个处于混沌状态的环境的时候，所面对的问题几乎都是全新的问题，没有经验和先例可以借鉴，更可能的情况是以前的优势变成了劣势。所以组织需要自我超越，自我加压，不断改变才是正确的选择。

三、打破均衡状态

稳定均衡状态的思维方式，倾向于把发展的过程理解为一种平稳的趋势。而混沌状态的思维方式，则把发展过程理解为从一种半稳定的临时状态跳跃到下一个半稳定的临时状态。所以在混沌状态的思维方式里，所有的发展都是时断时续的。

我们相信，对于混沌状态的思维方式的理解更接近于实际的市场情况，那么组织就需要打破自己的平衡来获得市场的机会。管理者此时需要关注的，是如何保证组织能够迅速地上升到新的变化空间，在时断时续的发展中，能够到持续的阶段而避开停顿的阶段。这就要求管理者必须清醒地认识到：管理上的每一个举动或者疏忽所造成的后果，很可能是错过了持续发展的阶段。所以，组织内部需要不断地打破平衡，不能默许没有能力的人在岗位上，不能默许老朽的管理者在关键岗位上消磨时间，不能对市场上的技术采取观望的态度，不能放任服务水平下降并寻找借口，绝不能追求"一团和气"。

四、实现组织学习

学习型组织的构建在今天已不是时髦的话题，问题的关键不在于是否要建立学习型组织，而是如何实现组织学习。组织学习最根本的是要解决组织本身存在的问题，而不是对这些问题产生的后果做出反应。

一旦管理者能够转变自己的思维方式，使自己掌握混沌状态的思维方式，能够实现组织的真正学习，能够超越自己，主动打破自己组织内部的平衡，不管出现什么样的突发事件，也不管环境如何改变，组织总是可以让自己凌驾于变化之上，处于主动的位置。

（原载：《教育》，2010年第30期）

走近稻圣先生

管理者应该借助于任何一个机会,表达对员工付出的尊重,尤其是对于一线员工来说。

稻圣先生是我对稻盛和夫的尊称。他用一年时间创造了日本航空的奇迹,延续了他缔造两个世界强企业的神话。其实,稻圣先生毕生倡导并身体力行的,仅仅是最简单的为人之道:爱人与利他。

稻圣先生早年赤手空拳接手日航,仅一年多,日航就成为世界上营利性最好的航空公司。他不是航空专家,也不是财务专家,更不是航空经营专家。但他知道,日航的没落是日航人一手造成的,日航的重新辉煌也只能由日航人双手铸就。能量就在那里,他所要做的,就是果断地走进日航人的内心,唤醒他们的生命意识,释放能量,提升效益。他好像在说:"兄弟姐妹们,我这个老人准备好了,要与你们一起直面困难,垂直攀登。你们准备好了吗?"稻圣的切入,深深地从内而外改变了日航的场域。每个人内心深处的热情被点燃了。敬天爱人这种根本性的思维方式,被充盈到组织的每一根末梢。

倾听稻圣先生的演讲,让我不断地思考和印证一直坚持的观点:公司最重要的资产是员工、顾客和文化。但是又有多少经营者认真地分析过这些资产,或者计划过如何保护这些资产?多年前,我在讲课的时候向企业家们提问:企业最重要的三项资产是什么?将近300位企业家和经理人在场,但并没有多少人能回答出来。

对于很多管理者而言,他们更关心盈利和规模的增长,更关心竞争对手所做的调整和变化,没有人花比较多的时间来思考如何发挥员工的创造力,如何为员工提供成长的平台,白白浪费了公司最有效的一个创造性资产。接触顾客最多、创造价值最直接的正是员工,只要把员工的创造力和潜力与所有的顾客连接在一起,企业就会具有明显竞争优势。

认可并尊重员工是促进员工释放能量的一个重要方面。为此,管理者应该借助于任何一个机会，表达对员工付出的尊重。尤其是对于一线员工来说，他们很少接触到高层管理者，而是经常接触到顾客，如果高层管理者不能够及时肯定他们的贡献，就会影响到员工们的工作情绪和结果。也许你会认为这不是什么重要的事情，但认同——尤其对于一线员工，对于这些经常被遗忘的人——的意义却是非常深远的。

有一次，从京都到东京的飞机即将起飞，经济舱已经坐满了乘客。空中小姐渡边像往常一样进行着起飞前的各项准备工作。突然，她在乘客中看到了一个熟悉的身影，这个身影让她一下子变得紧张起来。她赶紧回到了工作室，试图镇定自己的情绪。是他？不可能。渡边做了一下深呼吸，然后惶恐地走到了那位乘客面前，仔细地打量了一番之后，终于怯生生地喊出了一句"会长"……

这位乘客的确就是稻盛和夫，不久前刚刚临危受命的日航董事长兼CEO。"我无法想象我们的会长居然会坐在经济舱。"渡边小姐回忆说，感动之情溢于言表。实际上，自从接手日航后，稻盛和夫每周都乘经济舱往返于京都的家和东京的办公室，这位78岁的老人似乎想用这种方式来表明他重振日航的决心。

正确地理解员工所承担的任务，并明确地传递自己对于员工所承担任务的理解，使员工在完成这项任务后保持他们的自我价值的感觉。管理者的挑战就在于如何去定义这项任务，使员工们都明白这任务对企业如何重要，借由这样的定义，管理者可以让员工感受到被尊重和付出的价值。稻圣先生身体力行地表达自己的理念，并贴近一线员工，无疑给日航员工带来了巨大的冲击，并极大地激发了他们共同努力扭转亏损的决心和斗志。

与日航在经营层面大刀阔斧的变革相比，稻圣先生对员工精神世界的改造可能对这家公司影响更为深远。"稻盛先生当会长以后，不是在具体的经营方针做指导，而是用他的稻盛哲学在更高层面上，即意识形态方面，让大家明白事情怎么会变成这样，或者是发生这样的事情谁来负责。原来大家都不是很明确，他用他的哲学让大家在精神层面上有一个新的认识。"日本航空中国地区总裁横田惠三郎说。

稻圣先生一上任就给日航全体员工写了一封信，传递他的"利他哲学"，鼓励日航员工更努力地工作。加上他本人带头身体力行，日航员工的心态逐步发生了深刻的变化。有一次突降大雨，旅客托运的行李在搬运过程中被淋湿了，在行李转盘的出口处，日航的两位年轻女员工，拼命用干毛巾一件一件擦净水迹，这样的情景自日航诞生以来"史无前例"。

稻圣先生用自己的成功实践给我们明示：提升经济绩效的最大契机完全在于企业能否提升员工的工作效能。在企业中，员工通过向顾客提供产品或服务而贡献价值，他们可以为公司所有者贡献价值、创造利润，而且他们可能通过学习和共同完成工作，改进自我价值来互相贡献价值。作为领导者，必须认识到员工能够做出的潜在的贡献，并且使其得到发展。

（原载：《IT经理世界》，2011年第23期）

管理

中国制造企业的成本与管理之道

2011年对于每一个运营企业的管理者来说都是存在极大挑战的一年,相对于之前的30年来说,企业面临的环境发生了一些完全不同的变化。30年来,中国总体上一直在走粗放型的生产制造之路。金融危机曾使8万家珠三角、长三角的中小企业倒闭,也使中国制造业真正开始思考——如何实现产业升级?如何加强品牌意识?如何应对汇率变化以及出口市场的游戏规则?如何面对环境保护所提出的挑战?2011年尤为不同的是,通胀再一次给企业敲响警钟:如何打造出具有国际竞争力的产品,参与国际市场竞争?

中国制造和整个中国实体经济正在受到通胀的威胁。一方面,原材料价格不断上涨,生产资料成本、人工成本等不断增加;另一方面,通胀可能带来市场萎缩,这对于制造业来说,无疑是雪上加霜。显然,2011年通胀必将伴随着中国制造,甚至将成为中国经济的长期主题。

面对这样的变化和压力,很多企业从消费者细分入手,特别是从消费升级入手,这是一个很好的选择。但是从根本上来讲,还是需要制造企业能够打造出自己的核心能力来持续面对变化和挑战,适应市场对企业提出的全新要求。这是打造企业"内功"的问题,好的企业一定是不受环境影响而且可以保持与环境的互动。因此,中国制造企业还是需要静下心来从内在的能力提升入手,我建议从以下6个方面做出努力。

一、拥有和顾客一样的思维方式

和顾客在一起是永远的解决之道,这就要求企业能够一贯地理解顾客,并实现顾客的期望。因为大部分的制造企业采用产品导向或者制造导向的思维方式和管理习惯,所以在更多的时候,制造企业对于产品和自身的制造技术有非常透彻的理解，但是忽略了对顾客的理解。另外，由于一部分企业其实是为出口做订单和OEM的，这些企业对于市场的理解仅仅是停留在订单的阶段，离顾客还有很大的距离。上述这些事实导致制造企业能够提供生产和产品，但是不能够发现顾客的真正需求以及实现顾客的期望。

麦当劳之所以能够用简单的商业模式就可以进入全球市场，最根本的原因就是不断和顾客沟通，了解顾客的需求，解决顾客的问题，让产品一直符合顾客的期望，从而可以面对每一个时期的变化。在20世纪80年代早期，麦当劳的广告主题"麦当劳和你"强调了麦当劳和每一个独立个体的呼应，强调了个体在生活中需要确立独立地位的价值追求。20世纪80年代中期普遍出现了一种向"我们"方向的转移，反映了社会对于家庭价值的关注，麦当劳的广告也相应发生了变化：其主题从个人顾客转向了家庭导向，它的口号是"It's a Good Time for the Great Taste McDonald's"（是去尝尝麦当劳美味的好时候了），有效地将美食和家庭价值联系了起来。面对20世纪90年代早期发生的经济萧条，麦当劳在1991年开始实行一系列的价格削减，推行了大量的特价销售，"物有所值"开始成为其广告主题。当经济情况好转起来，但经济不安全感仍然存在的时候，麦当劳采用了一个更具亲和力的主题："Have You Had Your Break Today?"（你今天休息了吗？）通过这样的暗示，表达出麦当劳对顾客的关心和体贴。

对于今天的制造企业而言，精益与精准是必须学习和掌握的能力，环境已经不再向企业提供粗放的资源，企业不再可能仅仅依靠经验和制造能力就能够满足顾客的需求，企业需要做的更多，要和顾客互动，并了解顾客的期望。我多年前曾经用一个观点来表达上面的想法："拥有和顾客一样的思维方式。"传统的企业经营思考起始于这样的假设：价值是由企业创造的。通过选择产品和服务，企业自主地决定它所提供的价值。顾客代表着对企业提供产品和服务的需求。这样的经营假设，企业需要一个与顾客的连接点——销售过程——使企业的产品和服务从企业交付到顾客手中。长期以来，企业已经积累了多种方法，无论是产品创新，还是营销创新，还有今天最具影响的供应链的创新，使企业能够为顾客提供更加有效的交付服务，或者围绕上述创新做出更多的选择。

但是我们都很清楚，这些假设和创新所反映的是工业时代的企业观点和实践，这个假设的前提条件是具有足够多的资源，以及足够多的顾客。但是今天，企业不再具有足够多的资源，也不再拥有足够多的顾客，顾客面临更多的选择，这样传统的经营假设就无法满足顾客的需求。我之所以坚持认为"企业需要拥有顾客一样的思维方式"正是基于这样的原因,只有符合了顾客的期望,企业才可以和顾客在一起。

二、杜绝一切浪费

相对于优秀的制造企业而言,中国制造企业在生产力发挥、产能转换、管理成本等很多方面存在着浪费,很多企业认为未来人力成本提升的压力、原材料提升的压力以及环保的压力很大。但是在我看来,这些成本都可以消化掉,只要企业持续地改善生产力,坚决地杜绝一切浪费,这些价值就会被释放出来。

在我持续观察中国企业的过程中,发现有太多可以改进的地方,能够提升效率的空间很大。我可以选两个小的角度来说明。

一个是"流程成本"。本来两个人交流之后半个小时就可以马上解决的问题,却选择了借用流程来解决,一个流程走下来要经过至少三个人,同时还要三四天的时间,当被问到这些管理者为什么不马上解决,他们说这是流程的需要,我把这个称为流程成本,其实这样的成本非常多,但是大家习以为常,还认为这是正确的做法。

另一个是"沉默成本"。看看女生的衣柜,就可以理解这项成本——只要条件许可,女生会很喜欢买新衣服,但有一个奇怪的现象是,买了新衣服的女生,在大多数的情况下还是喜欢穿经常穿的那几件衣服,买来的衣服都挂在衣柜里,并且还是觉得没有合适的衣服穿,之后再不断地买新的衣服放进衣柜里。这些挂在衣柜里的衣服就是"沉默成本"。

举这两个小小的例子,只是想说明在管理中可以节省的地方很多,不要一谈到成本就是劳动力、原材料,事实上在管理中存在着非常多的浪费,只要我们愿意就可以在任何一个角度展开行动而取得成效。

三星集团大中华区前总裁朴根熙,曾经分享了10年前三星度过亚洲金融危机的经验。1997年,亚洲金融危机中的韩国,众多财团艰难度日。当时的三星已处于生死边缘,长期负债最糟糕时达到180亿美元,几乎是公司净资产的3倍,这家韩国公司濒临倒闭。关键时刻,三星开始了痛苦的自我救赎之旅。朴根熙告诉记者,从1997年的金融危机中重新站起来的三星已习惯用危机意识武装公司的全体员工。"首先要保证现金流,同时要确保竞争力。一定要挑战极限式地降低成本。"据其回忆,当时为了压缩开支,三星节约到每一个细节。比如减少公司的司机数量，鼓励管理层自己开车；免掉大型会议的聚餐，专务人员搭飞机只坐经济舱。"那时候三星的会议室里面都没有饮料，工厂里也不再发免费的制服，这些要自己掏钱来买。"没错，"挑战极限式地降低成本"让三星在金融危机中脱颖而出，这足以给我们一个极佳的示范。

制造企业在人力资源管理方面存在着非常大的浪费，我在1994—2002年间做过一个200家企业员工工作状态的调查，调查的结果让我很惊讶。因为在这200家运行得不错的公司中，5%~10%的员工是和公司对着干的，他们没有任何的绩效产出，反而给公司的管理工作带来很多麻烦；20%左右的员工是为了"次品"而工作；20%的员工蒙着头工作，不知道为什么可以把事情做好，也不知道为什么事情做不好；20%~25%的员工符合绩效要求；而真正高绩效产出的员工也只有20%左右。这个调查的结果说明，我们在人力资源上的浪费更为严重，接近60%的员工没有有效的绩效产出。所以，只要我们愿意多做出一点努力，无论是在人力资源管理、产能转化方面，还是在系统提升方面，我们都可以释放出更多的成本空间。

三、简化，简化，再简化

我不是一个反对体系建设的人，但是对于过度地关注体系建设而不关注解决问题，甚至让管理复杂化的安排，我是持反对意见的。从我的角度看，我们不是缺少管理，反而是管理太多；不是体系建设不足，而是系统能力不足；不是员工执行力不行，而是管理之令太多无法执行。这些问题的存在都源于一个根本的原因：企业的管理者把管理做得太复杂，组织层级复杂、薪酬体系复杂、考核复杂、分工复杂，甚至连企业文化都很复杂。在这样一个复杂的、权责不清晰的管理状态下，如何能够提高效率来面对变化呢？

并不是所有管理者都做得轰轰烈烈，事实上我们只要围绕着顾客需要的价值来进行运营和管理就行了。就如德鲁克先生所言：管理就是两件事——降低成本，提高效率。我曾经有幸到六和公司出任总裁，能够吸引我到这家公司任职的动因是这家公司对于饲料行业生产方式的认识。

六和公司在整个行业迅猛发展、赢利高涨的时候，提出了"微利"经营的战略原则，并强行推动。"微利经营"战略主要体现在帮助养殖户提升养殖效率，同时降低饲料价格。刚开始的时候，很多经理人不理解，为什么到手的利润总公司硬是不让赚。六和管理层认为，养殖业环节是农民兄弟在持盘，但行业利润却大多分布在药业、料业、食品业、育种业，农民得到的太少了，长此以往，养殖环节将因孱弱、无利而倒掉，整个行业将无以存活和发展，因此必须均衡价值链上的利润。

六和公司因为运用了"微利经营"的战略，找到了适合的简单的生产方式，所以获得了丰厚的市场回报。其一，十多年来，六和公司的饲料产量从十多万吨发展到了现在的年产千万吨，整个市场有了巨大的发展；其二，"微利经营"使企业苦练了内功，即使到了行业利润千分之三、千分之二，许多投资者开始退出的时候，六和仍能大步发展向前；其三，也是最重要的，"微利经营"让企业始终不忘自身植根于养殖业，植根于同行，植根于农民，消长与共。

四、促进企业的合作与信息交流

面对巨大的压力和挑战，一个企业是无法独立承受的，这需要企业能够和其他企业达成合作和交流，能够把握变化的信息，能够借助于价值链的力量来获得成长的机会，因为企业间的合作和信息交流可以获得最重要的能力：快速的市场反应。成功的快速反应是指企业通过与利益共同体的合作，准确把握顾客所需价值，以低成本、高速度满足市场需求和顾客所需服务水平。

戴尔是成功快速反应的代表：让分布全球的供货商、生产基地，能够实时分享信息、了解彼此供需、适时相互支持。为了在最短时间内完成顾客的定制化要求，就必须发挥材料管理的最大效率。在戴尔采用i2的供应链工具之后，有90%以上的采购程序通过互联网完成。有了与供货商的紧密沟通渠道，工厂只需要保持2小时的库存即可应付生产。除此之外，戴尔更推出一个名为valuechain.dell.com的企业内联网，此网站堪称供货商的入门网站，供货商可以在上面看到专属其公司的材料报告，随时掌握材料品质、绩效评估、成本预算以及制造流程变更等信息。这些努力让戴尔脱颖而出。

同样的情形出现在今天的苹果公司，苹果可以获得如此巨大的成功，一方面源于自身对于产品和顾客的理解，另一方面得益于合作伙伴。当数以万计的开发企业协同起来，在苹果的平台上共同分享顾客的信息，共同满足顾客的需求，共同提供全新的顾客体验的时候，苹果也就成为这个巨变时代的领导者。

而最具示范作用的是沃尔玛公司，沃尔玛所形成的竞争力来源于被其命名的

"高效消费者回应"，沃尔玛要求自己做到对于消费者的高效回应，为此沃尔玛展开了一系列的企业合作和信息交流。沃尔玛关注每一天顾客消费的需求，把这些信息分享到所有的供应商中是其取得成功"快速反应"的首要因素。沃尔玛把顾客选择作为尤其重要的事情对待：精心界定每一天的顾客购买信息，更重要的是把这些信息提供给供应链战略中的客户。沃尔玛随时和供应商一起来满足顾客的需要，通过销售信息与供应商直接联系，使所有的供应商与沃尔玛一起高效地为顾客服务，从而获得持续的、强有力的竞争地位。

五、把最优秀的人才放在一线

正如德鲁克先生所指出的那样，提升经济绩效的最大契机完全在于企业能够提升员工的工作效能。在企业中，员工通过为顾客提供产品或提供服务而贡献价值，他们可以为公司所有者贡献价值、创造利润，而且他们可能通过学习和共同完成工作、改进自我价值来互相贡献价值。作为领导者，必须认识到员工能够做出的潜在的贡献，并且让他们得到发展。

2006年11月21日《HR管理世界》刊登了一个管理故事：

1993年，正当经济危机在美国蔓延的时候，哈理逊纺织公司因一场大火化为灰烬。3000名员工悲观地回到家里，等待着董事长宣布破产和失业风暴的来临。在漫长而无望的等待中，他们终于接到了董事会的一封信：向全公司员工继续支薪一个月。在全国上下一片萧条的时候，能有这样的消息传来，员工们深感意外。他们惊喜万分，纷纷打电话或写信向董事长亚伦·傅斯表示感谢。一个月后，正当他们为了下个月的生活发愁时，他们又接到公司的第二封信，董事长宣布，再支付全体员工薪酬一个月。3000名员工接到信后，不再是意外和惊喜，而是热泪盈眶。在失业席卷全国、人人生计难以为继的时候，能得到如此照顾，谁不会感激万分呢？第二天，他们纷纷涌向公司，自发地清理废墟、擦洗机器，还有一些人主动去南方一些州联络被中断的货源。3个月后，哈理逊公司重新运转了起来。现在，哈理逊公司已成为美国最大的纺织品公司，分公司遍布五大洲60多个国家。

看到这则管理故事我非常感动，董事长负责的精神和员工们忘我付出的精神给了我们极好的启示。盛田昭夫曾经说过这样的话："优秀企业的成功，既不是什么理论，也不是什么计划，更不是政府的政策，而是'人'。'人'是一切经营的最根本出发点。"丰田生产方式的创始人大野耐一也曾经这样表白："丰田生产方式固然重要，但丰田人的创造力、努力和实际能力，则是生产方式的精华。"

依赖于员工，依赖于优秀的人才，企业才可以根本解决所面对的所有挑战，在这一点上我们还需要很好地理解和落实到实践中。在这样认识的基础上，更加需要强调的是，把优秀的人放在一线，放到最靠近行动的地方去。之所以强调这一点，是因为在很多企业的管理中，优秀的人往往被提拔起来，放在二线，放在离顾客最远的地方。而当管理者做出这样的安排的时候，相信企业离增长和赢利也越来越远了。

对于很多管理者而言，他们关心赢利和规模的增长，关心竞争对手所作的调整和变化，没有人花比较多的时间来思考，员工的创造力如何被发挥出来，如何为员工提供成长的平台。但是如果不注重利用和开发员工的创造力和潜力，企业最有效的一个创造性资产就被浪费掉了，而接触顾客最多、创造价值最直接的正是一线的员工，只要把一线员工的创造力和潜力与所有的顾客连接在一起，企业就会具有明显竞争优势。企业需要明白，只有优秀的人在一线，企业才能够获得最直接的、最快速的优势。

企业必须真正了解，一线员工到底掌握了什么技能。因为这些员工直接面对顾客，他们的能力和水平就决定了企业服务的品质。在许多的情况下，很多企业会认为一线员工能力不足，甚至认为能力不到位的员工应该直接更换，我并不完全同意这样的观点。在我的认知里，一线员工是不能够轻易调整的，因为一线员工决定着公司的成本、品质和销售量，如果一线员工被调整，也就是成本、品质和销售量被调整。

我们必须了解到员工到底掌握了什么技能，这些技能是否被合理使用，同时，我们还必须保证最有能力和水平的员工留在一线，让员工的积极性和创造性充分发挥出来，以获得顾客称赞的服务品质，从而获得与顾客在一起的机会。

六、经营的意志力

如果说企业需要面对未来各种压力和挑战的话，练好内功是根本的解决之道，然而这一切都取决于领导者的经营意志力。2008年金融危机时，我写了一本名为《冬天的作为》的书，在这本书的结束语部分，我强调了经营的意志力，同样在今天这样的挑战下，最后一个需要我们关注的部分也是经营的意志力。

诺埃尔·M. 提切（Noel M. Tichy）在其《领导力引擎》（*The Leadership Engine*）一书中指出："成功的公司之所以成功，是因为它们拥有优秀的领导者，这些领导者指导组织中所有层次其他领导者的成长。"

在任何一个经营的时期，人们是否具备经营的意志力起着生死攸关的作用。改革开放对于中国来说是一个巨大而深刻的变化，在一个复杂的大国，能够获得如此巨大成功，与领导人的意志力休戚相关。中国不仅缩短了与世界的距离，而且奠定了中国发展的经济基础。改革开放走到今天，虽然全球遭遇金融危机，但是中国市场本身，中国政府拉动市场的能力和毅力，再一次让中国释放出巨大的能量，这样的意志力一定可以给予企业更大的发展空间。

为什么两家公司的外在环境相同，创立者的出身也类似，却在几年后有着截然不同的结果？为什么环境对于一些企业来说极其重要，而对于另外一些企业来说只是经营的条件而已？归根结底是领导者的经营意志力不同使然。

无论企业面对什么样的环境变化，企业最大的问题不是环境的变化，而是成长的问题，即从一种规模转变到另外一种规模的问题，而企业成长问题的实质就是管理态度的问题。企业如果要持续成功地成长，先决条件是管理者必须具有经营的意志力，必须能够不受环境的影响而保持为增长所采取的行动。

因而企业持续成长的真正问题在于管理者，在于管理者自身的意志力和解决问题的能力，以及自己创造增长的能力。首先是在认知上需要明确环境是经营条件而非制约因素。其次是态度问题，坚守和确信增长是明确的态度，只有管理层能够端正态度，才可能影响到每一层的管理人员和员工。再次就是把公司坚守增长的使命灌输到行动中，让全体成员可以依照企业的使命来调整自己的心态和行动。

我一直很喜欢路易·郭士纳写的一本书——《谁说大象不能跳舞》。在路易·郭士纳被任命为IBM首脑的时候，这个蓝色的巨人落入了危机之中，然而路易·郭士纳让IBM重现了辉煌，他所做的努力就是让这只"大象"回到增长的轨道上来，不在意技术和环境的变化，不在意自己处在落后的地步，他用全新的领导方式带领着IBM做出巨大的改变。路易·郭士纳大胆和勇于承担风险的能力，让他在充满不确定性和动荡的环境中求得生存，并获得了发展。

优秀的领导者是保障公司持续增长的主导因素。有能力的领导者，就能够让企业和环境进行互动，就可以在洞察趋势中获得先机。所以，在讨论如何在危机中获得生机的时候，首要任务就是领导者有意愿也有能力改变企业，改变管理者和员工的态度和行为,在危机的环境中,创造属于自己的增长方式。

所以关键问题是如何增长,如何为自己创造增长的环境,而不是危机的问题。如果我们具有经营的意志力,知道增长是必需的且是可以创造的,事实上就会获得增长。

(原载:《销售与市场》,2011年第2期)

管理百年的思考

1911年泰勒的《科学管理原理》发表，标志着管理成为科学。经历了100年的实践检验，管理发挥了巨大的作用并推动了人类的进步。当回顾管理所创造的价值的时候，我更愿意回归到管理最基本的内涵去感受管理所释放的能量。

为了理解管理的内涵，让我们对管理活动的一般情况先做一下剖析。管理作为一种行为，首先应当有行为的发出者和承受者，即谁对谁做；其次，还应有行为的目的，即为什么做。可见，管理本身需要三个要素：管理者、管理对象以及目标，具备了这三个要素就具备了形成管理活动的基本条件。同时，任何管理活动都不是孤立的活动，它必须在一定的环境和条件下进行，所以，管理活动还有第四个基本要素——组织环境与条件。此外，要真正进行管理活动，还必须运用可达到管理目的的管理职能和管理方法，即解决如何进行管理的问题。

所谓管理，就是在特定的环境下对组织所拥有的资源进行有效的计划、组织、领导和控制，以便实现既定的组织目标的过程。德鲁克对此做过详尽的思考并最终给出明确的界定，他认为管理具有以下特征：管理是关于人类的管理，其任务是使人与人之间能够协调配合，扬长避短，发挥最大的集体效益。这就是组织的全部含义，也是管理成为一个关键和决定性因素的主要原因。因为管理涉及人们在共同事业中的整合问题，所以它深深地根植于文化之中。管理者所做的工作内容在德国、英国、美国、日本或巴西都是完全一样的，但是他们的工作方式却千差万别。日本的管理者成功地把国外的管理理念植入本国的文化土壤之中，并使之茁壮成长，而印度却没有做到这一点。因此，我们的管理者必须基于本国的传统、历史与文化来构建管理，确定管理的方式。每一个企业都有责任坚定不移地树立一个共同的目标与统一的价值观，如果没有这种责任，企业将会成为一盘散沙，也就谈不上存在管理。管理必须根据需要与机会的变化而变化，以此促使企业及其成员能够得到更好的发展。而对于所有企业来讲，结果只存在于企业的外部。商业经营的目标是让顾客满意，医院的目标是治愈病人。而在企业内部，只有成本。管理是一种人文艺术。它之所以被称为"人文"，是因为它涉及知识、自我认识、智慧与领导艺术等基本要素；它之所以被称为"艺术"，是因为管理是一种实践与应用。

可见，管理有着自己的基本问题需要解决，有自己独特的方法和特殊的关注点。一个掌握了管理内涵的人，就算没有掌握基本的管理技能和工具，也依然有可能产生成效，成为一流的管理者。反之，如果一个人掌握了管理技能和工具，但是不掌握管理的内涵，他充其量只是一个技术专业人员而已，无法成为真正的管理者。所谓凭经验去管理的人，属于后者。

所以，德鲁克这样界定管理内涵是为了使组织机构能够正常运转，并做出应有的贡献。管理必须完成三项同等重要而又极为不同的任务：设定组织机构的特定目标和使命，无论是商业企业，还是医院或大学；确保工作富有生产力，并且使员工有所成就、产生效益；管理组织机构产生的社会影响和应承担的社会责任。

在德鲁克的帮助下，人们了解到，无论是在理论上，还是在实践上，管理需要以新的假设为存在的基础。在德鲁克看来管理实践的新范式是，管理是独特的器官，必须找寻到与所需要完成的任务相契合的组织结构；管理是引导人，必须从顾客价值和顾客决策出发；制定相关战略管理活动应该包含整个流程，也应该关注整个经济链的效益和绩效管理；实践必须根据经营的需要，确定任何一个组织的成果都只存在于组织内部。

以上这些假设的确定正是管理实践研究的内涵，换句话说，德鲁克回答了管理实践研究中最根本的问题：管理作为独特的组织，如何设定自己的结构管理，如何面对人，管理决策依据是什么，管理的范围如何界定，管理实践界定的标准是什么，管理的成效如何评价……当德鲁克清晰、准确地回答了这些问题的时候，管理实践所取得的成效被称为人类历史上最激动人心的一项创新。

无论是泰勒深入到工人当中，理解劳动效率与分工之间的关系，还是德鲁克深入到企业运行当中，理解知识员工与管理的关系，都是理论与实践的相互呼应。这使管理作为一门科学具有奇特的魅力——实践与科学的双重属性，并且在管理理论的帮助下，人们具有了前瞻性的判断和创新的可能。

（原载：《IT经理世界》，2011年第12期）

未来企业的竞争是文化的竞争

2010年12月11日,在伦敦的特拉法尔加广场等世界的许多角落,"愤怒的小鸟"的粉丝们聚集在一起,热烈庆祝"愤怒的小鸟"诞生一周年,这一天被称为"愤怒的小鸟节"。与此同时,在2010年岁尾,"愤怒的小鸟"毫无争议地成为苹果公司官方评选的"年度应用"之一。截至周年纪念日,制作该游戏的Rovio Mobile公司表示,"愤怒的小鸟"已经在苹果的iOS平台卖出了1300万份,而来自Android平台上带广告的免费游戏,每月也能带来100万美元的收入。在很多人看来,这款游戏简单的情节设置似乎并没有什么特别之处,然而,"快文化"已成为人们生活的主旋律,对速度和效率的崇拜让"快文化"占据了人们的消费潜意识和价值体系。在这样的社会文化背景下,"愤怒的小鸟"已经成为一种文化符号,这也暗示了娱乐工业和品牌世界的巨大转变,而其中所蕴含的,是把握与引领潮流的文化营销正发挥着巨大的价值与作用。

一、产品借文化贴近生活,激发共鸣

"愤怒的小鸟"之所以成功,不仅仅是借助苹果公司的App Store和iPhone的平台提升了创意和时尚的产品内涵,更重要的是,以手机游戏的产品形式融入了人们现代快节奏的生活方式,以其简洁的游戏设定迎合了人们在忙碌之余对于片刻休闲娱乐的需求,借助日益流行的触屏手机的简易操作体验融入了人们电子娱乐的生活方式,而其游戏的卡通形象更是有效地借用皮克斯公司系列动画的风格,从而唤起了人们喜爱"皮克斯风格"的内心共鸣。所以,这不仅仅是一款游戏产品,更是今天人们全新的生活方式以及生活体验。这款游戏巧妙地融入了人们的时尚生活方式,并从产品文化进一步提升到品牌内涵的积累和品牌文化的形成,从而推动了其相关的服饰、影视等周边产品的拓展与热销,这正是文化营销

的真实魅力：通过深刻地理解和把握消费者的心理需求，将其内心深处的情感、人生体验和感受，或是所追求、所向往的生活方式，通过生活化的产品或服务形态表现出来，同时赋予品牌特定的内涵和象征意义，在消费者内心中产生共鸣，引发消费者的信任，从而实现价值的创造与传递。

文化是人群为生存对环境做出的适应方式，文化定义本身就是告诉我们，文化是生活方式的选择，由此可以知道文化营销所具有的特殊魅力的缘由。文化营销的力量来自消费人群对于社会文化中所包含的生活方式与价值观念的共性认同，通过与顾客在精神层面产生"共鸣"，激发出顾客对特定情境的认可或者记忆，从而获得消费群体对于企业品牌与核心产品的深度认同与持续消费。

统计数据显示，《喜羊羊与灰太狼》各地的收视率能达到10%以上，播出集数超过500集，电影《喜羊羊与灰太狼之牛气冲天》首轮票房就达到8000万元。随着电影、电视剧的热播，该剧获得了巨大的经济效益和品牌效益，剧中的动漫形象衍生产品迅速铺开，充斥着大街小巷，品种达数十种之多。该动画片市场价值已超过10亿元，创造了中国动漫史上的商业神话，也创造出国产动画前所未有的价值。《喜羊羊与灰太狼》也是从人们的生活方式和价值观念中寻找与消费者的共鸣，所不同的是，《喜羊羊与灰太狼》更多的是从中国的传统文化和中国人的价值观念与思维方式去创造这种共鸣。

为什么这部定位在6岁以下的动漫会同时吸引成年人的目光，因为该片通过借用中国文化的智慧以及当前社会生活来源，具有浓厚的中国特色，让观众总觉得似曾相识，从而引起观众内心的共鸣。例如，贯穿影片的整个故事主调——中国传统的"和而不同，贵和尚中"，弱者有了智慧与勇气，强者有了责任与道义，青青草原充满了和平。这并不仅仅是因为剧情的需要，它更反映了我们中国人的世界观与人生观。此外，狼族与羊族之间的故事始终贯穿着家族的观念，源远流长的家族文化是中华文明的重要组成部分；灰太狼与红太狼稳固的婚姻关系就是在吵吵闹闹中居家过日子，也是中国现在最为普遍的婚姻特点。这些都通过文化的方式为"喜羊羊"实现了与消费者的生活体验产生共鸣，进而获得消费者的价值认同。

可见，不论是"愤怒的小鸟"还是"喜羊羊"，其获得广泛的市场和持续的生命力，更本质的原因在于，它们都通过在产品中融入文化内涵，充分反映并贴近消费者的生活方式和人生体验，从而激发消费者内心的共鸣。当然，这种文化营销的力量不仅可以通过文化产品得以展现，非文化类的日常消费产品也可以很好地运用这种力量，王老吉就为我们提供了极佳的范本。王老吉作为新兴饮料行业的领军企业，正是因为文化营销的魅力才缔造出一个强大的凉茶帝国。

王老吉独特的文化输出使自己不仅成为草根饮料文化代表，更成为中国饮料品牌的领军者。王老吉把握住凉茶成为"非物质文化遗产"的机会，整合行业力量，通过赞助世界杯转播、开办论坛、与其他行业结盟等方式，大力突出凉茶的独特功效，将作为饮料的凉茶与文化成功地融合，从而在推广消费认知上取得重大的成功。2003年，红罐王老吉销量6亿元，2005年销量超过25亿元，2007年达到50亿元，2008年更是飙升到120亿元，几何级的增长体现出王老吉在业内的龙头地位，已迅速跃升为中国饮料行业销量最高、品牌影响力最大的品牌。中国式文化营销加上出色的商业化运作，王老吉取得了巨大的成功。

同样是在中国市场卖凉茶，饮料巨头可口可乐的"健康工坊"却在意犹未尽的落寞声中败走麦城。可口可乐这个全球最大的饮料生产商，一直以来，在全世界出售的不只是一罐小小的饮料，更是一种美式的消费文化和生活方式。然而，可口可乐横扫全世界的文化基因，在中国则遭遇了王老吉从概念到包装，从配方到卖点完全中国式凉茶的阻击，其"防上火"的诉求点在外国人看来甚至是无法理解的。因此，王老吉的成功从本质上讲，在于其"怕上火"的核心诉求符合了都市人快节奏的生活方式与消费文化，既有中国人生活习惯的诉求，也有中华民族的养生理念。这正是通过从传统文化精髓中寻找与消费人群现代生活相契合的文化营销。所以，王老吉在中国市场上能够战胜品牌、资金实力远胜于己的可口可乐，其实更多的是文化的推动力。

二、品牌借文化契合社会，引领消费

文化的重要功能是达成共识，引导并塑造行为。因此，具有强大的品牌的企业，常常借助于文化营销，传递自身的核心价值观与社会的契合，从而获得消费者的认同，并在目标消费人群中形成一种归属感，通过反映、适应甚至引导消费文化来改变消费者的行为。

菲利普·科特勒等在《营销革命3.0》中指出，科技不仅把世界上的国家和企业连接起来，推动它们走向全球化，而且还把消费者连接起来，推动他们实现社区化。在今天，消费者更愿意和其他消费者而不是和企业相关联，"我们的信任感并没有缺失，它只是从垂直关系转化成了水平关系。如今，消费者对彼此的信任要远远超过对企业的信任，社会化媒体（社交网站，如Facebook等）的兴起本身就反映了消费者信任从企业向其他消费者的转移。在这种水平化的信任体系中，消费者喜欢聚集在由自己人组成的圈子或社区内，共同创造属于自己的产品和消费体验，而企业必须学会利用这种消费者水平化网络中的协同创新能力来帮助营销"。

在这一方面，苹果公司运用产品和品牌文化强化顾客的群体意识和归属感的文化营销方式，为我们提供了良好的借鉴。苹果品牌通过各种方式不断地强化消费者崇拜苹果产品的文化体验，维系了消费人群与苹果品牌的联系，而且强化了他们对自己"苹民"身份的自豪感，巩固了忠诚消费群。从1998年的iMac，到2001年的iPod，再到iPad、iPhone，乔布斯以自己的行动告诉消费电子行业，这个时代需要"与消费者产生情感共鸣""制造让顾客难忘的体验"。当产品能召唤消费者情感，它便驱动了需求，这比任何一种差异化策略更有力量。苹果的产品影响并重新定义了消费群的生活、娱乐和工作行为，甚至影响了消费群的价值观念和消费文化。

作为中国目前赢利能力最强的四家消费类零售网站之一，互联网服装零售商凡客诚品，基于其"诚信、务实、创新"的企业文化，致力于打造互联网快时尚品牌。"凡人都是客，我们是一个诚恳的品牌"，凡客诚品通过产品和服务来强化和突出其品牌理念的核心价值——诚信，也正是很好抓住了现有网络营销中，特别是服装产品，顾客因为不能看到实体、具体尺寸而不敢购买这个软肋，通过承诺免费办理退货解除了顾客的后顾之忧，让诚信的形象深入人心。凡客诚品还通过聘请明星代言塑造了一种追求个性的文化，由韩寒、王珞丹演绎的"我是凡客"视频在十多个一线城市的购物商场LED、地铁内LED、公交移动电视播出，因照片简洁、生活化以及精准的个性定位语言让人眼前一亮，立刻引起互联网热潮，受到网友的追捧。

这些都是通过贴近消费者的基于网络流行时尚的生活方式，关注消费者的内心体验和价值诉求，从而获得消费者的认同。文化营销是基于对消费者的生活方式和消费文化的准确把握，运用人群的共同的生活方式和共同特征创造一种归属感，借助于消费者对于其核心价值观的认同而形成群体归属感的营销模式。文化的一个基本属性是可以自我更新，这也是其生命力持久的根源所在。社会文化也是处于不断的发展演化之中，而作为其亚文化层面的流行文化和消费文化，都处于一种动态的发展过程。而这种动态性在全球化趋势的背景下正日益变得更加显著。那么，这就要求文化营销以不断的创新来面对这种变化。

文化营销要实现创新，除了依靠自身的内源性创新途径，一个重要的方式就是利用科特勒所说的"水平化的消费者信任网络"实现协同创新，与消费者保持持续的互动，从中获得持续价值创新的动力。而这一方式也是源自于文化的交流沟通功能和群体互动特性。例如，"愤怒的小鸟"的创作团队虽然多次表示，没有研发"愤怒的小鸟2"的计划，但是保持每四周为这款游戏进行升级，正如他们所说的："你可能永远看不到'愤怒的小鸟2'，但你目前所见的，仅仅是愤怒小鸟世界中的很小的一部分。"而另一方面，"愤怒的小鸟"的成功，除了角色与游戏设定的完美把握，Rovio Mobile公司非常重视与用户互动的企业文化也发挥了重要的作用。该公司40人的团队中，竟有23个人专司回复邮件和Twitter消息，并且，来自用户的反馈意见也切实地影响了"愤怒的小鸟"的研发策略。

2011年，凡客诚品大力推出社区化（SNS）网购平台"凡客达人店"，面对所有网民无门槛开放开店平台，欲打造全民营销新模式。达人店主可以按照自己喜爱的风格随意搭配凡客诚品的各种服饰，亲自充当模特来吸引朋友、同学等粉丝团在自己的达人页面点击链接购买。发货、物流等环节，都将由凡客诚品公司来承担。达人展示本身就是一种对产品的宣传，达人们在展示自我的过程中，便不自觉地在为凡客诚品做免费植入式宣传，而这些想秀敢秀的达人更容易带动周围的朋友一并加入，继而形成一系列的SNS社交网络循环，达人计划便如同滚雪球一般越滚越大，参与活动的达人以几何数字增长。这也正是充分运用科特勒所说的"协同创新"来发挥消费者水平信任网络的营销推动力，借助对于社会文化的适应和创新来实现文化营销的持续推进。

无论是与消费者的持续互动，还是通过创新不断地适应社会文化（流行文化、消费文化）的动态发展，其终极目的都是为了获得消费者持久的价值认同。正如德鲁克先生所说的，创造顾客是企业存在的唯一理由，而创造顾客的重要基础则是在消费者与企业之间形成了价值认同。

三、用品牌文化衔接沟通，获得认同

营销的本质是理解消费者，这也是营销最根本的目标。文化营销所强调的也正是这一点，通过更深入地理解消费者，以消费者所认同的价值诉求激发其共鸣，以更加人性化的方式适应甚至引领顾客需求的变化。文化营销的真正价值正是在于关注到了企业能够在实现顾客价值的哪一点上有所作为，而这也就找到了企业营销的生存空间。

对顾客的理解，对顾客情感需求的满足，对顾客认知理念的理解和认同，可以引发顾客更强烈、更细微、更复杂的原动力。这正如需求理论所描述的那样：渴望有归属感、纽带关系、希望有所超越和自我实现、希望感受快乐和满足等。最成功的品牌总是能够激发起积极的情感，而文化营销则是实现这种理解与认同的重要方式。就像苹果公司每一次新产品的发布会都会成为一个故事，而这个故事就像一部伟大的神话，永远也讲不完，因为故事的主人公是顾客，而不是企业自己。

企业确定品牌的关键是与顾客的价值需求相一致，简单地说，就是品牌定位于顾客意图而非企业核心竞争力。而文化营销基于对环境和顾客的理解与认同，则可以有效地达成这种一致性，并充分地将其能量释放出来。斯科特·贝德伯里和斯蒂芬·芬尼契尔认为对于品牌而言，7种核心价值最为重要：①简洁；②耐心；③关联性；④可接触性；⑤人性化；⑥无处不在；⑦创新。文化营销旨在理解和融入消费者的生活，并且依托于产品或服务等载体进行文化的传递，从而实现无处不在和可接触性的价值。而文化培育认同与归属的特征则激发了品牌内涵联想从而支撑了关联性的实现。文化营销通过触及消费者内心深处体验满足其情感需求，从而激发出品牌核心价值中人性化的部分。

企业文化是组织得以存在和延续的生命线与保持活力的源泉。企业文化会直接影响到品牌的运营理念。通过文化营销将企业文化向外部受众进行广泛的传播，不仅可以把企业核心价值观与经营理念有效传递给公众，还可以促进品牌文化与社会文化的互动。根据文化的定义"人群为了生存而对环境做出的适应方式"，我们可以了解到，企业文化是企业为了求得生存与持续发展而适应环境的方式与价值规范，流行文化或消费文化则是消费者作为社会群体的一种生存和生活方式，那么，品牌文化应当要实现二者的契合。品牌文化反映并传递企业文化，影响甚至引领消费人群的流行文化，因此，是企业与消费者之间沟通与互动的一个重要的渠道，而文化营销也正是通过这一契合的过程发挥其价值（见图1）。

凡客诚品的品牌文化理念"互联网快时尚品牌，高性价比，全球时尚，最好的用户体验"正是建立在其"诚信、务实、创新"的企业文化之上的，并且借助品牌内涵也很好地向消费者传递着其企业文化的精髓，通过坚持不懈的产品和服务品质有效地使品牌文化适应甚至引领着反映流行时尚的消费文化，而这正是社

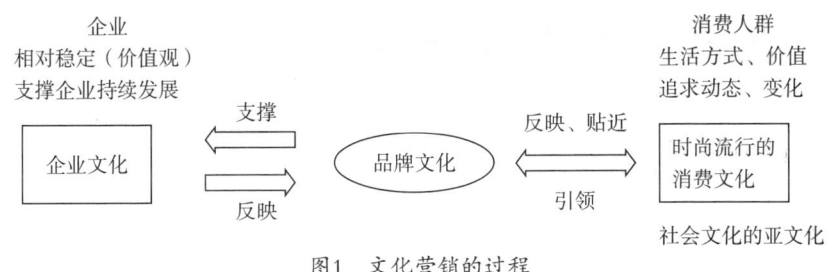

图1 文化营销的过程

会文化的亚文化圈。

从表面上看,文化营销似乎只是一种营销方式或手段,而实质上,这是以品牌文化为契合点,从价值观和消费理念的层面上寻找更好地贴近顾客并贡献价值的方式。也就是说,对于文化营销,我们还是要回归到基本的层面上,与消费者保持一致的思维方式。我们需要准确地理解消费者,关注环境与市场的内在变化,而不是简单地将文化营销等营销创新误解为市场的变化。因此,面对日益丰富和流行的"文化营销"热潮,无论是从经典悠久的传统文化中进行挖掘复兴,还是借助时尚潮流的社会文化开拓创新,我们都要清晰地了解并把握其本质:通过贴近消费者的生活寻找与其内心的共鸣,并获得其价值认同,从而拥有企业持续存在和不断成长的基础。

(原载:《销售与市场》,2011年第8期)

管理者的改变与超越

长期保持领先对任何企业而言都是一个挑战。学者们在研究100家最大的跨国工业企业从1912年到1995年来的业绩变化时，发现能够保持领先的只有20家。这20家成功企业普遍的生存之道是：第一，富有创造性；第二，愿意进行改革；第三，能因时制宜，调整业务组合。对于管理者而言，如何做出改变和自我超越是一个必须解决的问题。笔者认为，需要在4个方面做出努力：

一、观念

人们都确信思路决定出路，没有了思路也就没有了出路。在充满危机和挑战的当下，我们缺乏的不是机会，而是超越自我的心态和对固有模式的颠覆。美国著名消费者行为学家M.R.所罗门曾说："要想超越下一次浪潮，必须比竞争对手先想到消费者，并及时认识他们的心理特点。"

苹果就是如此，在人们习惯于微软的操作界面的时候，苹果公司更早地想到消费者对于互动的需求，做出了全新的界面，从而获得了引领行业的有利地位。

二、思考方式

如何进行思考，是关注企业自身，还是关注企业在产业链中的贡献？这一思考方式的不同，使企业在环境中所获得的地位也会不同。任何一家企业利润突破的三个关键因素都是资源、技术和品牌。真正的资源一定是顾客层面的判断，必须追问：顾客会关注什么？核心的资源集聚在哪里？与公司的关联如何？而品牌和技术则取决于：公司品牌是否只是具有规模优势？核心价值的品牌优势是否确立？因此，企业的出路是，要么控制资源，要么突破技术或者进行品牌营销。

这就要求企业管理者的思考回归到经营的本质上来，也就是顾客价值、成本、规模、盈利这4个根本的元素，从理解公司所处的行业本质展开，判断未来相当一段时间这些行业本质是否会有所改变。

三、行动方案

任何企业的行动最终都会体现在市场竞争上。以往的竞争多是显性的竞争，显性竞争主要是基于终端市场对顾客即时购买的争夺，更多形式化，更具表演性，只有一部分公司具有这样的优势。但是随着技术和顾客成熟度的提升，隐形竞争成为主要的方式，主要是在市场调研、用户研究、用户互动、用户细分、全新营销尝试、技术储备、产品研发、品牌渗透等领域展开竞争。这种竞争是基于用户导向的竞争，只有和顾客在一起的企业才会最终取得成功。在企业行动中始终要坚持的就是创新，正如德鲁克所说："只有销售和创新才能体现企业的价值，完成企业的使命。"

四、运营模式

任何部门的管理目标都是在为顾客创造价值的过程中为股东创造价值。我们不能认同那些不能为顾客创造价值的管理思路，即使它看起来很"优秀"。只有价值链利益均衡和共享实现，绩效才可能最大化。

所以在运营模式上要求我们简化流程，围绕顾客价值展开，并让价值链能够共享价值，体现在三个最本质的价值上：顾客化——关注顾客的使用价值；战略一体化——关注价值链的价值；解决方案化——关注产品与顾客的融合价值。这是判断运营好坏的根本标准。

（原载：《中华合作时报》，2011年9月2日）

管理

百年管理经典的价值贡献

在中国的经济发展中，我们欣喜地看到中国企业取得了令人骄傲的成就。2010年，中国企业500强的营业收入总额相当于世界500强的17%，资产收益率首次超过世界500强。中国企业500强的经营绩效保持领先，国际竞争力在逐渐增强，与世界企业500强的规模差距也在继续缩小。但另一方面，我们也看到：中国中小企业目前平均寿命仅3.7年，而欧洲和日本企业平均寿命为12.5年、美国企业为8.2年，德国500家优秀中小企业中有1/4都存活了100年以上。过去20年，中国工厂工人的平均生产率已提高10倍，但仍不及美国同项指标的1/3。中国走过了30年，成长和快速发展的同时我们都遇到了一些困难，这些困难使我们不得不检讨和重新审视：我们是不是走了一些弯路。

如何重新认识经济增长的来源，是目前发展中的一个关键问题。我们知道，经济增长率=劳动投入的贡献+资本投入的贡献+全要素生产率（TFP）。30多年来，劳动投入对经济增长的贡献是显而易见的，劳动力所带来的竞争力帮助中国企业获得了世界分工的机会。最近10年来，资本投入的贡献也开始显现出来，借助于资本的力量，中国企业也具有了进入市场的机会。所谓全要素生产率是用来衡量生产效率的指标，它有3个来源：一是效率改善；二是技术进步；三是规模效应。可是长期以来，我们似乎只关注了规模这个要素，在效率和技术方面，我们和国外仍有着明显的差距。而从以上的事实和数据我们也可以清楚地看到，中国企业在效率方面还需要做出更多的努力，我们的管理对于效率的贡献还不够。那么管理与效率到底是怎样的一种关系呢？或许，我们可以从百年管理经典中得到智慧的启迪。

我们称之为经典的东西，它会超越时空，超越很多东西，也包括人类所有的智慧。为什么历史可以不断地重演？为什么我们看到的很多东西可以在变化当中保持它的核心价值？因为，即使世界在变、环境在变，但是有一些东西是恒定不变的。在管理中也有恒定的东西。研究管理学领域的问题，我们需要了解管理演变的历程，我们应当不断地回归到管理的基本问题上。回归到经典的著作和研究成果有助于我们理解管理的基本问题，理解管理本身的作用和价值，而这也会是我们理解百年管理经典所创造的价值的根本途径。

一、管理经典的基本特征：源于实践并指导实践

管理是一种实践，其本质不在于知，而在于行；其验证不在于逻辑，而在于成果；其唯一的权威性就是成就。这是德鲁克对于管理本质的精辟阐述，而管理经典正是源自于对管理实践的关注与洞察，并通过与实践的互动来引领实践，此即管理经典的实践性。基于此，这些经典的研究成果在两个关键的方面为我们的管理实践贡献了价值：框定问题与概念化。

我们始终可以受益于那些引领管理实践变化并创造出无数价值的经典研究成果：泰勒的科学管理原理解决了劳动效率最大化的问题；韦伯的行政组织与法约尔的管理原则解决了组织效率最大化的问题；赫茨伯格的双因素理论解决了激励与满足感之间的关系问题；波特的竞争战略解决了如何获得企业竞争优势的问题；德鲁克让我们了解到知识型员工的问题。这些经久的研究，正是基于对管理实践中重大问题的提炼，与企业有效地互动，带动了西方管理实践的高速发展，并引领了世界管理的发展方向。

如果我们所有人可以回到最基本的问题上思考，可能所有的问题都变得很简单。从这个意义上讲，在近百年的管理实践中，不管外界环境如何变迁，科学技术生产力如何发展，管理大师们在那些经典研究成果中所提出来的管理问题依然存在；他们所总结的管理经验依然有益；他们所研究的管理逻辑依然普遍；他们创造的管理方法依然有效。为什么？因为这些研究都是面向管理实践的，其实践性的本质决定了这些研究对于管理实践活动的深刻洞察和归纳提炼，从而推动实践成效的提升。因此，实践性正是这些经典的管理研究成果的价值贡献的首要内涵。

管理一定是来源于实践的，没有企业实践的成效，我们无法真正获得管理经验的总结和理论。因此，我们需要学习的正是这些管理大师们观察实践并深入实践的能力，理解实践并与实践互动的能力，框定问题并将复杂问题简单化、概念化的能力。

当我们从实践性的角度来审视管理研究的价值贡献时，我们的管理研究成果

就面对这样两个问题：第一，所研究的问题在管理实践中的重要性如何？第二，研究成果是否对问题提出简明概括的解决方案？而对这两个问题的回答，也正构成了这些百年管理经典贡献价值的重要途径：正确地框定研究问题，并以强大的概念化能力将复杂的问题简单化。

一方面，真正的管理知识一定会源于对实践中关键问题的把握和对系统的实证数据的研究；另一方面，管理的关键之一就是如何达成共识，共识的基础就是拥有对概念的明确理解。而将管理现象和实践问题概念化的过程，就是将复杂问题简单化的能力。那些贡献了重大管理理论价值的研究者都具有这样概念化的能力，他们贡献了以下概念：分工理论、计划管理、竞争战略、人力资源与人力资本、知识员工、企业文化，等等。当我们学习并理解这些概念时，可以清晰地知道企业运行背后的复杂性以及解决之道，这也是大师之所以被称为大师的根本之处。一直以来，许多中国企业的管理者希望通过复制管理体系的方式来借鉴先进的企业管理经验，但是这样的努力并没有带来实质性的成效。其根源在于，只了解这些优秀企业的管理体系，却没有了解到这些企业管理中的关键要素，也就是那些核心概念。而那些能够经受住实践检验的百年管理经典，恰恰为我们的实践提供了这些强大的核心概念。

因此，大师们的经典研究成果为我们的管理实践贡献了巨大的价值：经典都源于实践，把握了管理的本质问题，为我们提供了强大的核心概念。而西方的管理经典在这3个方面为我们在探索管理理论和规律时提供了良好的范本，从而使我们能够更好地融合全球化的管理知识，并通过深刻把握中国管理实践的特征来推动本土实践的发展。在这一过程中，管理的经典著作与本土实践互为推动：经典著作为本土实践的发展提供了思想启蒙与智慧支持，本土的实践则为经典著作提供了诠释与创新。

二、从管理理论的演变看管理经典的价值贡献

管理的目的是提升效率，这是德鲁克给予我们的启示。也就是说，管理从根本意义上是解决效率的问题。那么，我们的效率从何而来？相应的管理逻辑又是怎样的？这正是我们今天在发展中遇到的问题。也许通过回顾管理理论演变的历史，我们可以找到答案。管理理论演变的第一个阶段是科学管理阶段，代表人物是泰勒，这个阶段所解决的问题就是如何使劳动效率最大化；第二个阶段是行政

组织管理阶段，代表人物是韦伯和法约尔，这个阶段所解决的问题就是如何使组织效率最大化；第三个阶段是人力资源管理阶段，包括人际关系理论和人力资源理论，这个阶段所解决的问题就是如何使个人的效率最大化。因此，如果对管理所关注的效率做细致的划分，就是劳动效率、组织效率和个人效率。首先要解决的是劳动效率，然后是组织效率和个人的效率，当顺序颠倒时我们会发现管理无效，因为个人的效率是需要支付条件的，而支付条件是需要组织给出的。如果没有劳动生产力的产出，就不可能有组织效率，没有组织效率也就不可能有个人效率。而这些基本的认识，正是百年管理经典对我们的管理实践贡献价值的典型代表。

（一）科学管理阶段：对于劳动效率的贡献

1911年，泰勒发表了《科学管理原理》，他不仅让管理实现了从经验到科学的飞跃，而且提升了人们对于劳动效率的关注和认识。这是管理史上的一座丰碑，正如德鲁克所说："当我们想要了解知识工作者的工作内容，并学习如何提升知识工作的生产力时，我们甚至还要回过头来研读泰勒的著作。"因为泰勒，我们知道什么是科学管理；因为泰勒，我们知道工业化的依据；因为泰勒，我们能够得到流水线的概念和实践；同样因为泰勒，我们发现管理其实是一种分工。泰勒倾其毕生精力所要探讨的问题，恰恰是管理的本质问题：管理要解决的就是如何在有限的时间里获取最大限度的产出，也就是如何使生产率最大化。他在《科学管理原理》中把管理从经验变成了可以复制的科学，并清晰地阐述了获得劳动生产率最大化的4条原理：①科学划分工作元素；②员工选择、培训和开发；③与员工经常沟通；④管理者与员工应有平等的工作和职责范围。他认为这是最大限度提高工人劳动生产率的手段。

这4条原理让我们明确地了解到，提高劳动生产率的最好手段就是分工。科学划分工作元素作为第一条，是告诉我们工作分工需要基于科学的角度，而非纯粹凭借经验。但是做好了划分工作元素的工作还不够，还需要对承担分工的员工进行选择、培训和开发，这是第二条。泰勒第一次把员工摆在最为重要的位置，也是第一次告诉大家劳动效率取决于员工的素质和训练的结果，所以管理者必须和员工进行有效的沟通，必须明确两者之间有着清晰的分工和相应的职责，保持了这四条原则，劳动生产率就可以实现最大化。

海尔的管理实践成效，正是得益于泰勒的科学管理对于"劳动效率"的贡献。海尔成功的"OEC管理模式"正是从泰勒的分工管理思想中汲取了智慧。

"OEC管理方法"的含义是全方位地对每个人每一天所做的每件事进行控制和清理,每天的工作每天完成,而且每天的工作质量都有一点儿(1%)的提高。泰勒科学管理思想的基本出发点就是提高效率,他将提高劳动生产率视为管理的核心,因此,他十分注重操作方法和生产流程的标准化,通过制定科学的作业方法并实施培训、通过建立激励性的报酬机制来提高生产效率。海尔集团在创业初期,也同样面临着提高生产效率、提升经济效益的问题。在领悟了科学管理思想的精髓以后,根据海尔发展的实际,张瑞敏在创业伊始就在车间流水线上分解操作环节,减少不必要的、赘余的环节,使每条流水线、每道工序上工人的动作都做到最简化、最优化,从而有效节约了生产时间,提高了工作效率。此外,美国工业应用泰勒的科学管理理论和方法,训练了大批以前完全不够格的工人,其中不少是在前工业环境中长大的农民,或者足不出户的家庭妇女。海尔也用了类似泰勒的方法,在一个月内就把招聘的农民训练成合格的流水线作业工。由此,我们可以看到泰勒在框定"劳动效率"这个关键问题的深刻洞察,以及"分工"概念在简化复杂问题时的有效性。

(二)组织管理阶段:对于组织效率的贡献

在一个高度发展和竞争的环境中,随着环境变化的加剧,对于组织的要求越来越高,组织一方面需要保持与外部环境变化相一致,另一方面,又需要保持组织效率本身对于变化的超越能力。于是,在管理理论演变的第二个阶段——组织管理阶段,我们看到了韦伯和法约尔对于组织效率的贡献。

马克斯·韦伯是德国著名的古典管理理论学家、经济学家和社会学家,19世纪末20世纪初西方社会科学界最有影响力的理论大师之一,被尊称为"组织理论之父"。他的官僚组织模式理论(行政组织理论)对后世产生的影响最为深远。他的组织管理原则约定:权力是组织的而非个人的。组织管理的核心就是让权力从个人的身上回归到职位上,也就是组织本身上,只有在这种情况下管理效率才会得到。他的经典理论让我们了解到:当权力是职位的含义时,就要求权力表现出专业能力,简单地说也就是权力需要承担责任,没有职责的权力是不存在的。在今天这个"个人时代结束,团队时代开始"的环境中,我们需要像韦伯一样思考和理性地设计组织,让个人的权力不再是组织的核心要素,使每一个职位的分工与协作成为组织的核心要素。

法约尔在1916年所发表的《工业管理与一般管理》中所提出的著名的"管

理要素"和14条管理原则,标志着一般管理理论的诞生。他告诉我们:组织效率最大化的手段是专业化水平与等级制度的结合。而对于专业化能力和等级制度这两个关键问题的理解,构成了组织管理的基础,也就是影响组织效率的两个关键要素。一方面,我们需要强化专业化的能力,无论是管理者、领导者还是基层人员,只有贡献了专业化的水平,才能够算是胜任了管理工作;另一方面,需要明确的分责分权制度,只有清晰的职责分工,明确的权力分配,等级安排合理,组织结构有序,管理的效能才会有效地发挥。法约尔告诉我们,专业化水平与等级制度的结合正是组织效率最大化的来源。今天,我们之所以出现组织效率的困境,是因为忘记了组织管理自身一般规律,忘记了专业化水平的提升和等级制度的建立,从而偏离了组织管理的轨迹。无论环境如何改变,如果想和环境变化保持一致,那么我们就必须不断地反问自己:什么类型的专业化和等级制度才能使组织效率最大化?

从美的集团的管理实践中,我们看到了韦伯和法约尔对于组织效率的价值贡献。而美的成功实践的成效也为这些管理经典提供了完美的诠释。美的集团通过事业部制改革创建了一个稳定、均衡的权力配置体系——集权分权体系,用其总裁何享健所总结的正是"集权有道,分权有序,授权有章,用权有度"。而这也推动了组织的专业化水平不断提高并发挥绩效。美的集团的组织管理状态,处于职位明确、责任明确、激励明确的组织管理体系中,事业部经理人所展示出来的良好职业心态正是源于理想的设计权力与职位关系的结果。每一个经理人都很清楚,对于他们来说职位就意味着责任,同时也意味着权力,他们很好地理解了权力真实的含义,理解了职位和责任的真实含义,并全力地贡献出自己的专业化水平,所以他们产出的成效也推动了美的集团成为中国家电企业的领跑者之一。

(三)人力资源管理阶段:对于个人效率的贡献

解决了劳动效率和组织效率后,我们还需要关注人的效率。于是,当古典管理理论走到第三个阶段——人力资源管理阶段时,我们看到了"管理学先知"(德鲁克语)——玛丽·福列特对于个人效率的贡献。她在其著作《福列特论管理》中提出了许多重要的人本观点,同时也解决了我们管理当中的一个关键问题,就是人的效率从哪里来。每个人的效率应该如何获得,我们可以从她的著作中感受得到:以人为本;人存在于组织环境中,而不是社会中;人际关系中的关键活动是激励人;激励是以团队精神为导向的;透过集体既能满足个人需求,又能实现组织目标；个人与组织都想以最小的投入获得最大的产出；等等。这些都使我们明白个人效率的发挥来源于创造机会、组织环境、满足需求、发掘潜力。

福列特认为领导者应当认同个体的价值，激励创新，使每个人知道自己的任务，把不同的意愿联合起来成为群体的内在动力，从而使组织管理的对象从个人转到团队；继而，个体需要在团队中进行协作并整合冲突，从而发挥更大的价值。管理必须平衡员工需求与组织发展的目标，以及短期目标和长期目标之间的冲突，只有两者都能够得到关注并实现，管理才能够有效。她的研究成果让我们对管理中"人"的因素有了更深的认识。为了得到效率，需要服从、规范、严格的约定和控制，但是，这一切界定的应该是"事"而不是"人"。我们需要服从的、规范的、控制的是所做的事情本身，相对于管理者所要面对的"人"而言，是理解、尊重以及责任。因此，相对于管理中的所有资源来说，人是最重要的资源，对人的激励也是最重要的，我们需要在这方面的具备充足的认识以及行动。

华为的管理实践在发挥个人效率方面的努力，让我们看到福列特的管理思想至今仍然深具价值。华为的狼性文化中所强调的团队协作以及基于团队的激励，正是其实现个人效率最大化的途径，也在很大程度上反映了福列特著作中的经典理念。借助以互助为核心的团队精神，在团队环境中释放了个人的效率，从而激发了团队的力量。另一方面，华为是深圳企业中最早将人才作为战略性资源的企业，很早就提出了人才是第一资源、是企业最重要的资本的概念。在人才的使用上，华为特别注重员工内在素质与潜能的培养与开发，有效地整合了员工需求与组织发展目标。为确保企业形成良好的学习型组织，华为最早在企业内部建立起适合企业需求与人才成长特点的分层分类的人力资源开发、培训体系。此外，在"华为基本法"里我们看到更多的条例并不是企业对员工的"要求"，而是企业对每一个员工的承诺。华为管理层将"我们决不让'雷锋'们、'焦裕禄'们吃亏，奉献者定当得到合理的回报""我们强调人力资本不断增值的目标优先于财务资本增值的目标"作为对每个员工业绩的承诺。当员工从该法则中明确了华为管理层是一个讲求公平、尊重劳动、发展人才的职能部门时，认真投入工作以回报公司对个人的付出就成了自然而然的行动。

三、重读经典，回归管理的基本命题

重读大师们的这些著作，我们可以看到对于管理的最基本的理解，并且可以清晰地了解到百年管理经典在与实践的互动过程中保持着持久的价值。在回顾管理理论演变的过程中我们发现，管理经典都来源于对于重大实践问题的认识。泰勒正是认识到提高工人劳动生产率是极其重大的问题，才有了以分工理论为核心的科学管理理论；韦伯和法约尔正是关注到组织效率的问题，才有了官僚行政组织的设计和一般管理的5个要素以及14条原则；福列特则是前瞻性地关注到了科学管理中被忽视的人性因素的相关问题，并从团队和激励的角度对如何发挥个人效率的问题进行了回答。从这些百年管理经典中我们看到了管理大师们对于管理最基本的理解：效率。

在我们的管理实践中，很多人非常努力地在尝试着新的管理理论。20世纪40年代，人际关系训练被看作组织成功的关键；而在50年代，德鲁克提出的目标管理理论又被视为解决管理问题的新方法；进入70年代，我们看到了企业战略；而90年代随着电子信息技术的进步，更多的新方法层出不穷。当进入21世纪的时候，我们认为管理创新理论引领变化。其实这些都是非常重要的，因为对于中国的企业来讲，所有的管理理论和方法都是需要面对和接受的。但是，我们往往无奈地发现中国的企业活得很苦，因为付出非常多却没能得到相应的回报。这其中根本的问题就在于：我们没有理解，管理的基本命题到底是什么？我们的管理发挥了什么作用？当我们对管理的基本理解不够的时候，后面所有的东西都是没有价值的。

百年管理经典蕴含着对于管理实践的深刻洞察与理解，通过正确地框定管理实践中的基本问题，将复杂问题概念化对管理实践贡献价值，这些经典为我们提供了丰富的思想素材和智慧启迪，值得我们不断深入挖掘和学习。而真正的挑战是，如何让这些主要是在西方成型的管理经典，在中国落地，并使其转化为中国管理者自己的智慧，帮助其在当下的环境中产生价值。直面中国管理实践，我们依旧需要重读经典理论、经典著作，从中获取智慧的启迪；回归管理的本质，深刻地洞察那些基本的命题，与实践同行，让百年管理经典的价值贡献获得持久的生命力。

（原载：《经济界》，2011年第6期）

"半稳定状态"企业更抗冻

在此前一些大的经济危机中,我们看到了通用汽车、福特汽车、克莱斯勒公司、丰田汽车、三星、辉瑞公司、保时捷、DHL等企业的成功,它们获得成功正是缘于它们对于危机和增长的正确认识,这种认识包含了四个具有决定意义的关键点。

当我在这些成功企业的发展历程中寻找根源时,我发现这些根源其实是一些常识。发现这一点让我非常兴奋,因为特殊时期、特殊手段造就的成功,其他企业很难复制和学习,而常识是所有企业都可以借鉴的方式。

一、认识一:危机只是经营条件而非借口

今天的组织面对的是不确定的商业世界,因而我们需要有混沌的思维方式。混沌理论包括一些基本概念,比如,稳定均衡、有限度动荡(或混沌状态)、爆破性动荡等。

稳定均衡状态的思维方式倾向于把发展的过程看作一种平稳的趋势,在我自己早期的教学中,也坚持管理者需要保持稳定,解决问题,按章行事。如果从基本的管理现状来看,这些要求并没有什么错误,这也是管理者产生效率的根本来源。但是当环境处在混沌状态的时候,混沌状态的思维方式是把发展过程看作一种半稳定的临时状态跳跃到下一个半稳定的临时状态。所以在混沌状态的思维方式中,所有的发展都是时断时续的,而不是平稳连贯的。我们相信混沌状态的思维方式对现实的理解更趋同于实际的市场情况,这样组织就需要打破自己的平衡来获得市场机会,管理者此时需要关注的是如何保证组织迅速地上升到新的变化空间,在时断时续的发展中,能够因持续的阶段而避开停顿的阶段。这就要求管理者必须清醒地认识到:管理上的每一个举动或者疏忽都可能使企业错过持续发

展的阶段。所以，企业内部需要不断地打破平衡，如果能够有效地利用混沌，企业就能够成长为具有强劲竞争力的市场领导者。

二、认识二：危机并不都是有害的

如果可以顺势而为，利用危机，此时的危机的确不是有害的，反而有利于我们的成长。对于那些能够正确理解危机的特别意义，并能巧妙地利用危机的人来说，危机则是朋友。我们所要做的就是永远关注危机的来临，因为对有准备的人而言，危机意味着机会。即使危机可能带来极大的挑战甚至伤害，你也要明白，某种程度的危机是必然要发生的。任何行业、任何企业、任何人都会遇到危机，第一个发现危机的人，往往有机会创造出属于自己的增长，并开拓一个全新的市场。

每一个在危机中创造增长的故事，都是从对危机的把握和利用开始的，都是顺势而为创造奇迹的，从这个意义上讲，危机对于他们并不全是有害的。

三、认识三：危机中的增长不是神话

我确信企业一定能实现增长，这种信念让我深刻地感受到并越来越多地发现，增长不受时期和行业的限制。

如果我们深入思考，就会发现这些企业的领导者对增长都有着明确的认识。他们知道激烈的竞争和变化的市场需求，知道自身必须明确面对这样的问题：第一，因为市场成熟度的增加和形成，企业必须找到和回答什么是增长的驱动因素；第二，因为竞争的全球化，企业必须清楚地知道在哪里竞争、如何竞争；第三，因为产业合并的不断加剧并且愈加普遍，企业必须知道自己需要推出哪一项业务；第四，因为资源成为竞争的主要要素，企业必须明确应该把重点放在哪一个发展机会上；第五，因为新技术不断涌现，企业必须回答怎样使增长持续下去的问题。这五个问题的答案，正是企业领导者解决价值增长来源的关键点。

更重要的是，对这五个问题的回答都没有倚赖环境要素，而是在不断寻找可以带来增长的要素。

四、认识四：信念是增长的动力源

大家都知道著名的罗马俱乐部，它提出了"增长的极限"的观点，影响了全世界。受这种观点的影响，人们开始认为增长是不可能的事情，即便是能够拥有增长，人们也认为不能再追求增长，因为增长会带来停滞和浪费，会让资源耗尽，生存环境受到威胁。

在20世纪70年代的背景下，罗马俱乐部的某些预言一一应验。但是，时代有了自己的变化，人们开始利用新技术来解决资源消耗的问题，利用知识经济和信息技术解决环境保护的问题，借助于网络和创新，人们获得了新的增长方式。现在的世界已经有很大不同，人们通过发明创造、克服障碍使增长成为可能，而推动人们跨越各种障碍实现增长的动力，就是增长的信念。

（原载：《第一财经日报》，2012年1月5日）

构建一种持久的关系

员工如何与企业构建一种信任、持久的关系是管理者需要面对的问题。相对于过去的情况而言,今天的员工管理会有更多的挑战性,一方面来源于因全球化所带来的价值多元化,另一方面来源于员工自我意识的强化。因此,获得员工忠诚是一个极具挑战的话题。通过持续分析那些在市场上获得成功的企业的经验,可以找到四种构建员工忠诚度的办法供我们借鉴。

一、设立更高的目标和期望

一个真正吸引人的公司应该是一个不断挑战自我的公司,当公司能够超越行业标准,引领行业变化的时候,便可以吸引并激发优秀人才的斗志并获得优秀人才的信任,因为真正优秀的人才会喜爱迎接挑战。留住人才的关键是,不断提高要求,为他们提供新的成功机会。美的集团的经理人是一个被业界称道的团队,这些优秀的经理人见证了美的从十几亿发展到千亿规模的历程,他们拥有不断超越自己的理想,认为今天所取得的成就都来源于公司的不断发展,只有自己不断超越自己,才符合公司发展的要求和标准。

二、授权、授权、再授权

员工最喜欢在授权赋能的公司工作。我很喜欢青岛的海景花园酒店,吸引我到这家酒店的缘由是它的服务贴心且独特,服务员会为了提供我喜欢的烤花生,而自己抽出时间去市场去买来送到我的房间。和这些用心为顾客服务的员工聊天,你可以知道这些员工之所以这样热爱为顾客服务,是因为公司授权给这些一线的员工,让他们有权处理顾客提出的要求,以及他们认为需要为顾客所做的一切。

三、提供好的经济保障

在同业中和市场中拥有高的薪资收入是员工获得认可的一个最重要的标志。同时如果员工可以分享到工作成果，并能够因此可以获得更加美好的未来生活，会给员工极大的鼓舞并使其愿意为此做出全部的努力。在这一点上，这些企业都做得非常到位。海底捞的例子已经成为各大商学院EMBA课堂中热烈讨论的案例，海底捞领班以上的员工的父母，每月会直接收到公司发的几百元补助。海底捞的员工住的都是城里的正规住宅，里面有空调和暖气，每人的居住面积不小于6平方米。不仅如此，宿舍必须步行20分钟之内可到达工作的地点；有专人给员工宿舍打扫卫生，换洗被单；免费上网，电视电话一应俱有，海底捞的员工称他们的宿舍拥有"星级服务"。给予员工好的经济保障，这能帮助员工肯定自我。人在感受到被关心的时候才会感到自信，能够让员工真切地感受到公司对他们的关心是实实在在的，员工就会跟随公司并做出努力。

四、正向激励

广州一家电子企业为了提高公司的竞争力，制定了一系列的奖励制度。例如，到公司工作两年就享有公司配车的待遇；为了让员工能够和自己的孩子在一起的时间多一些，还特别设立了幼儿园，让孩子可以和父母一起上下班等，这些奖励制度的设立，使这家公司的员工非常愿意为业绩做出努力，非常珍惜公司所给予这些激励。虽然薪资是非常重要的部分，但是光有这一部分还不足够，因为薪资无法带来更大的满足感，如果需要给予员工更大的满足感，就需要提供正向的激励部分，而且让业绩可以和激励挂钩，使更高业绩的员工可以获得更高的激励，以此带来非常大的示范作用，并获得员工不断超越自己的激情，以及与企业共同发展的热情。

（原载：《现代企业文化》，2012年第1期）

重寻发展的力量

经济的发展是一个文化过程，短期的经济行为可以用经济逻辑来解释，而长期的经济行为一定会进入文化逻辑来解释，一个人、一个企业也是如此。文化决定思维方式，思维方式决定人们的行为选择，这也是需要特别关注理念的缘由。以食品为例，许多西方速食品，根本谈不上什么营养价值，更没有温馨的餐膳气氛可言，为什么深得年轻人的喜欢，这和他们的思维方式有很大的关系。孩子们接受的是"快速"和"便捷"的理念，因此不难看到，在美国被视为路边店的肯德基，在北京却占据前门最佳的位置，开店的时候竟有一对新人在店里举行婚礼。

在过去30年的开放历程中，最令人欣慰的是东西方开始展开欣赏和融合之旅，我们已经不再简单地崇拜西方，而西方也开始发掘和重新认识东方。因为长期担任新加坡国立大学的企业管理课程主讲教授的缘故，让我有机会与不少主导管理和商业潮流的东西方商界人士和精英们接触。一个有趣的现象是，往往倡导中国元素价值旗号的人，都是对西方有着深刻理解的亚洲人，他们不会盲目模仿西方概念，这些有文化深度的创业人反而集中精神和资源，重新发展亚洲文化的产品，并加以现代包装和新鲜的营销手法将其推入市场。

这些文化企业家对于文化遗产固然执着和骄傲，却不是盲目的偏爱，他们是东西方最佳的整合者。以台湾的"时尚教母"，喜事国际执行长冯亚敏女士为例。在冯亚敏女士看来，"时尚不只是一件美丽的衣服，而是一种感染力，是对环境的反应与自我价值的表态"。13年前，她远征西班牙，用中国绘画的手法，展示出自己对于一个品牌的认知和对于鞋子的认知，在完全没有行业背景的情况下，取得CAMPER代理权，并将这双鞋子的品牌经营得有声有色。2010年的9月，冯亚敏女士将台北的凯达格兰大道化身为美丽时尚的代名词，她分析道："从事时尚要营造人心的美丽，并且与环境做好沟通，建立美的价值观才有意义。同时，时尚是一种感染力和它对社会环境的影响。"她强调："透过服装可以描述时代的社会现象,记录和见证着历史的变迁与故事。"这是令人兴奋和感到鼓舞的发展。长期以来,世界潮流皆由美国垄断的大众文化带动,现在,由于像冯亚敏女士这样的企业家的努力,可以预见更多元化的产品和服务将帮助大众以另一种方式去演绎生活,因为一个文化真正的魅力来自广大民众的接受和欢迎。

经历了30年的发展之后,中国企业所赖以成功的因素需要做出调整,更多的企业认识到,提升产品素质,改善员工关系和回馈股东,减少对资源的依赖,以及回馈环境是必须做出的努力。大家已经觉察到如果不大幅度改变经营战略以提升产品的文化内涵,想持续获得竞争优势是不可能的事情。许多企业之所以停滞不前,就是因为还在依赖原有的竞争优势来源,不能够提升自己,不能够找到今天发展所需要的动力,这一切主要的原因还是狭窄的视野使他们缺乏更高层次的努力目标。

最近频频发生的企业不诚实的事件,如达芬奇、海底捞、味千拉面等,甚至更可怕的"地沟油"事件,不仅仅是让消费者心寒并失去对于这些企业品牌的信赖,更折射出运营这些企业的经营者内在价值追求的缺失。企业到底为什么活着?企业应该追求什么样的目标?企业如何解决自身发展与社会进步之间的关系?企业如何界定自己在社会中的角色?对于这些问题的回答以及不断地印证自己的回答是企业经营者必须承担的责任。如果仅仅是为了企业自身的发展,仅仅是为了获得增长和利润,没有清晰地回答这些问题,这样的企业是无法真正驱动自身持续发展和增长的。赚钱并不是企业的终极目标,如何在经营的过程中让企业与社会、顾客有效地互动?如何保证企业对于社会而言是良性的,而不是破坏性的?如何拓宽企业经营者的胸怀和视野?这是每一个管理者都需要面对的问题,也需要每一个管理者找寻到正确的答案。唯有如此,才是真正对企业负责,对成长负责,也才有机会获得持续发展的力量。

要启发企业领导者迈向更高的目标,就需要有来自其内心价值驱动的力量,这种力量能够维系人们坚持和战胜挑战,正如星巴克的舒兹在自传中这么说:"星巴克尊重传承,从历史之中寻找力量,又不忘心系遥远的过去。这就是星巴克的过人之处,使它不仅仅是一家快速成长的公司或是一时的风尚而已。它之所以能够维持下去,力量来自其哲学。"

无论是冯亚敏还是舒兹,在带领自己的企业持续发展的努力中,挖掘文化内涵的价值和作用是他们共同的选择,发展驱动的力量一定会来自文化内涵,对于文化与社会价值的理解并将其转化为经营模式,是他们成功的缘由。

(原载:《东方企业文化》,2012年第2期)

管理性别论？管理环境论？

其实在我的理念里，管理并没有性别之分。

美国心理学家桑德拉·贝姆的"双性化"概念为人熟知，提倡优秀的管理者应该将男性的力量与魄力和母性的同情与细腻等完美结合。我们也的确在很多场合下看到女性管理者独特的成功魅力，但是，这是否就意味着"母性管理"的存在？这些"母性管理"真的就是管理成效获得的原因吗？不如先把性别抛开，看看到底是什么因素让领导风格发挥成效。

一、管理，是多种领导模式一起发生作用

《组织行为学》课程里，一直都有关于什么样的领导方式有效的讨论。有人认为威严、苛刻的领导比较容易产生效果，虽然被管理者内心不舒服，但是很容易获得绩效并取得成功，所谓"严师出高徒"；而另一些人则认为，领导人和蔼可亲、平易近人是最好的，在这样的领导者指引下，成员非常安心地工作，也能够畅所欲言，发挥积极性和主动性，更加容易成长及成功。

事实上，在现实中，管理是多种领导模式一起发生作用，但是，让一个管理者具有多种领导方式的能力是非常困难的，因此我们需要换个角度来认识领导理论。

其实有一个人很早就解决了这个问题，这个人就是弗雷德·菲德勒，美国当代著名心理学家和管理专家。他所提出的"权变领导理论"开创了西方领导学理论的一个新阶段，使以往盛行的领导形态学理论研究转向了领导动态学研究的新轨道。

二、工作环境决定领导方式

《让工作适合管理者》是菲德勒第一部系统阐述权变领导理论的著作，也是被管理学家们称为"不可忽视的领导学理论"著作。正是在这本书里，菲德勒提出了"领导方式取决于环境条件"的著名论断。他明确地指出：领导效果完全视环境条件是否有利来决定，当环境条件处于非常有利或者非常不利的情况下，工作导向型的领导者容易取得成效；而环境条件处于中等有利的情况下，员工导向型的领导者容易取得成效。相应的重要结论有三个：

领导者与成员的关系。指下属对领导人的信任、喜爱、忠诚和愿意追随的程度，以及领导者对下属的吸引力。这是最为重要的影响因素，起决定作用。

职位权力。即领导者所处职位的固有权力，例如一位部门经理若有权聘用或开除本部门的员工，那么他在这个部门中就比上级经理的地位权力还要大。

任务的具体化。指下属担任的工作任务的明确程度，包括工作团体要完成的任务是否明确，有无含糊不清之处，其规范和程序化程度如何，是否能够让下属明确他所承担的任务的上下所属的关系。

菲德勒认为，三个条件齐备是最有利的环境，三个条件都缺少是最不利的环境，每个领导者都可以从中找到自己的位置。

按照这样的理解，百合网和蘑菇街这两个企业的管理者都非常娴熟地理解并运用领导者的本质含义，能够依赖于领导者和成员的关系、人们承担任务的特征以及具体权力的安排，来激发成员的积极性和创造性，获得了非常好的领导成效，这是这两个案例真正打动我的地方。

领导风格固然重要，关键是要与环境情景相适应，即应当根据领导者的个性及其面临的组织环境的不同，采取不同的领导方式。菲德勒指出：适用于任何环境的"独一无二"的最佳领导风格是不存在的，某种领导风格只能在一定的环境中才能获得最好的效果。所以，不要去过于追求某一种领导风格，因为领导形态的有效性完全取决于所处的环境是否适合，而不是领导风格本身。

（原载：《中外管理》，2012年第3期）

增长不受环境影响

2008年金融危机的时候，我写过一本书叫《冬天的作为》，里面强调的观点是：在危机中，信心比黄金和货币更重要。当人们认为2012年也非常困难的时候，我想再次探讨这个问题。

查理斯·P. 金德尔伯格曾经在其著作中梳理了近100年来世界遭遇的多次金融危机，每一次危机都带来经济发展的波动，但有一个事实不得不引起我们的重视：从1929年到现在，依然可以看到一直存活下来并保持增长的企业，可口可乐、IBM、丰田汽车等。这个名单很长，长到让我们明白，危机的确会不断地出现，但是企业总可以找到自己成长的方式。

1997年，亚洲遭遇金融危机，这是我自己经历的第一次大的金融危机，我还清楚地记得，自己当时刚好到新加坡求学，之后在很长一段时间里我在新加坡国立大学讲学，我们花很多时间来探讨危机中企业出路的思考和选择。在东南亚地区，虽然亚洲金融危机带来巨大的困难，但是仍然有很多企业寻找到自己成长的方式，无论是新加坡、印尼、马来西亚、韩国还是中国台湾的公司，这些处在亚洲金融危机中心地区的企业，依然成长并取得不俗的业绩。学生们在新加坡国立大学的工商管理课程里交流成长的经验和方式，从那个时期开始，我知道：无论在什么经营环境中，企业都可以寻找到自己成长的方式，而增长的信心来自对危机的正确认识。

企业为什么可以自己创造增长呢？从最根本上讲，如何处理危机根植于企业的价值体系中，根植于我们的价值判断中。危机既给人们带来危险，也带来机会。1997年亚洲金融风暴，三星涅槃成功，一跃成为世界电子品牌。李健熙发挥大胆的领导风格，为三星注入了重视趋势创造及避免安于既有成就的企业文化。由于李健熙从1993年起开始执行的改革，三星才得以度过亚洲金融风暴而继续生存。就连日本的财经媒体也对其赞誉有加："三星是韩国主要企业集团中，唯一渡过金融危机的幸存者。"

在2008年的新闻中，人们能够看到的几乎都是企业经营下跌、财富缩减的消息，但是人们也可以看到，即便是这样的寒冬季节，依然有企业拥有旺盛的增长。在2008到2011年，华为公司、美的集团都保持了强劲的增长，并一跃成为本领域全球领先的企业。而当你去了解这两家公司的文化时，你会发现这两家公司都是危机意识强烈、不断要求超越自己的公司。

在这些大的经济危机中，我们看到三星电子、华为公司、美的集团等企业的成功。它们获得成功正是源于自己对于危机和增长的认识，而这个认识包含了四个具有决定意义的关键点，当这些关键点隐含在企业的发展历程中，这些企业就能够超越环境和危机获得成功。

（1）危机是经营条件而非借口。当危机成为环境的时候，危机已经是经营的条件而非失败的借口。把危机作为借口的习惯彻底抛弃掉，在任何危机中都有企业获得巨大的成功，当危机成为基本条件的时候，危机只能是环境，而对于环境我们只能面对。

（2）危机并不都是有害的。在我很小的时候，总是遭遇到钢笔无法写出字的困难，因为那是寒冷的冬天，上学的路途太远。于是，我想到了把钢笔放在胸口。怀里揣着这样一支笔，总是觉得很神圣，结果让自己对于学习有了神圣的感觉。因为用钢笔的危机，让我更尊重学习。所以有的危机并没有害处，因为危机可以引发自身的转变。

（3）危机中的增长并不是神话。如果增长是从内心激发出来的，那么它就不受危机的影响，不受环境的制约。所以领导者只要能够激发出增长的信念，并能够让领导者和成员一致认同，增长就可以成为必然。

（4）信念是获得增长的动力之源。"将领的作用就是要在茫茫黑暗中，用自己发出的微光，带领队伍前进。"我已经不太记得在哪里看到这句话，只是记在了自己的笔记本里面。正是领导者的韧性与坚持，才带领团队走到胜利的终点。

我想要告诉大家：危机和增长也许是一对孪生的兄弟，危机让市场具有了变化，而变化正是增长的机遇。对任何规模、任何行业的企业来说，这都具有可借鉴的意义，无论你的企业期望成为行业的领袖，还是选择做一个"隐形冠军"，甚至只是处在初创阶段。坚信增长才是最重要的，增长不受环境的影响，增长是一种理念，并以这样的理念来指导企业的行动。

（原载：《IT经理世界》，2012年第5期）

管理效率之桎

当外部环境不确定，增长也变得不确定时，企业需要提升管理的效率，而管理的基本功能也正是提升管理的效率，但人们常常将效率与策略混为一谈。

企业的主要目标是达成良好的绩效，而效率和策略则是达成优良绩效的重要组成部分。问题是，效率与策略的运作方式并不相同。企业能在竞争中脱颖而出，前提是它能建立并保持与竞争者之间的差异。它必须给客户更高的价值，或以更低的成本创造相当的价值，或两者兼备。策略回答的问题是解决企业如何获得核心竞争力的问题。无论书本上如何解释企业核心竞争力，都会同意这样一个简单的解释，即企业核心竞争力可以用两个标准衡量：一是你的产品不可替代；二是你的方式别人无法模仿。效率回答的问题是解决企业如何获得系统能力的问题。对于系统能力似乎无法用简单的方式来解释，但我力求可以简单描述，系统能力是指企业在数百项活动之后，能够比同行更加有效。从策略的角度来看，策略是让企业更充分地利用资源，运用资源在竞争中获胜是策略的精髓，因此企业策略的活动意味着企业需要选择哪些活动，以及如何进行这些活动以使企业具有差异性。而从效率的角度来看，效率使企业组织中的各个要素很好地协同起来，以及如何获得更高的产出。

策略与效率各自贡献自己的价值。提供商品更好的价值，让企业可以要求更高的产品单价，或更高的效率可导致更低的平均单位成本。前者可以称之为策略的贡献，后者可以称之为效率的贡献。所以不能够因为企业的产品取得好的收益，就简单地认为是效率所导致的成本的贡献，这也许是源于价值提升的策略贡献。而当无法在市场上提升价值的时候，在内部提升效率就是最为关键的"策略"了，因为此时成本会成为至关重要的竞争要素。

企业在成本或价格上的所有差异，都是源自数百项活动的最后结果。这些活动都是为了开发、生产、销售和运送产品或服务，能否取得成本优势，就要看企

业在特定活动上是否能比竞争对手表现得更有效率。同样,差异性来自企业选择哪些活动,以及如何进行这些活动。因此,效率意味着,企业进行相似活动时,效益比竞争者来得更佳。

在一个企业外部不容易获得增长的市场环境中,管理效率的差异是竞争中决定获利程度的重要因素,因为它们直接影响到企业的相对成本地位和差异化的程度。

20世纪80年代,日本企业挑战西方企业的核心手腕,就是管理效率上的差异。这段时间日本人之所以能在竞争中领先,在于他们提供了品质更佳、成本更低的产品。这一点非常值得注意,因为当前有关竞争的思维,很多都是以此为基础的。

在新技术、新材料或新管理方法问世后,创造管理效率的区域会向外推移。互联网重新定义了销售作业上的管理效率,创造出将销售与订货流程、售后服务支援等活动之间更丰富的关联性。同样,涉及整个活动的精简生产,也使制造上的生产力和资产的使用率获得实质的改善。至少在过去10年间,经理人满脑子都在思考如何改善管理效率。通过类似全面品管、时间竞争、标杆学习等计划,经理人改变活动的表现方式,以淘汰没有效率的部分,改善客户满意度,并达到最佳表现。为了不落在同行变化之后,经理人又在拥抱持续改善、授权、变革管理和所谓的学习型组织,但是他们却忘了这一切追求管理效率的努力,反而会导致管理成本的增加。

很少有企业能长期以管理效率为基础,而在竞争上大获成功,即使要维持领先竞争对手,都变得愈来愈难。最明显的理由是,最佳实践会快速扩散,竞争者很快就能模仿到相同的管理技巧、新技术、改善材料以及以更卓越的方式满足客户需求。越具备通用性的解决方案,扩散的速度也越快。

当环境变得越来越不确定的时候,每个企业面对的问题都是一样的。尽管这种竞争引发管理领域相当大的改善,但也导致无人能有特别突出的表现。当遭遇2008年金融危机、2011年地震海啸,整体来说汽车行业的利润在持续下降,丰田公司一如既往地具有管理效率,甚至超越之前的管理效率,但依然在2011年失去了保持了30年的全球第一的地位。究其原因,就是没有找到全新的价值策略,而仅仅依赖于管理效率的贡献。

经过30年在管理效率上的长足进步,持续改善的观念已经烙印在经理人的脑海中。逐渐地,让管理效率取代了策略。结果造成价格无法提升甚至下降,成本压力又在上涨,而牺牲了企业长期增值的能力。

(原载:《IT经理世界》,2012年第9期)

管理的新内涵

新技术带给人们各种体验和无尽的可能,但是同时也使管理面对许多未知,也正是因为这样,管理者如果仅仅是以传统的方式来进行管理,会发现很多情况并不能够解决,更加严重的是标准的管理职能不能够概括全新的情况,计划、组织、领导、控制——由亨利·法约尔为代表提出的管理职能理论也只能够解决层级结构的组织,当组织变得越来越网络化、信息越来越复杂化、价值越来越多元化的时候,如何管理成了一个全新的话题。

近来常常会遇到企业管理者询问,如何进行管理变革,这就需要企业管理者明确理解管理的新内涵,倘若无法理解管理内涵的变化,就无法进行管理变革。而管理的新内涵所不同于传统的管理内涵则在于它不再仅仅从职能的角度来诠释管理,而是从管理的本质的角度来诠释管理,而且最为重要的是必须基于未来看待管理。

一、变革是管理的本质之一

在讨论企业变革的各种研究材料中,可以发现30年前,跻身于财富100强的企业中有三分之一被淘汰出局。同样是巨型企业,为什么有的企业能够长久不衰,有的企业却困难重重,其中的一个重要原因是企业创造适应变革的管理机制。德勤国际集团首席执行官Jim Copeland说:"面对未来,我们唯一能确定的是:未来是不确定的。"即企业面对的一切都将是变化的,加上在以网络科技和知识管理为特征的21世纪新经济下,变革管理成为企业管理中最重要的方面。

变革管理带来新技术、新技能的同时,也带来管理制度的变化。制度实际上是政策的产物(不同的政策会产生不同的制度),政策是政治的产物,政治又是利益的产物,所以说,变革管理事实上也是如何进行管理利益的再分配。马基雅维利在《君主论》中提出：世界上没有比推动变革更难的事件。一方面，因为多数当权者一般会担心自己的利益受损，对于变革一开始就持否定态度；另一方面，员工由于不清楚变革后自己是否获得利益，也不会对变革给予十分的支持，这就导致变革管理很难被推动。变革管理的难点和目标在于平衡好变革与发展及稳定的关系，对于企业而言首先要确保变革逻辑正确。

变革最大的逻辑性就是变革要以发展为目的。如果变革本身只是个零和游戏，不产生增值，那么变革就难以获得足够的支持。逻辑性体现在变革要有长期目标、短期目标、合理的策略、较为详尽的计划和时间表、数据支持、具体的制度支持等。但变革具有逻辑性只是确保变革能成功的一小部分因素，因为它只解决了变革与发展的关系问题。要想解决变革与稳定的关系问题，从政治的角度看待企业是非常关键的。变革毫无疑问会导致企业内部不同员工群体的权力利益的再分配。即使变革从总量上会增加整个企业的价值，如果在此过程中某一部分人丧失一些权力利益，或者只是相对少地增加了权力利益，那么变革也会受到顽强的阻力。从社会文化这个第三角度来看待变革是确保可持续性发展的重要因素。重大变革不是以企业业绩在短期内达到预期水平为终结的。只有当企业内员工及与外部相关的人员（如股东、投资者、社区等）都充分地从思想上理解了此变革并在行为上给予支持时，变革的成果才可以长期维系。

二、知识是管理的本质之一

基于未来的企业管理的另一重要因素是知识管理。我们发现科技在企业的应用领域逐步盛行的今天，知识比以往任何时候都更廉价、更迅速地传播和繁衍，这就意味着一旦竞争对手获得了相同的知识，企业自身的优势很快就会丧失殆尽。为了使竞争优势能够持久，管理者还必须管理知识资源。企业的知识管理应当形成获取知识和把知识应用融合于组织中的能力，知识管理不仅仅是纯技术方面的知识，而且还包括技术与整个组织（如生产、财务、市场营销等）的兼容能力。

从有效知识管理的角度来看，获取知识和运用知识是相辅相成的。有人说过：一旦公司获得了知识和产品制造的技能，下一步便是要把它化为有形资产，对其进行开发，从而获得"基本产品"。基本产品的开发是公司管理中最为重要的活动之一。事实上，如果能在基本产品市场上占据领先地位，就可以长期地对最终产品市场中的制造标准及其演变加以控制。"知识运用"阶段则是由战略性经营单位通过生产和提供最终产品与服务而得以实施的。在这个阶段，主要可以采取四个战略使竞争优势维持更长时间：增值战略、锁定战略、先占战略和封锁战略。前两项战略用于吸引客户，并长期留住客户；而后两项战略则是用于维持竞争优势。总体目标是要使公司的技术标准得到改变和提高，防止竞争对手进入市场，或者至少使他们觉得进入这个市场并没有什么吸引力。

"所谓战略性方法要求具有丰富技术知识的高级经理人和企业首席技术官共同参与制定战略。"汉斯·丹尼尔迈尔在《未来公司》里这样总结，知识决策要由最高管理层这一级别做出，应将知识本身视作战略性变量而非生产性变量。对知识管理实施"战略性方法"，在吸收传统的对知识拥有人员实行控制式方法的同时，更多地强调把知识列为公司战略的一个重要组成部分。知识管理的作用在此凸显：它构成了一种综合协调各方力量、捕捉重大机遇的新型战略性方法，整个组织依靠这一方法得以创造知识一体化的格局，其有力之处在于，可以正确地应对技术开发过程中的不确定性，并能够在有关机构、企业和个人之间合理地分配所有权和生产责任。

所以管理的新内涵就是变革管理和知识管理，如果管理者没有转变思维来认识管理的新内涵，就会使企业一直流连于传统的对于管理的评判和习惯当中。但是如果这样，相对于一个不断变化的环境来说，管理一定无法跟得上环境，从而导致管理限制人们的能力和创造性的发挥，这是非常令人担心的事情。

（原载：《中小企业管理与科技》，2012年第35期）

管理

从职能管理迈向流程管理

任何一个堪称"世界奇迹"的工程,都绝不仅仅是建筑技术的奇迹,其实也都是管理学的奇迹。

很久以前,埃及的一位大臣接到命令,必须在一定时间内造出一座最精致的金字塔。大臣一开始感觉成竹在胸,他画下了一个巨大的金字塔的建筑图纸,然后又画了一个严密的金字塔结构的团队任务图,制定了每个人的工作职责和考核制度……大臣建立了一个工作的王国,宣布建设项目启动。

但两个月过去了,工地上连塔基的影子都没看到,大臣每天忙于应付各种抱怨,结果却无法落实:建筑负责人告诉他材料不是不齐全就是有质量问题,没有办法施工;采购部门抱怨预算紧张,无法购买优质的材料;财务部门抱怨管理成本太高,很多职能部门形同虚设……

问题到底出在哪里?这位大臣开始减少只会抱怨的工程管理机构人员,最后,他将整个建造机构的人员减至一人。结果他得到了答案——他突然想:为什么不让我一个人管理造塔项目呢?毕竟所有的信息和流程都在我的脑子里。

大臣开始对这个机构重新布局。他打通了所有部门之间的隔墙,每个人都可以及时找到相关的工作人员。他还取消了金字塔形的组织机构和上下级间的考核制度。最重要的是,大臣制定了工作的流程,流程的上游对下游负责,下游的内部客户考核上游的绩效。

于是整个项目的进度立刻呈现另一番景象:没有人来找他抱怨什么了,各个部门都按照流程工作,流程的上、下游之间一同处理问题并且及时解决。最后,这个项目按照预定的计划完美地竣工了……

上面这个故事展示了流程导向和职能导向的主要区别(详见表1)。再回到中国这个同样曾创造无数"奇迹"的文明古国。受古代几千年官制的品位等级制影响,中国企业中的职能部门很大程度上秉承古代官制沿袭下的"自利取向"而非"服务取向"。在对外开放仅三十多年的中国，企业要改变这套金字塔形的层级命令控制体系，必然需要面对巨大的跨越难度。

表1　流程导向和职能导向的区别

职能导向	流程导向
根据垂直职能的不同划分部门	以流程为导向的组织模式重组，以追求企业组织的简单化合高效化
建立层层的行政管理控制体系，企业管理体系就是一个层级的控制命令体系	反向，即从结果入手，倒推其过程，关注结果和产生这个结果的过程
依法行事是其主要的行为准则	注重过程效率，流程是以时间为尺度来运行的
职能部门之间经常出现职能重叠、职能空缺的现象	全流程的绩效表现取代个别部门或个别活动的绩效
各不同的职能部门之间经常会缺少共同目标，导致目标不一致	重新思考流程的目的，使各流程的方向和经营策略方向更密切配合
重叠、交叉的层级体系导致信息流通产生阻碍	强调运用信息工程的重要性，以自动化、电子化体现信息流增加效率
管理层面以控制（扼杀创造力）、协调（效率低下）性的工作为主	鼓励各部门的成员共同追求流程的绩效，重视客户需求的价值

除了文化和利益原因外，导致跨越难度较大的主要因素，是管理者在两种管理模式中所关注的重点的巨大区别（如图1所示）。

职能导向侧重于职能管理和控制，关注部门的职能完成程度和垂直性的管理控制，部门之间的职能行为往往缺少完整有机的联系。它没有确定的时间标准，这一最重要的工作标准一般是由该部门的主管领导临时确定的，这就大幅加重了主管领导的工作量；又由于标准不确定，导致整体工作效率大幅降低。

流程导向侧重的是目标和时间，即以顾客、市场需求为导向，将企业的行为视为一个总流程上的流程集合，对这个集合进行管理和控制，强调全过程的协调

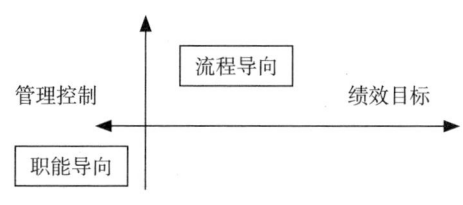

图1　流程导向与职能导向

及目标化。每一件工作都是流程的一部分,是一个流程的节点,它的完成必须满足整个流程的时间要求,时间是整个流程中最重要的标准之一。

一、向流程导向转变是必然

企业在发展初期,规模比较小,项目投资比较少,对管理的要求也不太高,充分授权的方式是比较有效的。但随着企业经营规模不断扩大,管理跨度增加,充分授权的模式就会亟须相应的组织制度和管理流程来保障,企业的各级主管此时也非常需要适时地改变自己不适应现代企业运行的观念和习惯。

国内的大多数成功企业,在向更高管理模式迈进的过程中,都深刻感受过这种"危机""落后"和"失败"。

早在1998年,海尔集团首席执行官张瑞敏就在一次集团中层干部会上提出了"业务流程再造"这个新概念。2002年,TCL掌门人李东生也在一次高层主管千人大会上说过,过去TCL在集团管理上一直有一个突出的特点,就是对管理团队的充分信任和授权,这也的确加速了管理干部的成长,而TCL以往大部分的项目都是以这样的经营方式成长起来的。但是现在他感到这种机制在TCL越来越不得力了,甚至已经导致了许多项目的失败。当时TCL管理层做出了如下决定:集团对下属企业充分授权的同时,有必要建立起对下属企业重大经营决策是否科学合理的评判机制,以及对下属企业经营管理关键环节的流程监控,从职能导向转变为流程导向。

此时,全球正在开始进入网络时代,而在这个时代,速度更加成为决定企业能否跃上下一高峰的关键。这使所有被波及的大企业都更加有业务流程再造的必要。

二、如何实现流程再造

调查发现,大多数中国企业从"职能导向"向"流程导向"的迈进,基本都是一个纯粹实施和执行"西方标准"的过程。然而,这个流程再造的过程,依靠纯粹的模仿已经导致了很多中国企业在流程管理上的失败。

与此同时,无论是国外还是国内,都还没有成熟的关于流程再造的理论,尤其是针对中国这种特殊企业群体和经营环境而言。但部分国内企业的成功实践,已经为这些研究和其他企业的"流程再造"提供了宝贵的经验和教训,这包括流程再造所涉及的内容以及企业管理层如何推行再造进程。

（一）以时间为尺度运行流程，注重过程效率

引入流程导向中，可以将整个企业打造成一个闭环的系统，从市场上获得的订单信息流在系统中流动——力求在每个环节都实现围绕订单服务。从采购原材料到将产品卖到用户手中，整个过程都是一种买卖关系：用负债的方式把上一环节的订单买来，再卖给自己的下一个环节，投入的数量和产出的数量必须吻合。只有当产品卖出去，得到用户的资金与签字才能得到报酬。

（二）实施信息水平传递，实现组织的简单和高效化

在传统的金字塔式的组织结构中，企业部门和部门之间、员工和员工之间存在着职能关系的壁垒。每一道壁垒就是一堵墙，内部信息呈垂直流动，而不是水平流动。员工或下属有问题找上级，上级再找上级，然后做出决策再一级级向下传达。这样的职能导向管理方式已经不能适应越来越激烈的市场竞争。

应让每个员工直接面对市场，将过去上下职能式的直线管理模式，变为以市场链为纽带的扁平化管理体系。在这个链条中，每个人、每个岗位都围绕有价值的订单（市场）来运转。员工由被管理的对象变成经营者，即每一名员工都成为"经理"。

（三）激励各成员共同追求流程的绩效，重视客户需求价值

管理层需要向员工传递，整个再造流程运转的主动力不再是行政指令，而是相互间平等的买卖关系、服务关系和契约关系。通过这些关系把外部市场订单转变成一系列内部的市场订单，形成以订单为中心、上下工序和岗位之间相互咬合、自行调节运行的业务链。每个流程、每道工序、每个人的收入都来自自己服务的市场和对象。服务有效，按合同索酬；服务无效或效果不好，对方可以索赔。这样做的结果，就是企业的每一个人都有了自己的客户，每一个人都与市场保持零距离，也就是"人人都有一个市场，人人都面对一个市场"。

（四）强力推动员工观念转变，激励员工参与流程再造

从职能到流程，企业管理层必须积极主动地强力转变员工观念，而不能只试图依靠文化潜移默化地影响员工的工作和管理。企业必须通过让员工理解的概

念，激励每个员工参与流程再造，重视员工的建议等，以完成这个艰巨的管理方式改变。具体措施如下：

高层管理者以身作则，明确地认同新的管理方式，并主动参与推广和执行；

创设新的仪式、象征、典故来取代原有的；

建立新的评估及赏罚制度，以正式化的、成文的条文，取代非正式化的、不成文的规范；

以员工参与的方式，取得员工的共识。

三、职能须与流程相兼容

管理大师德鲁克说："成功的创新者都是保守的。"因此，企业在总体规划设计流程再造革命的同时，在战略上要充分重视和吸收职能管理的优势，在战术上则应该采取分步实施、稳步推进的方案。

海尔在实施流程再造的五年间，就循序渐进地实施了流程与职能兼容的管理方式。首先，无论是商流、物流还是资金流部门的内部运作仍然保持纵向的职能管理方式，不同的是，这些职能部门运作在规范的流程上，承担了主流程的各个流程部分，以整个主流程的绩效面对市场实现价值。其次，海尔通过对各辅助流程进行功能整合，原先重复于各产品大类的支持部门如人事、维修、技术开发、后援、IT、财务决算、质量管理、项目投资等按职能集中以降低成本，但还保持职能部门的形式，形成对主流程的支持流程。

那些成功实现流程管理转向的企业，都保留了职能管理的各种优势。在西方国家，企业执行的流程管理很大一部分还依赖于先进的企业资源管理软件，如与企业外部上、下游相关的计划执行软件，客户关系管理软件等，这些软件在中国企业中也得到了广泛应用和实施，但它们的合理性与科学性仍然需要一个漫长的检验与改善过程。因此，中国企业需要合理地平衡利弊，合理地应用于自己的企业。这包括以下几个方面：

决定主要流程和支持流程，避免流程太细；

以主要流程规范企业的组织架构，建立企业整体流程绩效的管理标准；

处于主要流程的各部门，保持职能导向的管理方式，以控制流程再造过程中产生的各种风险；

对支持部门进行整合，以降低支持部门的总体管理成本。

在流程与职能结合方面，中国企业还可以借鉴GE公司的实践经验。

GE公司的CEO杰克·韦尔奇因他推崇的流程管理成为世界最受尊敬的企业家之一。在"成功属于精简敏捷的组织"的指导思想下，GE公司特别强调速度、简洁和自信。"精简"的内涵首先在于内心思维的集中。例如，GE公司所有经理人员必须用书面形式回答5个策略性问题。扼要的问题使员工明白自己真正该花时间去思考的到底是什么，而书面的形式则强迫他们必须把自己的思绪整理得更清晰、更有条理。其次，是外部流程的明晰。GE公司的各项工作都必须勾画出"流程图"作为说明，从而清楚地揭示每一个细微步骤的次序与关系。

就目前看来，GE公司的流程管理方式应该是中国领先企业的最终方向，只不过，这些中国企业正在通过模仿、借鉴、自我创新和中国式的改善来实现超越，并且，最终将创造出中国式的企业与商业奇迹。

（原载：《北大商业评论》，2014年第10期）

到源头去解决问题

孙继伟教授给我转来他的新书书稿《问题管理》,我在阅读过程中,想到了一则故事:

杰斐逊纪念堂是一座高96英尺的白色大理石建筑,是为纪念美国第三任总统而建的,在美国是极为著名的旅游景点。该纪念堂曾经遇到一个重大问题:白色大理石墙体发生了严重脱落,严重影响了整座建筑物的安全,更不用提对建筑物美观的影响了。

如何解决这一重大问题,美国政府曾斥巨资试图解决但却未能奏效,后来请专家来对这一问题进行研究,以找到解决问题的答案。专家经过初步研究给出结论:清洁剂对墙体是有害的,清洗大理石墙体的频率与大理石墙体脱落的程度正相关,清理大理石墙体的频率越高,脱落的程度也就越大。因此建议,减少大理石墙体的清理次数,这样就可以确保建筑物的安全了。

但这一结论的指导性却并不好,因为当减少或停止对大理石墙体的清理时,带来的结果是白色大理石变得非常脏,严重影响了杰斐逊纪念堂的景观。为此,专家继续研究。为什么会频频清洗墙体?答案是建筑物顶部经常积满鸟粪。为什么同处于华盛顿广场的林肯纪念堂没有鸟粪而偏偏杰斐逊纪念堂有?答案是杰斐逊纪念堂顶部有大量的蜘蛛,蜘蛛吸引大量的燕子前来觅食筑巢,从而留下了鸟粪。为什么会有大量的蜘蛛?答案是因为建筑物顶部有某种非常多的小虫子,而这种小虫子恰恰是蜘蛛最喜欢的食物。为什么会有如此多的这种虫子爬到纪念堂顶部?答案是上面开着一些窗子,阳光容易从窗口射入,这些小虫子除了喜欢灰垢外,更喜欢阳光,因此它们集居顶部,并在阳光之下极速繁衍,形成了厚厚的虫子层。

当问题解答至此时,专家给出了有效的解决方案:把顶层的窗户关上。至此,一个用巨资都无法解决的问题就这样解决了。

用这则故事是想表明：有效解决问题可以带来重要的价值，而能够有效地解决问题，正是管理要关注的。

《问题管理——高水准的问题分析与解决》一书正是一部关注并深入探讨问题管理理论与实践的著作。如书中所言，将问题视作资源，是问题管理的重要核心原理。管理之所以可以变得有效，来源于对资源价值的释放。因此，这条原理变得格外重要，当不是简单地将问题视作问题，而是一种管理面对的资源时，价值创造就拥有了可能。沿着这一重要前提，书中继续对问题管理的更多有价值的问题展开探讨，包括如何深入挖掘问题、如何恰当地对问题进行表达以及如何高效地解决问题等。这些问题清晰具体，呈现的答案亦简明概括，同时又以案例来进一步表达其实践价值，从这个角度看，不仅仅是这本书的内容在探讨如何有效地进行问题管理，而且这本书本身的呈现也是一个有效问题管理实践的过程。

（原载：《企业研究》，2014年第12期）

组织转型的秩序

大概20年前,我开始做"中国领先企业的研究",在这20年的研究过程中,我最深的感受就是,当我们的企业发展到一定阶段的时候,遇到的最大挑战是组织的瓶颈和惯性。

一个组织到底有什么样的思维惯性?这对企业来讲是至关重要的,我们常常说改革难、转型难,很大原因是整个组织的思维惯性卡了壳。

一、好组织不谈成功,只谈成长

我不认为创新很难,倒觉得转型比创新还难,在为企业做转型服务的过程中,我能非常清楚地知道,转型比创新到底难在什么地方,其中很重要的是整个组织的思维惯性,而在这个思维惯性当中很重要的是,判断这是增长型的思维还是非增长型的思维。增长型的思维就是把KPI完成,不要冒险。非增长型的思维就会不断地努力去做,在任何情况下看到的都是机会,不会仅仅看到挑战和压力,所以不可能有焦虑。

很多人都在问我,提到公司有30年历史,核心竞争力很强大,我就说忘掉它。我们都知道华为为什么有竞争力,因为在华为的逻辑里面只有成长没有成功,它从来没有讲过成功,一直在讲成长,拥有从外向内看的能力。有人问我新希望六和集团有什么,我说我们只走在成长的路上。企业的能力,特别是核心能力要不断地重新构建、打磨。这对很多企业来讲可能都是一个比较大的挑战,根本的问题就是企业是否愿意确立一条非增长的路。

2014年9月30号,我给所有的经理人写了一封信,标题就是"向自己挑战",你只能挑战自己,不是你挑战别人。如果你要转型,你和你的组织首先要做的就是思维方式的转变。

我在很多场合都讲到哈佛商学院营销学教授西奥多·莱维特说的一句话："客户要的不是五毫米的电钻，要的是直径五毫米的钻孔。"我们关注的都是产品，如果你的思维没有站在顾客的角度，那么转型就不可能成功，只有真正回顾顾客才可以成功。

第一，转型到底做什么？转型真正要做的就是提供解决方案。对石油的危机、未来的危机、空气的危机，全世界都喊了很久。但从我的角度看，我们不缺乏转型的思想、观点、逻辑，最缺的是转型必需的行动和解决方案。企业如果真的在转型，最重要的是有没有解决方案，而不是整个体系或者系统怎么设计。

第二，转型最核心的是什么？其实是效率。第二次世界大战，同盟国之所以取胜，是因为用了劳动效率来进行自我改造，今天，虽然说中国的GDP，甚至一切发展都非常漂亮，但在效率上没有非常明显的进步。没有效率上的进步，结果就是耗费所有的资源去获得增长。如果国家和企业要真正实现转型，本质上的要求就是提高效率，而核心就是人的投入产出。

今天，组织上最大的要求是什么？就是让权力能够去到一线。用任正非的话讲，今天的市场竞争就是一个班长战争。我自己进入新希望六和集团的第一个动作就是拆解小组结构，我们必须让所有的决策和资源进入到一线，因为只有一线才能带来顾客的增长，所以，未来组织结构应该被打碎，也许不在未来，现在就应该被打碎。互联网厉害的地方就是可以去中心化、去平台化和去权威化。新的组织模式基本上是要求一个一个项目、一个一个团队或者一个一个经营单位独立完整地面对顾客，获取顾客的满意度。这是对组织者变革很重要的要求，换个角度说，组织转型的核心就是要持续地向顾客做出反应。

二、改变文化，找到对的人

如果真的要做转型，成功改变最需要也最关键的就是这三个因素。

第一，变革领导者。管理者必须真正了解到，怎么样才能帮助所有人去相信变革社会带来的美好。今天，管理者在很大程度上需要传递正能量，要像一个布道者一样去工作，不能仅仅告诉别人应该怎么做，还要告诉别人做这件事会得到的美好是什么、支撑是什么，这种正能量的推进是对所有管理者的新要求。

第二，我们要形成一种文化，这种文化要能够帮助整个组织做变化。联想三十周年的时候，柳传志写了一封信，信里提到了"联想的发动机文化"，指出整个联想内部是一种发动机的概念，高管是大的发动机，子公司是小的发动机，像齿轮一样，互相咬合，产生动力，所以还会不断有新的小发动机出现。最后我们看到了联想今天的辉煌成绩，这就是对文化的要求。我们在不同的阶段对文化的要求是不一样的，今天，我们对文化的要求就是如何激活组织，如何激发活力，即怎样才能让组织中的每个人变得很正向、有活力。

第三，对人的要求。我们都希望找到优秀的能人，其实应该是找到对的人。我们今天遇到的情况是复杂性所带来的多重混乱。管理中的混乱和复杂，就是增长的速度超过了整个组织中能力增长的速度。传统行业当中真正懂互联网的人很少，这说明很多人对这个时代增长的能力已经没办法把握了。

增长的复杂性和增长的关系之间会有一个差，这个差就叫混乱，这就是我们管理的挑战。管理者要让"对"的人的增长速度超过复杂性的增长速度。当与对的人在一起的时候，对组织有一个最大的挑战就是这个边界平台能不能打开，这是核心。很多企业为什么在今天找不到合心意的人才，原因是它们很想"拥有"一个对的人，但是对的人很难拥有。

最近，在我公司的转型过程中，我们发现，传统业务里有六个领域需要增加新的人员，可是在这六个领域当中，我们内部没有合适的人。我在全球范围内扫描到六个人，但这六个人中有三个是我们公司已经花了好几年时间洽谈，但都没有成功的。

我认为这是谈的方法不对。我特设了首席科学家的职位，并跟这三位讲，他们想干什么就去干，但是我们要签一个合约。因为能人最大的厉害就是要自由，同时他们也会承担责任、主动创新并自觉自律——你告诉我，你做一个项目需要花多少时间、多少钱，要我怎么配合。他们三个人开出条件，我都满足他们，现在他们仨都来了。然后有的人说，他不能全职来这儿。我说没有关系，最后发现他们三个人在新希望六和集团几乎都成了全职。

组织转型的概念就是要把决策机制放到一线，让团队真正面对顾客，更重要的是我们要改变管理者，改变整个公司的文化，找到对的人。

今天，对组织的要求就是，不要想"拥有"这个人，大家必须理解人的天性是向往自由的。这样想，才可以真正跟"对的人"在一起。

（原载：《商界：评论》，2015年第2期）

所有的问题都有解决的方法

我反复思考，公司的战略和团队成员到底应该如何发展？对于管理团队而言，实现公司的战略和推动公司成长是我们的职责和价值所在，这也是我们作为一个管理者需要承担的责任。

经历与大家一起全面投入工作，我发现公司有四个方面的问题：第一，既有战略的问题，也有执行的问题；第二，并不是公司能否实现战略的问题，而是管理团队如何认同战略并保持一致的问题；第三，并不是能不能成长的问题，而是用什么方式成长的问题；第四，并不是我们能不能保持领先位置的问题，而是我们是否能够真正拥有竞争力的问题。

这四个问题的解决，需要管理团队整体来承担。如果管理团队不具备调整资源来推动彻底解决这四个问题的能力，就会使企业陷入停滞甚至落后的地步；如果管理团队不具备开放和合作的心态来推动这种改变，就会使企业陷入被行业领先阵营淘汰的境地；如果公司成员不具备上下同欲、超越自我的文化来实现这种改变的共识和决心，就会使企业陷入自我封闭、内部消耗以及丧失发展的窘境。

过去的历史证明，我们的成功是由我们自己的创造获得的。我们要推行变革，不仅要对过去历史负责，也要对今天依赖于我们的合作者、伙伴和家人们负责。我绝不允许我们被淹没在平庸的氛围中。

仅就当前而言，因为组织变革和战略转型的确给大家带来了困扰和不安，也的确让同事们在经历变化中感受到压力，我也很想分享这些交流所总结的观点，帮助大家一起调整心态，拥抱变化，并享受变化。

第一，不要在意别人的评价，而要在意对自我的要求。我们工作的评价并不来源于其他人的看法，而是来自工作品质本身，如果我们谨守工作品质，谨守价值贡献，就可以对自己问心无愧。

第二，变革就是给了每个人画图的机会，我们可以自己规划属于自己的未来。改变的确会带来阵痛、不安和未知，这是改变的基本特点。如果我们感受到痛苦、不安和未知，那么也就会一样感受到机会、可能和奇迹。如果仅仅是感受到前者而没有感受到后者，只能说明我们拥有的是负向思维和态度。具有正向思维和态度的人，一定会积极接受挑战，快乐迎接变化，期待着创造奇迹，这样的结果会带你去到从未有过的高度。积极的态度也会让自己获得了规划属于自己的未来的机会和可能。

第三，不怕有问题，所有的问题都有解决的方法，也都会带来全新的成就和体验。改变会带来问题，有些问题是历史存留下来的，有些问题是因为改变带来的，还有些问题本身存在却被我们忽略了。但是不管什么原因产生的问题，只要是问题就有解决的办法；只要是问题，就有因解决问题而带来的新发现！无论是组织变革还是战略转型，只要调整、打开就会暴露问题。自己的问题露出来别怕，别人的问题露出来别怨，需要的是负责任的行动。如果我们大家都能够抱持接纳的心态来面对问题，都能够抱持负责任的心态来解决问题，我相信一切都会朝着好的方向发展。当我们齐心解决问题的时候，无论是过程还是结果，都会带来全新的体验，并获得意想不到的收获和成效。

（原载：《北方牧业》，2015年第5期）

企业文化是"第一竞争力"

20世纪80年代中期,日本经济处于顶峰时期,日本商人不仅买下了洛克菲勒大厦,甚至有一个日本商人想购买美国的总统山运回日本,为日本人了解美国文化而设立一个公园。这对于日本在文化上的"拿来主义",可谓作了最极致的诠释。

此时,美国人不得不接受这样一个事实:日本企业竞争力已经超过了美国,成为世界第一。这给了美国企业界和管理学界极大的震动,同时也引发了美国研究日本的热潮。美国派出了众多学者开始研究日本,包括彼得·德鲁克、迈克尔·波特等管理大师。通过研究,美国学者发现,日本企业具有一种美国企业不具备的特殊的元素,这个元素被美国学者确定为"企业文化"。

文化是种像钉子一样坚硬的"柔软"东西:实施起来十分艰难,取得的效果却牢不可破。不管你是否注意到,文化其实遍布你的周围,它会影响你生活和工作中的许多方面。而企业文化,则是企业中一整套共享的观念、信念、价值和行为规则的总和,它能促成企业内部形成一种共同的行为模式,这种共同的行为模式便是企业文化最强大的力量之所在。

一、企业文化是最核心的竞争力

郭士纳在IT业的井喷初期接手IBM,柔韧而坚定地发动了一场企业文化变革,使这家连年亏损的IT业"病狮"重振雄风;李东生在TCL遭遇国际化重创的危急时刻,开始了"鹰的重生"的企业文化变革,使TCL得以扭转劣势、重获市场认可……这些都表明:优秀的企业文化对推动企业有着非常重要的作用。

一个有作为的企业家,提出、实践和塑造企业文化,使企业上下产生一种认同感,进而提炼出一种共同的价值观。他无时无刻都需要思考这样一些问题:企业生存和发展的目的是什么?产品如何被人们所接受?如何制造出最好的、最有竞争力的产品？怎样把最好的人才集中到公司来，并最充分地调动他们的积极性？如何创造最好的战斗力，以团队的力量去战胜一切？

回答这些问题并付诸行动，可以显现出企业文化的力量，而拥有这种力量，可以推动企业管理者在不断变化的环境中保持清醒的认识，让企业运行在正确的轨道上，并保持优越的竞争位置。

今天，企业的成功越来越多地源于高效的企业文化管理。例如，在全球拥有2500多家咖啡连锁店的星巴克公司，其价值观是："我们对待员工的方式影响员工对待顾客的方式，而顾客如何对待我们则决定了我们的成败。"这个信仰使公司设计了大量的人力资源管理原则以提高员工被重视的感觉。利用企业文化管理来获取竞争优势已经越来越成为企业的共识。

二、判断文化竞争力有四个标准

当我们用战略管理的视角关注企业核心竞争力时，有四个标准能够帮助企业判别哪些资源和能力是核心竞争力。

是否具有价值。企业文化有没有价值，首先要看它能否在企业获取市场的过程中做出贡献。曾有研究者对1987—1991年期间美国22个行业中72家公司的企业文化和经营状况进行了深入研究，列举了强力型、策略合理型和灵活适应型三种类型的企业文化对公司长期经营业绩的影响，并通过一些著名公司成功与失败的案例，得出企业文化对企业长期经营业绩有着重大作用的结论。因此，企业文化对企业来说是一笔巨大的财富。

是否稀有。企业文化是在长期的经营活动中形成的。它不仅与企业所处的国家、地区、行业等有关，还与企业的创建者、领导者以及所处的生命阶段有关。如老沃森的影子比起他本人在IBM活得更久，而且他有意识地在任职期间把那些曾经使IBM获得成功的价值观制度化。

对于具有强烈个性的继任者来说，企业往往是变革的试验田。TCL总裁李东生就是一例，在他的带领下，TCL形成了独特的合金文化。他认为TCL能取得今日的成就，建立开放的企业文化体系是一个重要的因素。

是否难以模仿。阿里巴巴就是一个以文化为特征的企业。众多企业都去阿里巴巴取经，其中不乏大量网络企业。参观过后，这些企业依然保持原来的轨道运行，但阿里巴巴的东西就是学不到手，部分原因在于这些企业的执行力不够，但更重要的是固有的企业文化在潜移默化地起作用。这种无形的东西，是无法学习和模仿的。

企业文化所倡导的价值观念、团体意识、行为规范和思维模式都是无形的。无形，就意味着难以学习与模仿。

是否不可替代。无形本身也是难以替代的。企业文化的持续性让生活在其中的个人，心甘情愿地调整自己的行为以适应企业，直到将这些规范内化于心，成为一种无意识的行为。从本质上说，这种规范也是无法替代的。

企业文化能在企业内部形成一种共同的行为模式，这种共同的行为模式便是企业文化最强大的力量之所在。按照企业核心竞争力的四个衡量标准，企业文化无疑是企业核心竞争力的来源。

三、企业文化变革是个系统工程

每个企业都会有企业文化，但这些自然形成的企业文化大多对企业经营没有明显作用，有的甚至限制了企业的发展。主动地导入和塑造才能形成一个深具企业个性和竞争力的企业文化，从而对企业经营产生积极的影响。

而企业文化变革是一项全面而系统的工作。通用电气前总裁杰克·韦尔奇实施的文化变革工程历经12年；IBM的郭士纳也花费了5年时间才将旧有的文化体系打破，建立起新的IBM文化。文化变革不仅历时长久，而且需要一个系统的步骤。

描述现有文化。文化变革必须在了解这个组织的文化背景下进行，为此，首先需要对公司的文化现状进行内外部的调查；然后在调查资料的基础上，加以归纳、总结，得出分析报告；最后对报告中的各种现象进行深层次分析。这个阶段，可借助Gerry Jonson和Kevan Scholes在1993年提出的"企业文化网"，来了解和设想与组织的习惯、标识以及结构相联系的控制方式。

构建新的文化体系。每个企业都有自身的目标，支撑这些目标的实现需要环境的支持，但很多企业仅仅从环境的要求出发，制定了与自身不适应的价值观体系，结果价值观成了摆设，人们仅仅记住了这些口号与标语，实际工作中却依然如故。因此，构建新的文化体系时一定要与企业战略、企业环境相匹配。

制定文化管理计划。由于文化具有阻碍变革的天然倾向，在制定变革计划的过程中，管理者必须预计到现有制度中哪怕是一个微小的变化将会如何影响到企业中的其他方面。

一旦决定进行文化变革，就要制订一个标准的变革计划，从而规范和指导变革中人们的行为。同时变革模式的选择、变革牵涉到的部门、变革的阶段与进度、变革中的计划人员和执行人员的安排等，都应在计划中明确列出，以保证整个工程的连贯性，同时也让企业清楚变革所到达的阶段。

执行文化管理计划。执行文化管理计划困难的原因在于：①仅规模本身就是问题所在，让成千上万的人共享一个价值观和标准是一项艰巨的工作；②许多企业并不是首次进行文化变革，员工们可能已经疲于变化；③信仰、价值观本身就是非常难以改变的。

除了配合新企业文化的一系列推广活动外，企业家还要知道文化变革是一个全员参与的工程。虽然决策在于企业家和高层管理人员，但执行和巩固却在于全体员工。因此一定要注意员工行为和观念上的更新，这就需要系统的培训，包括企业文化理念、员工行为培训等。

文化监控。很多企业都有过类似的经历：下定决心改变并制订了完善的变革计划，可是不久就发现，企业不仅没有变得更好，反而不如从前。

某工厂的生产部经理，在任职的两年里对生产流程进行了重大变革，使产量和生产率都得以提高，这一成就使得他被提拔到另外一个工厂工作。但在他离开的6个月之后，生产部门放弃了经他改进的所有流程，重新按照老办法生产，结果产量和生产率都下降了。

这个案例说明，文化的回归力量如此巨大，因此，对新文化进行监控和追踪以确保它继续发挥作用并获得预期的成果十分关键。

另外，在构建有竞争力的企业文化过程中，我们还必须关注员工的心理感受和领导的表率作用。在这个过程中，组建一个强有力的文化管理团队也至关重要。

四、企业文化决定经营模式

不同的文化蕴含着不同的经营与管理模式。欧洲注重人本自由和设计，在此基础上表现出强劲的满足个性特征的差异化能力；美国强调技术和创新，在此基础上表现出强劲的技术产业化能力；日本强调品质和服从，在此基础上表现出强劲的成本和品质能力。这些公众的价值取向决定了产品的内涵和管理的风格，也使经营模式有所不同并取得成效。

今天的中国企业还在学习欧洲、美国或者日本成功的经验。需要明确的是，我们必须理解自己的经营背景和管理背景，挖掘中国文化中明确的价值取向，并让公众的价值取向与经营和管理结合在一起，充分发挥自己文化的作用，才可以找到属于中国的经营模式。

如果企业还是孤立地看待自己的产品，显然是落后了。产品仅仅是载体，而打动顾客的"内涵"是企业的价值和追求。当消费者购买产品时，就等于购买这个品牌所代表的某种信念和态度，产品反而成为购买这些观念的附属品。

从企业所追求的价值出发而非产品本身出发，决定着优秀企业和一般企业之间的差距。随着技术和市场的开放，产品之间功能上的差异不会有太大的距离，而顾客感知价值的距离则会非常大。给产品赋予"生命的意义"，便成了中国企业缩小与世界优秀企业之间距离的根本选择。

（原载：《企业观察家》，2015年第6期）

重新认识管理的价值

互联网的出现使我们在管理学上的研究遇到了很大挑战,一些互联网大佬会告诉你:应该把管理去掉,把KPI去掉,把中心和中介都去掉,认为教授的话不用听,因为没多大用处。

但事实上,当我跟这些企业家们坐下来交流的时候,他们也会请教很多管理上的问题。大部分人都说,员工从20人变成200人、从200人变成500人时,就发现不知道该怎么办了。所以这种情况等于回答了我一开始提到的问题,当下管理并非不再重要,而是更重要了,并不是要把KPI或者管理去掉,我们要做的是重新认识管理真正的价值。

一、三星和IBM的启示

在今天的环境下,管理遇到三个重要挑战。第一,遇到很多管理问题是以前没有遇到过的。比如现在的年轻人非常强调个性和独立性,他们不一定执行你的决定,反而会挑战你的权威,问你为什么这么定。第二,管理究竟该如何发挥价值?很多人会说,虽然我管理做得不够,但是我赚钱很多。这就涉及怎样去评判知识和管理的价值。第三,管理最大的挑战是怎么激活人,尤其是激活年轻人。

在整个观察当中,有5家中国企业我最关注,已经研究了20年,分别是华为、联想、TCL、海尔和宝钢,我希望观察它们30年,总结出规律性的有共性的东西,然后运用到实践中。

我还跟踪着3家国外企业:谷歌、三星、IBM。因为它们的发展都出乎我意料。大家知道前段时间谷歌有一个著名事件是人机围棋大战,当时很多人关心人类到底会不会赢,其实不用关心输赢,因为人工智能集合了所有人的智慧,如果输给人,那我们就没有未来了。真正让我惊讶的是谷歌的前瞻性,这才是我们要关注的。

再看三星。我先讲一个例子。2004年，海尔销售额超过1000亿元，在这之前，没人相信中国企业能做到这个量级。而三星呢？1993年，李健熙掌管三星时提出要彻底改变，当时三星和海尔区别不是太大。10年后，也就是2003年，三星全球销售额是2000亿美元。同样是花10年所做的事，我们和三星根本不在一个数量级上。

又一个10年后的2013年，三星做了另一件事，它打败了全球手机市场排名第一的诺基亚，成为新的霸主。但新的挑战随之而来，它的手机出货和市场份额开始出现下滑，李健熙不得不重新站出来，告诉三星员工，我们必须再次改变。尽管三星目前的遭遇比较尴尬，但这家企业依旧强大到你必须欣赏它。从亚洲金融危机到全球金融危机，再到目前的新危机，三星一次次应变过坎，不断超越行业顶峰对手，李健熙还提出创造未来比预测未来更重要，这些都是我特别关心三星的原因。

IBM也是一家巨象级的非常有前瞻性的公司，它对整个市场的研究和判断比很多公司都要精准，甚至在战略上也进行了彻底转型，包括由系统转向平台等。但就是这样一家能正确判断未来的公司，为什么从2011年开始出现业绩下滑？

从战略上来讲，我不认为这两家公司有问题，因为他们对未来的判断都是很明确的，而且自身的技术能力、销售能力、流程能力以及人力资源水平都是极其强大的，问题出在哪里？一定是有些东西变了。这个东西是什么？根据我的观察，是产生价值的逻辑变了，也就是客户的逻辑变了。商业模式如果想持续成功，最核心的是企业能不能建立一个组织，这个组织完全按客户的逻辑来做。

二、新的客户逻辑

新的客户逻辑是什么？最核心的是共享经济。如果是两年前，我在这里和各位讲得最多的是互联网，但现在我很认真地告诉大家，不能再谈互联网了，因为已经过时了。

在互联网时代，我一直跟很多企业家说不用太焦虑，只要你认认真真把产品做好，别人一定会来找你。而真正给企业带来挑战的是共享时代，很多东西跟以前不太一样。第一是获取知识和信息的成本变得很低，比如你想上学不用来学校，可以通过在线课堂学习；第二是多元化，今天所有的东西都可以共存；第三

是包括创意在内的无形资产的价值越来越大;第四是Wi-Fi等基础网络的普及。

这就带来一个挑战:难的事情不再难。去年年底,我的一本新书计划出版,华章说要做一个新尝试,就是给粉丝们上一次微信公开课,让我讲一下这本书,也许后期不用做推广新书就能卖得很好,我同意了。没想到参与的人数很快达到10万,200个群全部爆满。

等到快上课时,我又发现一个新的挑战,就是要一个人对着手机讲,还得有感情地讲,微信语音时长最多60秒,我要在一个小时内不停地讲完一个又一个60秒,而且要边讲边发PPT,同时想着下一个60秒说什么。这堂课讲了一个半小时,还比较顺利,上完之后我也松了口气,自己教学这么多年,从没想过会同时给10万人上课,而且我也没宣传和召集,微信上一个通知,10万人就聚齐了,自己创了一个纪录。

后来一个人大的老师跟我说,我要破你的纪录。我告诉他,互联网就是这样,你成功了很快就被颠覆,你肯定能破我的纪录。他花了一周时间来推广,最后召集20万人上了一堂课,把我的纪录给破了。这是关于共享经济的例子。

三、管理者学会和员工"谈恋爱"

共享经济有三个关键词:倡导,连接,合作。再给大家举个我自己的例子。去年我给自己蛮多的挑战,其中一个就是走戈壁。出发前我和一同去走戈壁的学生讲:我们能不能众创一本书,走完戈壁,你们每人给我写2000字,一星期之后这本书就出版。他们说好。结果回来以后,因为太多感慨,每个人写的都超过1万字,这本书有48个作者,还要配大量图片,我花了一周时间把整本书删减到18万字,上市后卖得蛮好,我那些学生也很兴奋,感受了一次当作者的美好。各位想想,你们出一本书要多久?可是当你集合48个人去写的时候,只需要一周,而且还写得不错,这就叫众创,也是共享经济的一种。

共享经济给管理带来两个重要影响。第一,雇员社会有可能消失,这是一个非常大的挑战。大家不希望再有上下级关系,都愿意平等,喜欢共创。就像我们走戈壁,如果走完之后我让学生写感想交上来,这件事肯定没人做,因为走完戈壁很累。但告诉他们一周之内保证把这本书推出来,他们不再觉得这是作业,是在当作者,很快就能写完交给我,而且是超额完成。

第二个,个体价值的崛起。以前有个概念叫知识型员工,谷歌前CEO施密特在新书 How Google Works 里提出一个新的概念——创意精英。他认为，未来组织的关键职能，是让一群创意精英聚在一起，而公司要做的，是营造合适的环境，使之踊跃创造。也就是说，企业要给员工提供舒适的氛围，不光要有客户体验中心，也要有员工体验中心。我参观过微信团队的工作场所，设计得非常有意思，容易激发员工创意，比如它有一个很大的滑梯，你可以从三楼滑到一楼。华为和阿里巴巴的工作场域也有这种特质。

这就带出了下一个问题：什么样的组织最受欢迎呢？我们通过调研发现了四个维度：一是更加重视工作挑战和多样性的学习方式；二是没有等级和职位划分的层级结构，也没有系统的僵化和内耗；三是员工觉得自己可以贡献价值，并能及时看到最终结果；四是能够迅速地学会涉及范围更广泛的一系列技能。

所以我们会发现，共享经济会倒逼管理者随之做出改变。当管理者学会和员工"谈恋爱"，彼此"爱"得越深，员工离职率越低。组织也由此衍生出新的内涵：首先，组织和个体是共生关系；其次，组织一定是外部引导，以往通过内部交流进行决断的方式一定要调整；最后，组织需要打开内外边界，具有整合能力。

新的时代背景下，管理者想成为变革者，就要有归零的心态，不要开口闭口讲过去，同时要激发员工的内在成长驱动力和担当，与对的人在一起，比如联想的"发动机文化"，通过不间断的小事，日积月累促成伟大的事。

四、2016年务必做好这三件事

2016年，经营要瞄准三个价值点。

第一是创造。比如说前阵子新希望六和集团股票停牌，停牌的时候股市3800点，要复盘时股市是2800点，有人说一复盘肯定会三连跌，我们不做这种预测，我们要做的就是努力创造不三连跌的可能，事实上复盘后就一个跌停，第二天就打开了，这在今年的股市是非常不容易的。所以创造未来比预测未来更重要。

第二，市场与技术的力量正在改变格局，所以大家一定要关心技术，关心市场。

第三，所有的边界都被打破。组织的边界，行业的边界，企业的边界，消费者跟生产者的边界，都被打破了。所以我告诉大家，如果想在2016年过得很好，从经营角度一定要做好三件事，一是共创共享，二是创建生态网，三是更开放、更进取。

我想和大家分享一些观点，也是我一直坚持的。第一，一定要关注人，因为所有的成功都是人的成功。第二，要有目标，并为此坚持和行动。像我计划用30年研究中国的5家企业，虽然到了30年的时候不见得能构建出什么理论，但是到现在已经持续研究它们20年了，熟知它们的数据和变化，我知道它们做得好的原因是什么。这就是为什么我跳到企业去就可以把它带到一个位置上，因为我有这个研究框架，有结论。第三，用心就好，这是保持成功和领先的唯一答案。有些人跟我讲，陈老师，关键还要看命。我就回答他，机会就像阳光一样，会公平地照射每一个人，谁能承接得住阳光，要看谁先准备好。没准备好的话，要么往房檐下一站，阳光照不到，要么站在太阳底下被晒死。

最后，一定要不断与人分享，不断交流，你会从中得到鼓励，这可以让你持续进步。只有不断进步，才可以顺应这个时代。

（原载：《现代企业文化》，2016年第5期）

管理解决的就是效率

无论从实践的角度还是理论的角度,管理所要面对的就是效率,也可以说管理就是为了提高效率。

这个道理所有的人都懂,但是实际操作中,人们往往忽略了管理的这个本来的目的,究其原因就是,大家没有很好地理解管理和效率是什么样的关系。管理解决的效率到底指的是什么?了解管理和效率是一个什么样的关系,可以从管理理论演变的过程来理解这个问题。

一、使劳动生产率最大化的手段

了解管理的人,一定知道泰勒。因为泰勒,我们知道什么是科学管理;因为泰勒,我们知道工业化的依据;因为泰勒,我们能够得到流水线的概念和实践;同样因为泰勒,我们发现管理其实是一种分工。

在更复杂的制造企业中,事实也非常清楚,只有以最低的全部支出(包括人力、自然资源和以机器、建筑物形式存在的资本费用)完成企业的工作,才能为工人和雇主带来永久的最大化财富。或者,用另一种方式来说明这个道理:只有在企业的工人和机器的生产率达到了最大,也即,只有当工人和机器的产出达到了最大,才可实现财富的最大化。

道理很简单,除非你的工人和机器比其他企业的工人和机器制造出更多的产品,否则,你便不能向你的工人支付更多的工资。用同样的方法,可以比较同一国家的不同地区,甚至相互竞争的两个国家哪个可支付更多的薪酬。总之,财富最大化只能是生产率最大化的结果。在泰勒之前,管理就是一直存在的,只是并没有人专门去了解每一个人所做的努力是否有效,也没有人去分析习惯的做法是否可以改变,而泰勒却关注到了这些问题。1911年,泰勒发表了《科学管理原理》一书，阐明了这些观点，因此他被称为"科学管理之父"。

泰勒用一生的时间所要探讨的问题，恰恰是管理的本质问题：管理要解决的就是如何在有限的时间里获取最大限度的产出，也就是如何使生产率最大化。泰勒在《科学管理原理》一书里面，清晰地阐述了获得劳动生产率最大化的四条原理：科学划分工作元素；员工选择、培训和开发；与员工经常沟通；管理者与员工应有平等的工作和责任范围。

这四条原理明确地让我们了解，对于提高劳动生产率来说，最好的手段就是分工。如果以上推理正确，那么工人和管理者双方最重要的目标就是培训和发掘企业中每个人的技能，以便每个人都能尽其天赋之所能，以最快的速度、最高的劳动生产率从事适合他的等级最高的工作。科学地划分工作元素作为第一条，是告诉我们工作分工需要基于科学的角度，而不是凭借经验。但是做好了划分工作元素的工作还不够，还需要对于承担分工的员工进行选择、培训和开发，这是第二条。

泰勒第一次把员工摆在最为重要的位置，也是第一次告诉大家劳动效率取决于员工的素质和训练的结果，所以管理者必须和员工进行有效的沟通，必须明确两者之间有着清晰的分工和相应的职责，这是第三、第四条。保持了这四条原则，劳动生产率就可以实现最大化。

二、使组织效率最大化的手段

事实上，管理一直以来都存在着一个基本的命题，就是权力是个人的还是组织的。如果从领导理论的层面上来讲，一个领导者如果要发挥影响力，必须借助于权力和个人魅力。从这个意义上说，权力好像是个人的。但是，我们又发现权力本身需要借助于一个组织来发挥作用，如果没有组织，权力所依托的载体就成了问题，所以这个时候权力似乎又有着组织的特性。现实生活中我们常常感觉，权力是个人的，凭借个人的影响力，在组织中发挥威力，于是权力成了很多人苦苦追求的东西。

在理论界，韦伯的组织管理原则约定：权力是组织的而非个人的。组织管理的核心就是让权力从个人回归到职位，也就是组织本身，只有在这种情况下才会得到管理效率。

这样我们就要了解另一个道理：职位的含义是什么？以往对于职位的认识，我与大多数人的认识是一样的，认为职位只是一个分工而已，并没有把职位看作权力的一个最为基本的条件,也没有认识到权力并不是权力的意义,而是职位的意义。当权力是职位的含义的时候,就要求权力表现出专业能力,简单地说也就是权力需要承担职责,没有职责的权力是不存在的。这让我想起我们在管理中出现的人浮于事的状况。因为我们的很多组织,权力与职位是分离的,所以就出现了权力变成象征和待遇,很多人苦苦地追求权力,实际上追求的是权力带来的种种待遇和象征性。这个时候权力就是一个纯粹的权力而已,没有承担责任,这样的存在使得我们的管理表面上是现代管理,实际上是封建管理,与现代管理有着根本的差异。马克斯·韦伯是德国著名的古典管理理论学家、经济学家和社会学家,19世纪末20世纪初西方社会科学界最有影响的理论大师之一,被尊称为"组织理论之父"。他的官僚组织模式(Bureaucratic Model)理论,即行政组织理论,对后世产生的影响最为深远。

在今天,我们还是更多地依靠权力,更多地依靠领导者个人的能力在企业发挥作用,这是我非常担心的地方。我们已经进入"个人时代结束,团队时代开始"的环境中,如果我们还是无法发挥组织的作用,依然需要依靠领导者个人的作用,那么我们就无法在今天的环境中求得生存,更不用说求得发展。而如果要发挥团队的作用,我们就需要像韦伯一样思考和理性地设计组织,让个人的权力不再是组织的核心要素,使每一个职位的分工与协作成为组织的核心要素。

除了国外企业所表现出的平台优势非常明显外,国内企业我比较欣赏美的集团的组织管理状态,它处在职位明确、责任明确、激励明确的组织管理体系中,事业部经理人所展示出来的良好职业心态正是源于理想设计权力与职位关系的结果。每一个经理人都很清楚,对于他们来说职位就意味着责任,同时也意味着权力,他们很好地理解了权力的真实含义,理解了职位和责任的真实含义,所以他们产出的成果也成就了美的成为中国最好的家电企业之一。

为什么会出现效率低或效益差的情况呢?人们习惯以条件变化的理由来为企业效率低或效益差开脱,比如,组织不再是一个"封闭的系统",企业不可避免地要受市场大环境影响。组织采取的任何行动都深受环境的巨大影响,当然组织自身也在很大程度上对环境产生影响,组织的行动会受到外部和内部的各种因素干扰而偏离了既定的方向,以上观点是正确的,所以一些人会认为因为外部环境的影响组织效率无法控制,而我们也只好接受。

组织中不再存在明确的杠杆。以往我们习惯运用组织中明确的杠杆去做管理调整,例如我们可以通过裁员来提升组织的盈利能力,通过轮岗来提升管理人员

的管理能力，通过流程重组来提升组织的效率。但是现在这种简单的线性关系已经不存在。也许你在裁员的时候，竞争对手已经通过新产品替代了你的产品；你在提升管理者能力的时候，市场已经需要全面的技术替代。

我们习惯的努力再也不能轻易得到你所想要的结果，因为今天已经不是能"呼风唤雨"的时代，甚至不是"种瓜得瓜，种豆得豆"的时代。所以当人们以此认为组织效率更加无法有明确的调整因素的时候，我们似乎也无法不同意他们的观点。但是，如果真的如此，组织就无法适应这个变化的环境，也就无法真正发挥管理的功效。

但组织可以以它自身独特的特性——系统化的人的组合，继续来发挥作用。之所以有上面的误区，是因为我们在今天的管理中，忽略了两个关键问题，而对这两个关键问题的理解，构成了组织管理的基础，也就是影响组织效率的两个关键要素。

这两个关键问题是：专业化能力和等级制度。1916年，《工业管理与一般管理》发表，法约尔提出著名的"管理要素"，标志着一般管理理论的诞生。法约尔认为低层员工的基本能力具有公司的专业特征，领导人的基本能力是一种管理能力。为了能够让所有人具有这些专业能力，法约尔特别强调了管理教育的重要性。

因此，组织效率最大化的手段是专业化水平与等级制度的结合。

一方面我们需要强化专业化的能力，无论是管理者、领导者还是基层人员，只有贡献了专业化的水平，我们才能够算是胜任了管理工作；另一方面需要明确的分责分权制度，只有职责清晰的分工，权力明确的分配，等级安排合理，组织结构有序，管理的效能才会有效地发挥。专业化水平与等级制度的结合正是组织效率最大化的来源。

三、使个人效率最大化的手段

我常常观察管理者在日常管理中更多地注重做什么，竟然发现绝大多数管理者把更多的精力放在事务性的工作中，很少花时间在员工身上，他们寄希望于员工自己的能力和素质，寄希望于管理系统和管理制度。

员工能力和素质以及管理系统和管理制度都会发挥作用，但是这些作用不会自然而然地发生，它们需要触动和推进，能够触动和推进的就是管理者对于员工的激励。其实我们现在为了管好人，也都设立了人力资源部门，但把人员激励的工作归结到人力资源部门，这是大错特错的。员工的工作是管理者自身重要的工作，不是一个职能部门的工作，如果人力资源工作是一个职能部门的职责而非所有管理者的职责，结果就是员工在组织里面"自生自灭"，有能力的员工自己成长起来，没有能力的员工丧失成长的机会。只有每一个管理者从事人力资源工作，这个组织才能够让所有的人力资源发挥作用。

激励要以团队精神为导向。这几年来我们在激励方式、激励手段以及激励的投入方面做了大量的努力，但是收效并不显著，今天的奖金已经不再具有长期激励效应，股权计划和年薪制度在更多的时候表现为一个必需的条件而不是激励。导致这种现状的原因其实是以往我们的激励是以个人成功为导向的，所以当个人成功需要团队来支撑的时候，原有对于激励的理解和运用就明显无法达到预期的效果。今天是一个需要借用团队智慧和能力来竞争的环境，运用以团队精神为导向的激励才会发挥效用。

把员工需求和组织发展的目标联结在一起，还有短期目标和长期目标冲突的问题，虽然复杂但管理必须平衡这些目标和冲突，不能只关注组织目标而忽略了个人的需求，也不能只强调个人需求而伤害组织目标，只有两者都能得到关注并实现，管理才能够有效。因此，我认为能够让组织目标和个人目标合二为一的激励就是有效的激励。

更为重要的是，在进一步分析组织结构的时候，韦伯透彻地阐述了理性设计的重要性。他认为，如果能够理性地分配权力，用法律手段明确权力，组织结构就是最有效的。也许不能够把组织管理的整个功劳完全算在韦伯的身上，但是如果没有韦伯对于组织管理理论的研究，我们可能无法理解国家行政管理体系如何发挥作用，也无法理解管理为什么不能够依赖于个人，尤其是个人的权力。

权力意味着职位，就要求权力表现专业能力，权力需要承担职责，没有职责的权力是不存在的。那么，职位的含义是什么？

在管理中，我们常说人浮于事的状况。这是因为在很多组织中，权力与职位是分离的，所以就出现了权力变成象征和待遇。这时，权力没有承担责任。一方面我们好像是有职位和分工，一方面拥有权力就意味着凌驾于分工之上和超越职位之外。这样的存在使我们的管理表面上是现代管理，实际上是封建管理，与现代管理有着根本的差异。

很多企业和组织，现在依然存在着我所描述的这些现象，问题的关键不在于存在这些现象，问题的关键是：我们是否理解韦伯的理论精髓。在韦伯之前，组织管理还是一种混沌状态，凭借一个人的独立的力量来协调组织的状况是普遍的现象，而韦伯界定了权力和个人的关系之后，管理进入现代管理阶段。组织管理在分权体系设计下，发挥了应有的作用，使一个人能够借助于组织管理的力量，发挥最大的功效。正是韦伯提出的"理想的"行政管理体制经过时间的验证，成为现代国家应有的管理体制的基础，同时也奠定了其在古典组织理论中不可动摇的地位。

（原载：《现代企业文化》，2016年第9期）

独特的实践者

一、更喜欢被称"陈老师"

受到中学班主任宁齐堃老师的影响,进入职场时,陈春花的定位很明确:做一个好老师。在公司,她也喜欢被人称为"陈老师"。因为从未觉得自己是"陈总",即使有人这样称呼,她也没有回应过。

尽管一直把自己定位成一个学者,但陈春花并不是一个与实践脱节的象牙塔学者:她先后出任过康佳集团、科龙集团、TCL、美的、南航、深航等企业的管理顾问。

这有点类似管理学大师德鲁克的"旁观者"定位,人们可以通过阅读著作感受德鲁克的思想,透过研究和实践去理解他,但陈春花认为,要想真正认识德鲁克,则需通过他的"旁观者"定位,关心人的行为而不是商品。这也是德鲁克身上最令她敬佩的一点。所以,贴近企业仍是她研究的主要方法。无论是在商业江湖还是在象牙塔内,陈春花都在做同一件事情,研究企业和商业趋势。

在刚刚过去的近3年任期内,作为企业家的陈春花带领新希望六和进行了一场近些年来少有的变革:2014年,该公司营业收入再次突破700亿元,重回上升势头;2015年三季报的净利润相比去年同期增长12.85%。回过头去看,陈春花说,自己这3年最大的变化是更能够把知识转化为行动。

2013年5月22日,新希望集团创始人刘永好主动交棒,"80后"的女儿刘畅正式进入新希望董事名单,并成为第六届董事会董事长。交接班大幕正式展开,而工商管理学教授出身的陈春花也被刘永好请出山,签约3年担任联席董事长兼首席执行官,辅助刘畅。

这并不是陈春花第一次进入企业管理层。2003年3月至2004年12月,她曾担任山东六和集团总裁,带领经营团队创造了销售额增长164%的成绩。

刚上任时陈春花给员工分享了讲述星巴克二次腾飞的《一路向前》，当时星巴克遭遇的情形与新希望2013年的遭遇非常相像。在外界看来，这家臃肿土气的传统农牧企业，主营业务收益甚微，利润大部分来自投资收益；从2012年开始，国内饲料总量成为世界第一，产能严重过剩，在无法获得自然增长的情况下，企业必须改变增长逻辑。

陈春花还要应对新希望与六和合并的组织架构挑战。此外，她还必须带领集团转型以实现新的发展和成长：政策监管、互联网技术和全球化3个因素日益冲击农业领域，行业的整合与重组也在加快。

面临互联技术带来的巨大冲击，转型不仅仅是企业自身要面对的问题，也是行业要面对的挑战。3年里，在董事会的支持下，陈春花和核心团队带领新希望六和经历了战略上的整体转型，从"公司+农户"转向"基地+终端"，由一家以饲料为主的农牧企业，转向以食品供应链为主的农牧食品企业。

陈春花有一个比喻：以后新希望的事情变得简单，就是一句话——怎么做好一块肉。基地端与消费端成为新希望的发力点，同时战略投资也在朝着这个方向展开：去年，新希望战略投资"久久丫"，并购本香农业，获得其70%的股权，收购美国蓝星贸易集团有限公司20%的股权，成为后者第二大股东。

如果说2015年是农牧业的一个分水岭，陈春花认为，2016年则是这个行业重新焕发生机的时候：养殖端倒逼产业升级，消费端信息更加对称，产业集中度也在加强，行业变得更加资本化、品牌化、跨界化、平台化和数据化。

"集团所有的部门都在推动帮助主业的转型，2016年对于我们来说是一个绝佳的时机点，行业的调整也让我们站在一个全新的起跑线上。"陈春花说。

二、刚柔并济的企业家

在业务变革的过程中，意识观念转变往往是最难的。陈春花记得，矛盾最突出的就是"产销分离"。2013年7月，新希望六和组织结构重组时，从青岛开始产销分离，把屠宰厂归到饲料片区，禽肉事业部主管销售及渠道转型，对批发市场的销售占比要求从90%一步步减少到60%以下。

产销分离对渠道提出转变的要求后，压力瞬间积压。产销分离进行了100天，陈春花在公司内部做了一次深入交流，那时候很多人都不太能接受这样的转型。

由于董事会坚决支持变革和调整，加上不断沟通和交流，阻力慢慢消失，最后内部达成了一致。但有一项决定让陈春花现在想来也感到相当遗憾与无奈：关掉落后产能，裁掉两万多人。

虽然调整总体比较顺利，在补偿机制、沟通各方面都尽可能做好，但是从陈春花内心来讲还是很伤感，因为她个人的管理逻辑是"不裁员"。

而在新希望的下一个3年计划中，陈春花预计：终端建设会有所调整，食品占的销售额和利润会大幅度加大。除了一方面做内生式增长，继续加大业务转型及投资，另一方面也会做外延式增长，也就是并购、战略联盟及国际化。

新希望已经进入了全球20个国家。刘永好也曾公开表示：现在正值海外投资窗口期，新希望将更多地在国际市场做投资。

前年到美国参加女儿的毕业典礼，陈春花尝试了一次Airbnb。这家房屋租赁领域的独角兽公司目前估值255亿美元，和Uber一样，是共享经济的代表企业。她意识到，今天所处的这个时代，从背后的逻辑来看，其实是一个共享经济的时代。

共享经济意味着多重机会的可能性，带来的最大变化就是个体价值的崛起，这也是陈春花去年在对外演讲和采访中反复提到的一个主题：激活个体。

陈春花写了一本书：《激活个体》。在她看来，人和组织是推动企业转型的根本因素。在公司内部，她主导了三次"组织变革"：第一次，把原来"四大片区"青岛中心、成都中心、海外中心和三北中心进行分拆，其中青岛中心分拆成五个特区；第二次，划小经营单元，设立新区，以及再次分拆，围绕养殖建立"聚落一体化"，即从种禽到屠宰形成一个系统闭环，聚落头称为"聚落总经理"；第三次，设立新事业平台，成立四大创新事业平台，制订内部创业计划，建立养殖端及消费端事业合伙人机制。

当年接受刘永好的加盟邀请时，陈春花曾与其约定为期3年。无论怎样，历数当今的中国商界，她属于一个越来越稀有的管理者类型：理论与实践兼备的探究者。她觉得自己非常幸运，能够与大家在一起，在她看来，在一起，总美好。

新希望的接班人刘畅曾说：除了日常公司事务，陈春花会给她定期开出一份长长的书单，并且严格检查她的读书笔记，就像真正的老师那样。陈春花也定期给公司全员推荐书籍：2014年管理层开始转向内部效率的提升，她推荐了《卓越成效的管理者》等；2015年公司开始从创新上发力，转型进入更深入的阶段，她推荐了《从0到1》；2016年新希望开始打造平台型组织，扩大开放性，她推荐了《场景革命》和《无边界组织》。

学者、企业家身份之外，她还是一位女性。中学阶段对陈春花影响至深的一本书是《居里夫人》，在她看来，职场上并不存在女性的天花板。在承担具体责任与角色的时候，特别是高阶管理者，性别概念不会起太大作用。只是社会中根深蒂固的性别角色教育导致女性对压力的承受力会薄弱一些，也就影响了女性的职业发展。

事实上，随着技术的进步，依赖于性别的高阶岗位会越发减少，而女性所得到的教育机会越来越多，这两点就可以帮助女性得到更多的就业机会以及职场发展机会。"柔韧力是一种既坚定又妥协，既坚持又协同，既执着又宽容的能力。"陈春花说。

在同事们看来，陈春花将"刚"与"柔"结合得很好："她的心底永远都保持着美好。"每次他们一起顶着压力去出差，无心顾及山水风景，而陈春花却会掏出手机去路边拍摄花草，并且拿给他们看。

（原载：《现代企业文化》，2017年Z1期）

陈春花点评华为和日航，揭示优秀企业所需能力！

2016年初，陈春花教授给出了自己对2016年概括的三个关键词：共创共享，生态网，更开放、更进取。回首2016年，基于互联网的跨界越来越频繁，出行、社交、购物等生态网络连接让用户体会到了便捷，而在BAT等互联网企业的倡导下，我们看到了更加开放的合作环境，都在印证着陈教授的判断。在前不久刚刚结束的北京大学国家发展研究院首届国家发展论坛中，陈教授对于2017年又给出了三个关键词，2017年对于产业环境和企业发展来说，又将会面临怎样的变化呢？

以下为演讲原文：

今天我想从企业遇到的挑战来展开，从企业来说，今天遇到最大的挑战就是企业如何做自己的选择。

一、不可持续是无法持续的

我们都说今天的黑天鹅事件很多，但是相信这两张图能表达我要说的问题。希拉里两次竞选总统，你会发现2008年时人们的表现和2016年的表现是完全不同的，2016年所有人把她当背景，但是2008年时人们都当她是中心。所以各位认为是黑天鹅事件，我认为不是，最大的问题是人变了，然而我们没有跟得上。我们大部分人还是用自己的角度去看这个世界，但这个世界确实已经变了。

从这个意义上来讲，如果你本来的设计就是不可持续的，当然就是不可持续的。从1992年我就开始跟踪中国5家最优秀的企业，比较幸运的是20年来它们都做得很好，其中一家是华为。我发现这些优秀的企业最大的特点就是：第一，它们自己会增长，不断用增长应对变化；第二，它们会不断地变革自己，就像华为说的"能打败它的只能是它自己";第三,遵从于市场的规律和客观发展规律。

通过这20多年的研究,我发现这些企业最大的特点就是自我增长。它们不太受环境的影响,它们真正做到的是很强的内在增长。这种内在生长表现在两个地方:一是持续的、不断的变革转型;二是持续的自我更新。

所以,今天的华为跟几天前的华为是不一样的,跟几年前的更是不一样。今天我们看到很多的企业,可能和它10年前、5年前、几天前都是完全的不一样了,这样一种自我增长的能力能够应对的变化,我想这是它们最主要的能够持续增长的原因,所以能够打败华为的永远是华为自己。

在跟随这个案例的20多年中,我觉得它有一些东西其实是很好的,比如它一直在强调"没有成功只有成长",我其实一直很喜欢这句话,我去华为很感触的是它很少追溯历史,它永远给你介绍的是未来,当我们今天可能在讨论2016年的事情的时候,华为的员工肯定已经在规划2026年的事情了,我想这就是他们能够不断成功的原因。

华为给我印象深刻的另一句话是"用自我批判驱动成长",华为的员工很少批评或者评价别人,基本上都是评价自己。我接触华为很多的经理人,给我最大的感触就是他们不断地在反思自己。我感触最深的是华为人"强烈的危机意识",我们没有看到华为满足已有的东西,他们永远都在危机的状态下做出选择。

二、不能自我否定的变革,只是理念的巨人

我个人在做转型的时候用过稻盛和夫的案例,这个案例就是如何可以让日航在一年的时间里产生极高的利润,而且是它历史上利润最高的一年,我常常让同事分析日航一年产生巨大利润的来源是什么。你会看到利润的构成中超过50%来源于它内部的成本管控,即降低成本,一年降低成本50%,这是一种什么样的自我革命的精神,如果没有这样的自我革命和自我挑战,很难创造奇迹。我是想告诉大家,我们在谈企业面对变化、危机各种处理情况的时候,其实有一个东西是可以把握的,这就是自我变革。

我一直认为如果你不能对自我进行变革,而是仅仅停留在理念上,是非常可怕的。我听到非常多的人在谈变革、转型和创新,我认为如果所有的转型、创新和变革不是对自己的,那仅仅是理念。如果你不能去调整自己的变革,你是没有办法真正去落实的。所以在过去的三年中,我去引领这个企业变革的时候,我

给的主题只有一句话"向自己挑战"。向自己挑战，挑战什么？是整个过程全部的挑战，从转型的构成要素来讲，从战略开始调，调到整个公司的价值重构，然后调短期要盈利。有人跟我说转型就要付出代价，我说转型不能以牺牲盈利为代价，我个人认为牺牲盈利为代价的转型仅仅是理念。

那么我们一定要调整对整个资源的理解，如何开放和组合，更重要的是在原有的体系里创造出新业务。我们很多时候不能转型的原因就是：任何新的东西在体系内都会死掉。在这样大的调整中，我认为可以支持这个转型的是五个体系的改变，包括公司知识技能、信息系统、组织平台、彼此沟通的系统、对公司整体发展思想上的认识。能做到这样，就是你自己的核心能力和专长的调整，甚至对你所有的经验都要放弃，因为这是一个整体的改变，而且是一个彻底的调整。如果我们不能从这个方向去做，实际上是不可能调整过来的，因此就有一个我称之为"能力的打造"过程。

很多人问我用什么去评价转型，我想外部的评价是很清楚的，那就是你的盈利和新业务的增长以及被顾客的肯定，但是还有一个更重要的评价，就是内部能力的调整，也就是公司整体的内部能力是不是真正地被调整，我称之为五个能力调整的打造：

第一，变革领导者——管理者致力于推动变革。很多时候变革的障碍来自现有的管理者，因为现有的管理在很大程度上拥有组织当中既得的部分，我不谈既得利益，至少有既得权力；

第二，对的人——团队成员价值观的一致。选择对的人，他能够真正理解你的价值观，并且保持一致性，因为转型有非常多的风险，非常多的不确定性，如果在价值观上犹豫，就会出问题；

第三，有效沟通——上下同欲、信息对称。有效地沟通非常重要，因为只有这样才可以上下同欲；

第四，平台型组织——开放、协调、价值服务与幸福感。组织变成平台，为员工创造价值提供帮助和支撑；

第五，发动机文化——授权与激发、激活。转型需要激发公司的活力，需要尝试新的东西，如果做到这一点就需要授权、激发与激活。

我一直认为在中国企业中，创新很难的地方在于我们在文化上比较怕错，可是创新很重要的一项就是要试错。所以人家问我，互联网这个时代，让你来描述，你认为最大的特点是什么，我说就是试错，然后纠正，然后迭代。如果我们不敢这样去做，我们就没有办法去做，而这个试错的过程就需要授权、激发和激活。如果你不能做这三件事情，没有人去试错，也就无法谈到转型与创新。所以我说，如果不是以自我否定来转型，就仅仅是理念转型，没有意义。

三、不确定的是环境，确定的是你自己

说到2017年的趋势，我觉得大家都会说是不确定，但是我还是认为，有一个东西是确定的，那就是你自己。我的确承认不确定的是环境，但是我更承认一句话，确定的是你自己。那为什么我会从这个角度去讲，是因为所有的变化当中，唯一能够确定的元素，唯一有信心把握的元素，其实只有你自己。当你对自己有信心，对这些理解都能够接受和接纳的时候，我相信变化的环境对你来讲是个机会。

四、面对2017年的三个判断

（一）更加互动和高效

刚过去的"双11"，人们都会说一定会超过1000个亿的销售额，这是没有问题的，但是有另外的一个数字更加需要注意，这次"双11"覆盖的国家和地区超过28个，等于说这种互动更加广泛了。最近有朋友建议"陈老师要不要上一次微信课"，我们现在一上课就是20万人、50万人，听起来非常可怕，但是今天这一切是很容易实现的。所有这一切的互动与高效，都会给你带来新机会，这是我对2017年经营环境的第一个判断。

（二）商业与行业被重新定义和重构

今天的零售不是零售，叫新零售；今天的电子行业不叫电子行业，叫数字产品；今天的教育不叫教育，叫深度学习。今天看任何一个行业，包括之前我在农业，我们其实也不怎么讲农业，我们叫新型农业；我们今天再看水泥，可能也不是按原来的意义来看水泥，看玻璃也不是原来意义的玻璃。从某种意义上来讲，在所有行业当中技术都推动了进步。每一个行业、每一个商业的意义都是被重新定义的，价值都是被重新解构的，这就是2017年非常有意思的一个机会。

（三）共生模式改变市场格局

我们都看到了滴滴，除了滴滴之外，还会看到更多的共生模式的出现。最近有一本书引发很多人关注，介绍7-Eleven便利店的《零售的本质》。我在看这本书的时候在想，7-Eleven便利店在如今线下零售如此困难的时候，它的盈利、规模增长非常好，在各个地区顾客感受也非常好。我自己在研究零售的时候，发觉被线上冲击最大的线下零售没有完全被击垮，是因为这些生存发展好的零售企业，拥有真正的共生模式。它汇合几万家供应商，完全组合在一个平台里，为顾客创造价值。它们甚至会在海报上写这样一句话，让我觉得非常温暖——"桃子在冰箱内存放3小时最为甜美"，而这就是7-Eleven便利店卖的桃子。国内人做海报时一定是宣传打折，最后"吐血"，这时候你并没有关注它的价值在哪，真正的价值，只要你愿意去贡献，顾客绝对是接受的，这样的一个共生模式，改变了市场格局。

五、2017年的三个关键词

根据以上经营环境的判断，对于2017年，我得出三个关键词。

（一）与顾客创趋势

我们要跟顾客去创造趋势而不是预测趋势，今天的趋势是没有办法预测的，但是有一点你可以做得到，自创趋势。我一直有一个观点，创造未来比预测未来更重要。而这一点你只要跟顾客去做就好，我们可以在多维度共同创造。

（二）价值结构

今天来讲，我们所提供的不仅仅是产品或者服务，最重要的是你要跟大家共建一个价值结构，然后他要在这个结构当中，唯有在一个价值结构之中，我相信没有问题。国发院的"国家发展论坛"就是在构建一个大的价值结构，也让更多的人能够分享成长和思考。

（三）激活组织

最后一个"真的要靠整个组织的力量"，大家都知道2015年我最重要的一本书叫《激活个体》，我最近正在写的这本书叫《激活组织》，我希望明年能够在比较早的时候与大家见面,我认为接下来的组织最重要的作用是给每个成员赋能,不断演进和裂变,如果在这样一个组织体系下,每个人的成长速度会更快。这就是我对2017年关键词的理解,我相信自我成长的核心靠领导者,我选了一张有蔡元培校长雕像的北大校园图,我相信这是推动北大发展其中一个最重要的原因。面对2017年,自我驱动的领导者应该是更重要的。

（原载：《中国机电工业》,2017年第2期）

理性决策的7个步骤

理性决策怎么做？其实也很简单，就是训练自己掌握理性决策的步骤，一旦这些步骤成为你的思维习惯，你也就具有了理性决策的能力。

从管理的决策角度来说，决策分为两大类，一类叫作日常决策，一类叫作重大决策。每一个管理者，都会面对日常决策和重大决策的挑战。

管理决策困难的地方是，既要面对人，也要面对事。所以管理者既要具备自然科学的思维方式，也要具备社会科学的思维方式。我用比喻来做个简单的说明。

自然科学的方式就是数学的方式，微积分和极限，不断地细分或者趋近事实。正是这样，自然科学思维方式可以用实验不断接近真理的方式来获得对于事物的判断，也正是这种实验的特征，可以允许不断地犯错误，不断地实验和调整，最后获得成功就是成功，之前的错误可一笔勾销。

而社会科学的思维方式又是另外一种特征，社会科学的思维方式就是文学、史学、哲学的思维方式。社会科学的思维方式所具有的特点，使我们无法用实验的方式来认识事物，不能犯错误，一次错就无法挽回，和自然科学的思维方式刚好相反。

管理科学具备了自然科学和社会科学的两种特征，因此进行管理决策的时候，我们既不能简单依据数据，也就是科学的方式来判断，也不能简单地凭借经验来做判断，对于重大的决策，我们必须考量诸多的条件和因素，才能够做出决策，而这个过程我们称之为理性决策的过程，我们必须力保所做出的选择不能偏差太大。

也正是由此，我非常希望管理者既要有自然科学思维方式的训练，也应该具有文史哲的素养和思维习惯，这些训练如果都具备的话，对很多东西的判断和处理就简单一些。

当要做一项新制度和新安排的时候，要先在局部试点，不要全面铺开，因为管理决策不能够犯错误，所以先要实验，获得成功的经验，之后再全面实施。请记住管理上任何新的变化，都不要全面展开，因为那样风险太大，也违背了管理学科的特性。

我非常欣赏邓小平先生的"经济特区"建设的策略，正是四个经济特区的成功，我们才在全国范围展开了30年改革开放的进程并获得了世人瞩目的成就，如果没有四个经济特区的建设经验的摸索，改革开放的决策也许无法取得今天的成效。

我们要有科学的态度，实际上要有两个态度：一个是要有自然科学的态度，以事实、以数据、以真理说话；还有一个叫社会科学的态度，以本质、以人性去说话。如果没有这两样东西合在一起，决策就很难有效，所以重大决策一定要理性决策。

理性决策怎么做？其实也很简单，就是训练自己掌握理性决策的步骤，一旦这些步骤成为你的思维习惯，你也就具有了理性决策的能力。

一、识别问题

在决策的时候，我们会遇到很多问题，所以理性决策的第一步是识别问题，而识别问题的标准是理想与现实之间的距离。

在这一点上，我们很多人就没有理性决策的习惯。举个例子，很多企业每一年的目标都计划比前一年有所增长。比如一家企业2016年完成9亿元销售额，就希望2017年增长30%，达成12亿元的目标。如果这个目标确定，我们就要确定如何实现。大部分人在做完12亿元目标的决策之后，就开始分析怎么样可以实现这12个亿的目标。问题就出在这里了，理性决策不是识别12个亿的问题，而是分析增长的30%如何实现。做理性判断的时候，就是分析12亿元和9亿元之间的差距到底是什么，围绕这个差距来分析影响它的主要因素是什么，有什么限制，需要哪些资源。当把这些问题都识别清楚了，就可以做出一些合理的判断。

所以有些时候，我不太建议请专家来做决策，你可以参考专家的意见，但是一定不要依据专家的意见做出决策，更加不能请专家来做出决策。虽然我自己多数情况下也被称为专家，但是我很清楚专家所具有的三个先天的局限性：

第一，专家在分析情况的时候都是以理想性来分析的，不是理性，总是会在理想状态下，来做问题的识别；

第二，专家最大的局限性，是他并不需要对决策承担最后的责任；

第三，专家所依据的数据都是整理过的，会保证获得数据的工具是正确的，但是无法确保数据是正确和全面的。

所以识别问题的时候，还是要真实地考虑自己的现实和理想之间的差距才行。你不能完全借助于现实的情况做分析，必须识别理想和现实之间的差距到底是什么，也不能完全依据理想来做分析，那同样是无法区别问题而导致决策非理性。

二、确定标准

理性决策的第二步就是确定什么因素与决策相关。

我们必须清楚地知道什么因素和决策相关，这些因素是否可以观察，是否具体，是否可以测量。当一些和决策相关的因素无法观察和测量的时候，决策常常会遇到阻力，甚至无法得到实现并带来极大的损失，所以理性决策的第二步是非常重要的。

大亚湾核电站项目确定建设之后，在香港引起很大的震动，并提出要抵制建设的要求。大亚湾核电站成立了一个公共关系处，当时在国内的公司中没有任何一个组织结构中有这个安排，但是他们设立了这个部门。为什么呢？因为他们预先估计到香港团体的意见会影响这个项目实施，这是一个相关度极高的因素，必须做出安排。他们把香港地区的各个团体的代表者组织起来，安排这些代表来大亚湾参观，了解整个设计和工程质量，实地考察核电站的设置和保障工程，又请了很多专家去和代表们交流，最后大家达成共识：核电站是安全的、可靠的，同时香港是可以受益的。于是，大亚湾核电站的项目才得以顺利进行。

三、分配权重

事实上并非每一个标准都是同等重要的，恰当考虑它们的优先权是第三步。通过对每一个与决策相关因素的重要性的判断，也就是明确第二个步骤所述标准的重要性，可以使我们更能够解决关键问题，把资源分配到重要的地方去，以保证决策的选择是正确的。

四、拟订方案

列出能成功解决问题的可行方案,无须评价,仅需列出即可。对于决策所需要的方案来说,在没有做出选择之前,越多越好,不要在决策之前就做出选择,就限制提出方案,这样会影响决策本身。

五、分析方案

在列出的所有方案里面做出分析是一个关键的步骤,在这个步骤里面,我们需要分析方案是否可行。实施这个方案的代价高吗?可能遇到的风险大吗?在这里特别要注意两点:第一,分析方案应该着重于建议,而不是人;第二,需要分析社会愿望因素——取悦上司还是同事。

当你在分析方案的时候,一定要着重建议,不要管是谁提出来的。千万不要因为是高层管理者提出的方案就要给予足够的重视,也不要因为是专家提出的方案就有更强的选择性,我们需要依据方案本身,而不是提出者的影响力。在做决策的时候,我们存在不够理性的一个原因,就是谁官大谁说了算,理性决策的时候是不能这样的,我们只需要关注建议。

社会愿望因素考虑取悦上司还是同事,其实表达了这样一个思想:在分析方案的时候,要考量以下因素,如果这个方案是需要所有人去执行的话,取悦同事的方案比较容易获得成功;如果这个方案是要上司批准的话,那么取悦上司的方案比较容易通过。所以我们不要自己评估方案好还是不好,一定要看这个方案拿来干什么用,需要获得什么人的支持。

六、选择方案

在前面步骤的基础上,我们开始做出决策选择了,如何选择方案,就是决策本身。我们需要界定以下一些问题:这个方案是最好的吗?选择这个方案是妥协的结果吗?这个方案可以让所有参与决策的人满意吗?在做出选择的时候是否受到权力的影响?界定这些问题,只是希望选择更加理性,而不是受个人因素影响,包括权力的影响。

七、执行方案

进入实施步骤，就要考虑所有执行的人是否可以接受所选择的方案，执行方案过程中资源是否受到限制。如果执行者不能够接受决策方案，决策就不会获得效果；同样，如果实施中资源受到限制，难免决策也会无法得到执行。因此在实施决策的时候，需要特别关注这两个问题：接受程度、资源限制。

（原载：《中国机电工业》，2017年第7期）

重塑边界已经成为事实

今天,那些突破边界的企业,有了强有力的增长,如亚马逊、苹果等。相反,如柯达、诺基亚等企业,反而被淘汰了。打破边界,已经成为一个更加需要认真面对的问题,因为其在三个领域都已显现出来。

行业的边界被打破。今天,各个行业的特征变得越来越模糊。智能互联产品不但会影响公司的竞争,更会扩展到整个行业的边界。竞争的焦点从独立的产品本身转移到包含相关产品的系统,再到连接各个子系统的体系。一家产品制造商可能要在整个行业领域内竞争,有的时候消费者甚至也会参与到竞争中来,如今没有人可以百分之百确定自己的竞争对手是谁。

从QQ到微信,腾讯似乎已取代传统电信运营商,成为中国人互动与连接最重要的载体之一。与此同时,在移动支付、线上娱乐、生活服务、在线旅游和交通出行等领域,消费者也会发现腾讯的身影。基于核心产品打造的用户网络,在智能互联网络的帮助下,腾讯将自己的竞争力持续地扩展到彼此之间相互连接的不同领域。几乎无法界定腾讯属于哪一个行业,也很难知道腾讯的对手是谁。

只有跨界融合,才能打破市场格局。

生产者与消费者的边界被打破。众筹让人们开始体会到生产者与消费者之间角色渗透与互换的特征,更深地感知到两者之间界限打破所带来的全新变化,令人欣喜又恐慌。我自己甚至在南京、杭州与一群可爱的人,众筹了一间"品成梦想咖啡馆"。在了解和参与众筹的过程中,我发现这种商业模式最大的生命力在于生产者也是消费者,这种双重的角色定位使其商业模式本身具有了可持续性。在消费者和生产者彼此角色的轮换中,持续的需求与供给不断被创造出来。

企业的组织边界被打破。今天的企业与互联时代之前的企业,最大的不同就是需要具有弹性。今天的组织需要不断调整自己,不断寻找与变化共舞的机会,甚至拥有超越变化的能力;通过建立组织壁垒的方式很难再获得成功,组织更需要形成开放与合作的结构，令外界更容易被纳入，或者让组织本身更具弹性。

新希望六和集团早在2013年就制订了"新希望六和+"的策略，选择打开组织平台，无论是内部还是外部，都可以嫁接新的组织能力，从而帮助企业获得新的发展机会。在产业链上游，与生物基因科技公司、原材料供应商进行合作；在内部，公司实行产销分离，设立创新平台，打造针对养殖户的技术、金融服务能力；在终端，与电商平台、终端食品品牌合作。这些新能力的获得都建立在合作的基础上，同时它们也向全行业开放。这一切行动有效地帮助了新希望六和集团从生产商向以用户为导向的农牧业服务商转型。今天的新希望六和集团已经具有了开放的属性以及平台的属性，不断打破内外部边界使其具有了全新的能力，以应对环境的变化以及顾客价值创造的需求。

行业边界、企业组织边界以及生产者与消费者边界的打破，已经不再是一种趋势，而是一种现实。

（原载：《中国企业家》，2017年第5期）

重新理解组织

今天,组织的功能完全变了,其根本改变有三个:

第一,效率不再来源于分工而来源于协同。一百年来的组织管理理论都是在谈"分"。泰勒的科学管理原理,其实是分工即分责,通过分工让劳动效率最大化。马克斯·韦伯与亨利·法约尔的行政组织理论解决组织效率最大化的问题,组织效率最大化来源于专业化水平与分权制度。

接下来关注个人效率最大化的问题。组织管理理论当中的人力资源管理理论出现。让个人效率最高的方法是什么?其实就是满足个人的需求,所以叫分利。所以整个组织管理就分了三样东西,分责、分权、分利,一百年的组织理论就是沿着这三条线走的。但是今天变了,变到把这三样东西都分完,如果还不能够协同,我们还是没有办法做到有效。所以,效率其实是来源于协同,不再来源于分工。

第二,激励价值创造而非考核绩效。这其实是一个非常大的变化,如果说一个组织还是做绩效考核,就没有办法变成一个增长型的组织,因为增长型的组织思维就是不满足于KPI,一定要超越它。

第三,新文化。传统的组织文化其实非常强调对目标的服从,组织行为学中对个体、群体和组织行为的分析中一定会强调个体对目标的贡献,否则个体一定会被淘汰。组织离开谁都行,但是个体离开组织不见得就行,因为组织文化和组织能力就体现在这里。今天在讲新文化的时候,最重要的是什么?其实是个体的创造力,而不在于个体的服从;最重要的是要求组织不断去尝试新东西,而不是对于原有东西的固守,这等于在文化上的要求也全变了。

任正非说过,能够做出研发成果的人,少之又少,称之为天才,大部分人做不出成果来,但是做不出来的人在华为被称之为人才。如果一个企业是这样一种价值的追求和激励,相信这个企业的创新一定比别人要强。在很多企业中,如果研发项目做不成功的话,那就连人带项目一起被撤掉了。

在新文化这个方面，企业的价值观、全球思维、理念和习惯全部都要改。比如说华为在聘用人才方面有一个很重要的逻辑——"为凤去筑巢，不筑巢引凤"。这是完全不一样的，如果这个人才在全球某一个地方，如果是企业要的人才，华为的方法就是到这个人所在的地方建个研究所。

这就是组织管理三个最根本性的改变，所以相对于原有的组织管理体系而言，组织管理的核心工作，就是要把这个组织激活。

组织之所以能够有效，有四个原因：

第一，组织是开放的，它可以在环境中获取资源。因为它是开放的，当组织觉得你不行，它就去找下一个人，觉得下一个人不行，就再找下一个人；当组织觉得这个地方不行，就去找新的地方；当组织觉得在这个方向上，这个市场不适合，就换一个市场。所以，组织的开放程度是比个体开放程度要高的。

第二，组织可以获取、分享、使用、存储知识。组织有三个最重要的资本：人力资本，知识资本，还有结构资本。当组织拥有这三个最重要资本的时候，完全可以拥有非常强的学习力。在某种意义上来讲，组织的学习能力超过个体的学习能力。组织真正厉害的是组织的智力资本，亦即：人力资本、知识资本和结构资本。

第三，在组织有效性强大的地方，员工拥有的能力就是组织的能力。

第四，组织有非常多的利益相关者。因为有众多的利益相关者，反而能帮助这家企业面对挑战和困难。

（原载：《中国企业家》，2017年第12期）

来自7-ELEVEN的启示

最近一本关于7-ELEVEN的书给了我很大启发。在互联技术冲击最大的零售行业里，7-ELEVEN保持了强劲增长，甚至效能超过阿里巴巴，真的是令人瞩目。

书中介绍：7-ELEVEN日本公司有8000多名员工，2016年创造了近百亿元的利润，人均创造利润接近120万元，堪与阿里巴巴比肩。后者2016财年3.6万多名员工，创造427亿元利润，人均创造利润约118万元。在日本经济的严重衰退时期，7-ELEVEN日本公司从1974年创立以来，仍然保持了连续41年的增长势头。

7-ELEVEN在全日本开有18 572家连锁店，其中直营店只有501家，每天有超过2000万人次光顾7-ELEVEN，享受24小时全天候和全渠道的便利服务。

7-ELEVEN基本没有自己的直营商店，也没有一个工厂是自己的，更没有一个配送中心是自己的，却成为利润近百亿元人民币的零售企业。这是为什么呢？首先7-ELEVEN不仅是一家商店，更是一个具有互联网基因的共享经济平台。7-ELEVEN是一个比任何一家互联网公司更加互联网的公司，比任何一家强调自己是共享经济平台的公司更加具有共享经济平台的特征。

7-ELEVEN既是一个特许加盟连锁的利益共同体，更是一个命运休戚相关的命运共同体。7-ELEVEN构造了一个相互依靠的生态系统，用自己独特的价值主张，为每一个合作伙伴打造了一个共享的平台。7-ELEVEN日本公司只聘用了8000多名全职员工，其余人员全部都是加盟店、制造商和供应商的雇员。7-ELEVEN日本公司在已经开店的区域中设有171家专用工厂，几乎所有工厂都是由制造商或供应商投资，以高频率将商品配送到各加盟店的150多座物流中心，配送车辆也是如此。然而，7-ELEVEN却可以实现全球最有效率的共同配送系统。整个共享经济平台的从业人员总数超过40万人的规模，其中在加盟店工作的超过30多万人，服务于工厂、物流配送的人员有10多万人。共配系统打破了制造商和企业之间的高墙，跨越了商品品类的框架，组成了共同配送的体系。

7-ELEVEN既是共享顾客的平台，也是共享信息、共享物流、共享采购和共享金融的平台。它作为一个共享经济平台为所有参与方创造了巨大的商机。

工业资本主义时代的原动力是规模经济与范围经济，那么互联网时代的原动力是什么？就是平台。Interbrand每年都会评选"全球最佳品牌"，苹果、谷歌和亚马逊的品牌价值是近几年增长最快的公司。在最好的31家公司中，有13家是平台化企业，它们都拥有自己的生态系统，而另一些互联网企业则受平台企业的严格制约，这只是商业趋势的一隅。现在世界上排名前五的企业中，有三家是平台化企业，这种形式的企业优势在近几年里的发展是平稳上升的，而且越来越显著，挤占了诸如能源、金融等传统企业的领先位置。

平台化组织必须完成相关业务市场机制的设计，以实现平台资源的对外开放及外部力量的引入。企业搭建平台时有两种选择方向：第一，对于具备突出相对竞争优势的企业，可选择搭建跨界型、外向型平台，将核心优势资源对等为平台价值，并设计市场机制将平台价值与外部共享，通过对外部企业开放平台实现资源的互换、合作，以更低的成本实现产业链延伸、跨界合作；第二，对于具有一定竞争优势，但优势不明显的企业，可选择搭建面向现有行业的整合型平台，通过总部平台对下属经营单位提供服务，并通过市场化的交易机制设计，明确集团总部与各业务板块之间、业务板块之间及业务板块内部的利益分配、内部交易机制，以合伙人改造的方式大规模整合行业内企业、团队，形成众多扁平化、自组织的经营单位，将经营重心下沉，释放组织整体效率。

（原载：《中国企业家》，2017年第17期）

到底什么是"知识"？

对于生活在信息时代的人来讲，最大的挑战是怎么去甄别知识。我们很多时候得到或关注的不是知识本身，而是一个消息、信息、符号或没有任何意义却带来干扰的东西，这些是知识吗？

我们能够去甄别的知识，它所产生的价值是什么？对于知识时代，我们该如何准备？我号称知识工作者，大学毕业后就开始做老师，每年备课的时候，就算是同一门课，对它的理解和价值的确认都有所不同。一个学生说他听了我13年的组织行为学课程，我吓了一跳，我说你每年都听，能听出什么？他说老师不一样了，他也不一样了。

他触动了我对于知识和时代互动的挑战，也触动他在不同环境下对自我认知的挑战，这也许是我们每个人要做的事情。

我认为有几个原因，让我们既渴望知识又应接不暇：

第一，一切都是不确定的，这种不确定是技术和知识带来的，它们的迭代速度非常快。我有时候也有点焦虑，我每年快到年底时会请我的本科学生做一件事情，把他们认为的这一年最新的词列出来（50个）。我从2013年开始做，当时可以认识一半的词。到了2016年，我只能认识其中的3个，才发现自己其实离年轻人、创新的词非常远。这种迭代、加快、新增的知识给了很多人挑战，我是其中一个。

第二，是认知盈余。太多东西很难选择，我被问得最多的问题不是"学不到、不知道"，而是"不能下决定"。不能下决定不是因为不拥有知识、知识不充分，而是信息太充分。以前信息不对称可以让我们做很多选择，现在信息对称后反而让我们很难做选择。这一切导致我们对很多问题和事项没有办法做决定。

第三，我们的时间更加稀缺了。我们比较习惯说"碎片化"，一方面意味着时间增多，时间的区分分割更多；另一方面意味着时间减少，有价值输出的集中时间更难控制。

第四，对知识验证的要求越来越高。从前做老师是笃定的，学生都会认为老师讲的知识都对，但是今天，你不能那么笃定，因为你拥有的充分信息都还没有学生多，这个时候你会发现你要验证你说的知识，难度比过去大。

这一系列的挑战让我们面对知识经济有两个态度存在，我引用一个人说的话：深深的焦虑和黯然的孤独。

这个文绉绉的表述挺形象的。我们有非常多选择、可能性，却不知道哪个选择、可能性和自己相关，我们希望有真实的定力。当你拥有的时候，你需要很强的自我独处和判断的能力，当你拥有这个能力的时候，你发现那是一种真正的孤独。我们变成一大批很深沉、拥有知识又孤独的人。

这种情形导致了一个关键问题：你能不能真正理解知识。你可以识别、判断、价值互换、选择和自己目标及方向一致的东西，其前提是是否真正理解知识。我们要面向未来，靠什么面向未来？

唯有知识，可面向未来。事实上，我开始担心，我们是否真的认识"知识"？也许是这份担心使然，我决定去梳理有关知识的文献。

很多朋友骄傲地说自己经历和体验了很多东西，对很多事情可以去评价和判断，那么经验是否就是知识？还有人说我过往的很多事情可能证明我是成功的，这些所有的证明会内化为个人的一种能力，这个能力是不断迈向成功的基础。那么这个能力是知识吗？

有关知识的讨论，我们到底要关心什么话题？你会发现这是人类一个久远的问题，可以追溯到古希腊的苏格拉底。苏格拉底曾问泰·阿泰德"知识是什么"，因此什么是知识的问题又经常被称为"泰·阿泰德问题"。

人类一直在问这个问题，而且希望拥有答案。这个问题，就是关于人和世界、人和自我的关系。它会涉及四个最重要的内容：人能否认知、人如何认知、人的认知所能达到的程度和范围是什么、真理的标准是什么。

当我们回溯这个部分、讨论知识概念的时候，当人类有智慧、有思考的时候，就在思考人与世界、人与自我、人与一切外在事物的关系。

泰·阿泰德说：某人知道某事，以觉察的角度来说，"知识就是感觉"。那么这种感觉是什么？通过文献的梳理，我们可以得到至少5个视角的答案：

第一种回答：知识是一种思想状态。柏拉图说：知识的传统定义是"得到证成的真的信念"。那么知识本身就是信念，你相信的东西，这是由你来定的，所以是你得到的信念。

第二种回答：把知识变成一种对象。普鲁塔哥拉提出了"人是万物的尺度"。无论知识是不是有知觉，它可以拿来被衡量和认知，知识就是衡量和认知的标尺，这也完全取决于你。

第三种回答：把知识当作认知和行动的过程。日本学者野中郁次郎提出了这个观点，还提出另外一个视角：知识是获取信息的条件。最出名的表述方式是：隐性知识和显性知识。这就把知识获取的条件讲清楚了。

第四种回答：知识会影响未来行为，也就是知识改变命运，通过知识来对人对事进行调整。德鲁克从这个角度下的定义是：知识是能够改变人或某种事物的信息。

第五种回答：怀疑论者认为"知识不可知"。不会有知识，没有任何知识，知识是你想象出来的，这是不真实的。

这些梳理给了我很大帮助，这也让我对知识有一个很奇怪的感觉，也就是知识是一个很大的框，什么都可以放进去，你能理解的、不能理解的、想理解的、已经被验证的都可以放进去，它可能是我见过的最宽的定义。

从苏格拉底到现在，给知识下定义一直没有形成共识，这类似于我之前研究的"文化"，概念宽泛却无法达成共识，有人说是生活方式、思维方式、习俗、默认的规则、潜规则等，有无数个角度的定义。

我把知识和文化两个放在一起，是想说明：它们是不断演化和验证的过程，你自身对知识的提升会帮助你对外界的理解更加宽广，这是知识能够支撑你的厚度、改变你命运最重要的部分。

最后有集大成者，认为知识由三样东西构成：直觉、智慧、形式化的知识，集合起来就是人类知识的全集。

通过这些梳理，我发现：知识是广泛而抽象的概念，其广泛性说明所有东西可以放进去；其抽象性说明知识在某个程度上是完全个性化的，它只属于你，它宽泛到什么程度，和你相关，这一点尤为重要。同时，很多学者倾向于认为：知识是增强实体行为有效合理的信念。

这就是我所理解的"知识"以及"对知识的定义"。

（原载：《中国企业家》，2017年第18期）

第二部分

论个体激活

向上管理，向下负责

几乎所有的管理者都会认为管理是向下的，而负责是向上的。如果你问管理者，你向谁负责？你得到的答复一定是：我们向领导负责。你问管理者，你管理谁？那么结果也一定是：我管理下属。但这个答复是错误的。正确的管理思维应该是：向下负责，向上管理。

一、向上管理：管理自己的上司

我们知道，管理需要资源，资源的分配权力在你的上司手上，这也是由管理的特性决定的。因此，当你需要进行管理的时候，你所需要做的就是获得资源，这样你就需要对你的上司进行管理。我们可以这样定义向上管理："为了使你、你的上司和公司取得最好成绩，而有意识地配合你的上司一起工作的过程。"所以，向上管理的内容就包括：第一，适合彼此的需要和风格；第二，分享彼此的期望；第三，相互依赖、诚实和信任。

向上管理的核心是建立并培养良好的工作关系，好的工作关系是由以下五个方面组成的，这五个方面缺一不可。

（一）和谐的工作方式

和谐的工作方式要求能够采用双方接受的形式处理问题、交流看法并明确各自的职责，这种关系类似于团队中各成员的关系，每一个人的角色是不可替代的，各自更关心的是荣誉而不是权力；更关心的是责任而不是地位；更注重的是互补性而不是彼此的差异。

（二）相互期盼

相互期盼对于提升各自的能力和管理效果是最关键的因素。在与上司的配合中，非常重要的是能够经常沟通双方的期望，并通过不断地提升期望来提升各自的能力，一旦形成这样的状态，双方都会发现对方是一个最好的参照物，各自会不自觉地提高自己的期望，使各自都逐步上升到一个新的高度。

（三）信息流动

组织管理中最困难的是组织信息，一个组织所要传达的信息是隐性的，同时组织信息本身又是对组织状态这个系统的描述，所以，管理不好组织信息是组织失控的根本所在。

（四）诚实与可靠

下属与上司之间只能用一种状态来描述，那就是诚实与可靠。记住向上管理是一种相互依赖的关系，是配合和协助的关系。很多情况下，下属要不让上司觉得难堪：事前警告、保护上司，以免其在公众前受到屈辱；永远不低估上司，因为高估没有风险，而低估会引起反感或者报复。

（五）合理利用时间与资源

对于下属而言，上司的时间和资源就是要争取的内容。时间的意义在于可以让信息流动顺畅，可以感受各自的期盼；时间最好的作用是能够带来机会，一个可以信任的机会。上司的资源最直接的功效就是为你的工作提供帮助，每一个上司都希望他能够为公司的工作发挥作用，很多时候我们却略了这一点。很多管理人员很得意于自己独自解决问题，很自豪于自己完成任务，但是他没有想到，也许借力会有更好的效果。

二、向下负责：为下属提供机会

负责是一种能力的表现，也是一种工作方式。当我们说会对你负责的时候，实际上已经把你放在了自己的生存范畴中，我们可以这样定义向下负责：为了给你、你的下属和公司取得最好成绩而有意识地带领你的下属一起工作的过程。所以，向下负责就包含：第一，给下属提供平台；第二，对下属的工作结果负有责任；第三，对下属的成长负有责任。

向下负责的核心是发展下属，发展下属是由以下四个方面组成的，这四个方面缺一不可。

（一）为工作团队提供清晰的方向感与努力的目标

协助人们了解其工作对于实现企业目标的重要性是非常关键的，很多员工不能符合企业的管理要求或者企业的发展，在很大程度上是因为没有与下属沟通工作团队的方向和目标。

（二）鼓舞下属追求更高的绩效

能够鼓舞下属更上一层楼是第二个重要的方面。有能力让员工努力超越目标，达到他们原来认为不可能达到的高度，是对管理者能力的考验。没有下属能力的提升，也就不会有超越，企业是在员工自我超越的过程中创造佳绩的。在这个方面的不良表现无法激发出员工的投入感，无法使他们释放出高度的能量以及赢得胜利所必要的态度。

（三）支持下属的成长以及成功

向下负责的具体表现是支持下属的成长和成功，做到这一点首先需要管理者真诚关心下属的职业生涯发展，将组织的愿景及目标转化为团队成员的挑战以及有意义的目标，并能够让组织的目标与下属的发展目标合二为一；其次需要管理者对下属的工作内容有兴趣，了解下属的工作与组织策略的关联所在；再次需要管理者支持下属的成长以及成功，对于每一个小的成功都给予极大的关注和表扬，能够真正让下属感受到上司对于他成功的支持和肯定。

（四）建立合作的关系

被工作团队的成员所信任是实现向下负责的基础，只有被下属信任才能够发挥作用，带动大家。这样就要求管理者平易近人、待人友善，对于下属的不足与缺点不是挑剔，而是避开。只有不断地找到下属的长处，避开下属的短处，才会有一个信任的环境，并得到彼此的信任，以建立起合作的关系。

（原载：《中国企业报》，2005年1月6日）

打造执行力

我总是觉得很是吃力，因为在企业界人们思想混乱，在研究界思想也是混乱。之前有人提出"中国创造"一词，我非常惊讶，因为不管提出"中国创造"的理想是如何，但是思考需要基于现实，在中国企业做制造还有待强化之际，一夜间举国皆谈"中国创造"，许多企业亦高歌猛进去"创造"，甚至不考虑是否已拥有"创造"的实力。我不知道这是否违背了该理念提出者的初衷。

近来我感受的压力来自中国家电业的困境，在这个最具有企业运营的能力、最具有竞争力的行业里，出现了根本性的困惑：关于核心技术的问题、关于品牌的问题、关于全球化的问题、关于渠道的问题等，似乎每一个问题都可以让中国的家电企业陷入困境，更困惑的是家电业的经理人感觉痛苦的缘由是不能够思想，认为在这个行业的思想者无法生存，除了价格战、做销量之外，这个行业根本没有战略可言。

如果我们需要解决这些困惑，从根源上讲，应该是对于战略的理解有了偏差。如果从经典的战略定义上讲战略，战略的大师们已经表述得非常清楚，我更愿意从战略的理解这个角度来诠释。战略理解的过程可以用以下方式描述：

- 战略起源于"一个美丽的梦"
- 由这个"美丽的梦"引出战略的定位
- 基于战略的定位来界定核心竞争力
- 再由核心竞争力来界定核心能力

如果是这样来理解战略的话，我们需要明确的是，战略只有在起点的时候是一种"思想"或者"理想"，但是进入到在企业的表现能力上的时候，战略则演化为企业的核心能力，因此我认为战略更重要的不是思想而是行动。不管企业具有多么美好的梦想，如果不具备核心能力，就无法拥有战略的能力。不要简单地认为企业具有战略规划就具有了战略能力，也不要简单地认为价格能力就不是战略的能力,理解战略不能够基于企业自身,必须基于顾客的价值,必须基于环境,必须基于对于理想与现实的理解。

一、行胜于知

如果我们需要解决这些困惑,那么还需要解决的一个问题是,经理人角色的问题。经理人作为个体可以是一个充满理想的人,可以是一个热爱思考的人,也可以是一个不屈从于现实的人,但是当经理人作为职业的选择的时候,他只能够承担职业所必须承担的角色,而这个角色决定了他必须是一个充满理想而又脚踏实地的人,必须是一个热爱思考而又身体力行的人,必须是一个面对现实解决问题的人。这样的要求也许在很多经理人看来太过苛刻,但是一旦成为经理人,你所承担的责任就要求你需要如此行事、如此思考。

在过去的课程中,我曾经很认真地讲授一个专题课程:职业经理人的素养。在这个专题的课程中,我列举了经理人的七项素养。

(1)职业化的心态。职业化的心态简单地讲就是一种承诺的心态,对目标承诺,解决为什么做的问题;对措施承诺,解决如何做的问题;对同事承诺,解决与谁做的问题。

(2)职业经理人的职能过渡:从体制到人。经理人的职能的转换,表现为:通过培养和利用企业核心人才调整企业决策方向,减少对于决策计划体制的依赖;通过培养鼓励自我监督的企业个人价值观和人际关系,减轻企业监控体制的负担;通过建立与拥有专业背景的企业员工的人际交流渠道,代替大部分对于信息系统的依赖。

(3)职业经理人的职能过渡:从结构到程序。传统的结构"是一个把脸对着董事长,把屁股对着顾客的企业"(杰克·韦尔奇语),现在经理人需要把关注结构改为关注程序,把组织变为程序选择的组织,其特点是构建企业家机制、优势互补机制、更新机制。

(4)实事求是的管理之道。职业经理人要做到对于环境的敏感;愿意脚踏实地地工作;关注结果;对于不确定的问题公开坦诚。

(5)转变职业经理人的角色。职业经理人的角色转换表现为四个方面:第一,从设置战略到阐明意义,以使战略能够变为行动;第二,嵌入企业的雄心壮志,以使成员可以面对所遇到的困难;第三,灌输组织价值,以使成员具有行为选择的标准,知道什么应该做,什么不应该做;第四,给员工的工作赋予意义,以使成员愿意为之全力付出。

(6)管理自己的老板。管理自己的老板就是建立并培养良好的工作关系,形成和谐的工作方式、相互期盼、信息流动、诚实与可靠、合理利用时间与资源。

(7)职业经理人的品牌。职业经理人获得品牌的根本是生产人才的"发动机",即直接培养人才;传授心得;情绪能量与决断能力。

我再一次认真地重复职业经理人的这七项素养,是想清楚地表达,作为经理人,其职业的要求就是一个实实在在的实践者。如果不能够有职业化的心态,不能够面对问题、解决问题,不能够配合企业和老板的要求,不能够带领员工共创业绩,那么经理人对自己的角色定位就会产生误解,因此而产生的痛苦就可想而知了。

二、"手"高于"脑"

我曾经写过一篇文章,叫作《营销"手"高于"脑"》。其实简单地用一些想法看待市场和行业、企业不是思想,只是片断,我在文章中用家电做例子,认为也许能够思考企业的人还不是现在做营销的人,应该是张瑞敏或者李东生之类的人,因为他们所追求的是一个产业与中国人的"大国梦"的连接。把营销上升到思想者的层面,这也恰恰是家电做不好的根源。营销是什么?产品、价格、促销、广告。回归到营销的基本理论上就没有谈论品牌、没有谈论其他,只是"4P"而已,没有做好"4P"又何来营销呢?虽然菲利普·科特勒已经认为"4P"不屑一谈,但是任何理论都需要与所处的环境相适应。我们所处的市场是一个不成熟的市场,我们所面对的竞争也不是理性的竞争,所以如果不把基本面做好,是不可能做好其他的。我还是坚持曾经的观点,营销就是在合适的时间做合适的事情。

中国企业遇到的最大的内耗是没有行动力,再好的策略也只有在有效的行动后才能够显示出其价值。虽然我们一直在探讨战略的问题,可是战略层面的探讨也仅仅局限于战略规划、战略选择、战略目标、战略思维这四个层次,形象一点说:中国企业的战略探讨都是学院派的,都是理论和思考层面上的,而真正意义上的战略要落实到行动上,是一个包含了目标、思想和行动的方案。所以我们常常看到在战略上我们总是可以找到一些清晰的方向,但是却无法保证战略实施的结果。既然战略方向没有偏,企业还是出现竞争力不足或者破产现象,那只能说明一个问题：行动力差。日本的松下幸之助说："对于产品质量来说，不是100分就是0分。没有任何的商量！"日本企业的质量战略是日本产品走向全球市场基本战略，质量取胜的战略方向贯彻在日本企业的现场管理中，贯彻在日本人的"5S"行动中。

　　对于今天中国的家电企业，我认为有三个制胜的关键因素必须关注——速度、创新、全球化。于清教先生曾经在他的一篇文章中帮助解释了我所提出的这三个概念，他说："我所理解的这个速度就是对市场应变速度、执行力的效率和水平，创新不仅仅是技术的创新更是执行力的创新，全球化需要企业的活动去围绕着产品与渠道、团队与流程展开，你的执行力是不是超前于市场和竞争对手，你的执行效率、质量和价值是不是可以掌控和评价，这相当重要。所以说，作为执行层也一定要站在经营的高度上去创新地执行，而不仅仅是部门个体的执行。当前，中国家电的营销如不将个体思维转化为组织思维，不将个人的能力转化为组织的能力，不将个人的理性与激情转化为组织的理性与激情，不将个体的创新转化为组织的创新，在今后的营销道路上，只能做减值营销，靠拙劣的促销和透支未来资源的方式杀鸡取卵，只能溃败于个人英雄主义的理想。因此，提高整个团队的有效运作、注重执行质量和效率，不仅是企业高层思考的事情，更是执行组织中每一个分子思考并付诸行动的关键。"他虽然是从执行力的角度来诠释自己的观点，但是恰恰帮助我们认识到企业的经理人"思考并付诸行动"才是关键。

　　笛卡尔有一句名言："人无异于一根芦草，只是这是一根会思想的芦草。"这不仅仅是人与其他物种区别的本质，对于人类自身来说，在这个世界里，人之所以有优秀与一般之不同，在于优秀者更有实现构想的能力，而不是更有思想。大部分的企业总是强调自己优越于其他企业的各种原因，但是究其根本一定是：一个优秀的企业在与其他企业做着同样的事情，只是比别人做得好。

　　大部分的经理人也在强调自己比别人优越的各种条件，但是究其根本一定是：一个优秀的经理人能够持续地完善自己的行为，以比别人更高的标准来行动。企业和经理人一样需要放弃对自己的过度欣赏，需要打开心胸、接受现实。理想之所以能够变成现实，现实主义和理想主义没有距离，是因为这个距离会让行动拉近。

（原载：《21世纪经济报道》，2006年1月2日）

员工是"社会人"而非"经济人"

相对于我们GDP的增长,产业工人的增长并没有与此相适应,一方面我们可以认为是从业人员对于职业选择的调整;另一方面我们需要清醒地认识到,对于产业工人的关注和投入我们欠缺太多,以至于一个以制造为主的国家,没有能够发展出发达的产业工人队伍。如何解决这个问题,我们需要回到埃尔顿·梅奥《工业文明的社会问题》一书中寻求答案。

20世纪20年代,随着工人的觉醒和工会能力的提升,经济发展与周期性经济危机的加剧以及科学技术的应用,单纯应用古典管理理论和方法已不能有效地控制工人来达到提高生产率和增加利润的目的。在这种情况下,一些学者开始从生理学、心理学等角度进行提高生产率的研究,其中管理史上最著名的也是最成功的研究实验就是"霍桑实验"。1927年,美国管理学家埃尔顿·梅奥应邀参与霍桑实验,并于1933年出版了《工业文明的人类问题》一书,正式创立了人际关系学说,第一次涉及影响员工生产积极性的社会与心理方面的因素。1945年,梅奥又出版了《工业文明的社会问题》一书,进一步阐述了他的观点。

对于梅奥的观点,我可以简单做个概括,就是以下6点主张:

- 以人为本
- 人存在于组织环境中,而不是社会中
- 人际关系中的关键活动是激励人
- 激励是以团队精神为导向的
- 透过集体既能满足个人需求,又能实现组织目标
- 个人与组织都想以最小的投入获得最大的产出

我们今天所强调的"以人为本"也是梅奥人际关系理论的核心思想。从梅奥开始,管理注重人的因素超越了设备的因素。梅奥深刻地认识到人与组织的密切关系,强调人存在于组织环境中,而不是社会中。这让我联想到中国文化对于人

的理解——"仁者，人也"。这个解释也明确地告诉我们，在两个人的关系中才能确定人。如果我们简单地理解人的社会属性，而忽略了组织中人与人之间的关系对于每一个人的影响，我们就无法真实地了解人。管理者需要在组织中理解人而非在社会中理解人。

梅奥通过霍桑实验发现人际关系中的关键活动是激励人，我对于这个观点尤为认同。我常观察管理者在日常管理中更多注重什么，竟然发现绝大多管理者把更多的精力放在事务性的工作中，很少花时间在员工身上。他们寄希望于员工自己的能力和素质，寄希望于管理系统和管理制度发挥作用，但是这些作用不会自然而然地发生，他们需要触动和推进，能够触动和推进的就是管理者对于员工的激励。

事实上我们在激励人方面花的努力真的不够，很多企业把这方面工作归结到人力资源部门，这是大错特错的。人力资源的工作是管理者自身的工作，不是一个职能部门的工作。如果人力资源工作是一个职能部门的职责而非管理者的职责，结果就是员工在组织里"自生自灭"，有能力的员工自己成长起来，没有能力的员工丧失成长的机会，但是这样就导致员工无法与组织一起成长，最终导致组织成长无法实现。

激励要以团队精神为导向是梅奥的又一个主张。这几年来我们在激励方式、手段以及投入方面做了大量的努力，但效果并不明显。奖金已经不再具有激励效应，股权计划和年薪制度在更多的时候表现为一个必须的条件而不是激励，导致这种现状的原因其实是以往我们的激励是以个人成功为导向的，所以当个人成功需要团队来支撑的时候，原有对于激励的理解和运用就明显无法达到预期的效果。今天是一个需要借用智慧和能力来竞争的环境，运用以团队精神为导向的激励才会发挥效用。

常常有人问道，什么样的管理是做得好的管理，梅奥已经给过答案：通过集体既能满足个人需求，又能实现组织目标。霍桑实验表明，个人需求和组织目标实现是可以相互融合的，通过对于个人需求的关注和满足，可以提升组织目标的实现。

趋利避害不仅是人的天性也是组织的天性，无论对于组织还是个人来说，他们都会衡量自己的投入产出，所以梅奥认为：个人与组织都想以最小的投入获得最大的产出。在这个方面理性的认识是非常重要的，在管理中之所以常常出现核心人才流失的现象，一方面是因为人才本身的选择，另一个方面是管理者没有理解到个人在投入产出方面所做出的衡量。绝大部分的管理者会关注组织的投入产出，但是往往会忽略个人的投入产出，还有管理者坚持认为每一个人都应该为组织做贡献，之后再看得到什么。表面上看这个要求并不过分，但是如果从梅奥的观点来看却是错误的，因为我们忽略了人们对于他自己投入产出的评估，而这个评估决定了他们的行为选择。

梅奥的人际关系学被广泛地应用到20世纪30年代的管理实践中，对当时的企业管理产生了重大影响。在此之前，企业管理者常常将劳动者与机器、生产工具相比较。因此，可以想象人们在读到梅奥的著作时的惊诧。自此以后，围绕"人的个性、心理与行为"的研究，越来越多的管理学者、社会学者及心理学研究者加入到这一研究领域，最终使行为科学成为西方管理理论的重要流派之一。

（原载：《21世纪经济报道》，2007年4月25日）

什么是激励

每次讲激励理论的时候，我都会先讲一个故事。

有一对很老的夫妇，他们决定不再做任何工作而去享受生活。为了享受生活，安度晚年，他们决定选一个他们梦寐以求的地方去住。两位老人就在城市里面找，终于找到一个非常好的地方，房子很漂亮，也很安静，打开房门，外面就是社区最大的一片草地，房子的窗户面对的是社区里最漂亮的一棵大树。两位老人拿出所有的积蓄，把这个房子买下来。可是等他们搬进去住的时候才发现买错了。为什么买错了呢？因为这块草地和这棵树是这个社区唯一可以让孩子们娱乐的地方，每天都有很多小朋友聚集在这里玩耍，非常嘈杂，每天都吵吵闹闹、喧喧嚷嚷。两个人就难过了，因为他们需要一个安静的地方，显然这里不是他们想要的地方。两位老人该怎么办？

有些同学回答说跟小孩一块玩，融入孩子当中去。这是一个方案，但是老人没有体力而且喜欢静。一些同学更大胆地假设把树挪走，我们知道这是公共财产，做不到。还有同学说把房子租出去，再另外找个安静的地方，这个方案对花光积蓄的老人来说应该比较难。更有意思的答案是养一条大狗，把小孩吓跑，虽然这也是一个方案，但显然这个方案是不会被采纳的。

我们看看老人怎么做。

小孩子来了之后他们就把房门打开走出来，对所有的小孩子说："孩子们，你们太好了，你们给我带来了很多快乐，我必须有所表示，我决定给每人一块钱来表达我的谢意！"拿到一块钱，小孩子们很高兴，第二天就来了更多的小孩。老人又走到小孩当中说："我实在是太老了，我很想跟你们在一起，你们给我的快乐太多了，我应该有所表示，但是我的钱不多了，我只能给每人一毛钱。"这个时候昨天拿到一块钱的小孩就火了，昨天的快乐值一块钱，今天的快乐值一毛钱，这些孩子们认为不公平，决定不来了。还有一半人觉得一毛钱也不错，第三天还来。第三天，老人又走到大家面前说："我真的是太穷了，我只能给你们每人一分钱。"这下，小孩子全都生气了，因为实在太不公平了，快乐才值一分钱，他们都决定离开。老人的目的达到了。

激励一定要想办法让工作变成游戏；激励要永远站在对方的角度来做，不要站在自己的方向。

这就是激励，激励就是让人们自己做出选择并愿意付出。本来到这块草地来玩是这些小孩的娱乐，其实是他们自己的事情。但是老人成功地把小孩子的娱乐变成工作，因为他付费给孩子们，付费让娱乐变成工作。一旦变成工作了就会讲报酬，报酬就要讲合理性，当报酬越来越低的时候，人们会觉得不公平，就做出选择。

把工作看成游戏，这个时候人们就会投入和愿意付出，因为这是他们喜欢的东西。

这个故事里大家还要注意一个问题，每一次我拿这个故事的问题来问询大家的时候，几乎所有答案都是把树移走、搬家、养大狗。这就提醒我们，当我们给出这样的答案的时候，说明我们还是站在自己的角度，没有站在孩子们的角度，从孩子们的角度看，这三个方案都不是有利于他们的。这也是大家没有找到答案的原因，就是因为从自己的角度去寻找答案。这个故事提醒大家，激励一定要站在对方的角度去做，不能从自己的角度去做。你站在对方的角度去做，你就要问：怎样能使这些小孩子愿意离开？只要这么想的时候，激励的方法就是对的。

这就是激励的两个角度。第一个角度是激励一定要想办法让工作变成游戏；第二个角度是激励要永远站在对方的角度来做，不要站在自己的角度。这两个问题也是激励的核心。

（原载：《中国机电工业》，2010年第3期）

组织内的关系是奉献关系

对于组织内的关系应该是一种什么样的关系，好像没有人认真地分析过。有人认为组织内人与人的关系是管理与被管理的关系，组织里只有管理者和被管理者两种人；也有人认为组织内是合作关系，人和人是平等、合作的，每个人根据自己的职责承担着任务和责任，为完成任务而相互合作。

其实，一个人若不懂得在团队中主动奉献，总是让团队为了他而特别费心协调，就算他能力再强，也会变成团队进步的阻力。我们需要明确：组织内人与人之间是奉献关系，不是管理和被管理关系，甚至也不是"合作"关系。

很多人遇到过这样的情况，当把很优秀、能力非常强的人组织起来的时候，并不一定会得到最好的绩效。如果让能力相当的两个人在一起工作，得到的结果可能是：要么一个人不表现他的能力，要么这两个人对着干。也许我说得有些绝对，我虽然同意优秀的人会产生好的绩效，但是更多的情况是，把优秀的人放在一起可能效果并不是最好。

因为姚明，我开始看美国NBA赛事，2008年这一季最令人惊讶的是火箭的"MM"组合总让人觉得失望，但这个结果反而符合了上面谈论的逻辑。如果认真分析火箭队取得胜利的场次，就会看到"MM"组合是以奉献的形式出现，没有以谁为主的说法。其实只要每个人都奉献，结果就会赢得胜利。

身为计算机工程师的朋友在公司人事缩减时被裁掉，他难过极了。

"我又没有犯什么过错，"他沮丧地问同事，"经理为什么选择把我裁掉？"

朋友回家想了好多天，一直摆脱不了心里的不满和疑惑，终于决定亲自找经理谈一谈。

"我只是想了解一下这次裁员的原因。我知道这次为了精简公司编制，总得有人被裁掉，但我很难不把裁员的原因和我的表现联系在一起。"朋友将在心里排练好久的话一口气全讲了出来："如果真的是我的表现不好，请经理指点，我希望有改进的机会，至少在下一份工作上我不会再犯一样的错误。"

经理听完他的话，愣了一下，竟露出赞许的眼神："如果你在过去的这一年都这么主动积极，今天裁的人肯定不会是你。"

这回换朋友愣住了，不知所措地看着经理。

"你的工作能力很好，在所有工程师里你的专业知识算是数一数二的强，也没犯过什么重大过失，唯一的缺点就是主观意识太重。团队中本来每个人能力不一，但只要积极合作，三个臭皮匠就能胜过一个诸葛亮。如果团队中某个人不懂得主动奉献，团队总是为了他必须特别费心协调，就算那个人能力再好，也会变成团队进步的阻力。"经理反问他："如果你是我，你会怎么办？"

"但是我并不是难以沟通的人啊！"朋友反驳。

"没错。但如果你将自己的态度和同事相比，以10分为满分，在积极热心这方面，你会给自己几分？"经理问。

"我想我明白了。"朋友说。他才明白，原来自己是个"可有可无"的员工。

这个小案例反映了一个明显的道理，能力是非常重要的，是你能够胜任工作的一个必要条件，但是同时还有一个更重要的条件，就是对于组织而言你是否愿意热情地付出，如果你不肯付出，总是让组织迁就你的习惯，那么即便你具备非常强的能力，对于组织而言都是"可有可无"的。

在今天谈奉献，很多人会觉得有点不合时宜，但是我真的认为如果你要理解组织内的关系，就要理解为奉献关系，没有奉献作为基础，组织关系是不成立的。组织内的人与人之间是相互付出的关系，部门与部门是相互付出的关系，上级与下级之间是相互付出的关系，在这样的相互奉献关系中，组织才会真正地存在并发挥作用。

奉献关系所产生的基本现象是：每个处于流程上的人更关心他能够为下一个工序做什么样的贡献；每个部门都关心自己如何调整才能够与其他部门有和谐的接口；下级会关注自己怎样配合才能够为上级提供支持，而上级会要求自己为下级解决问题并提供帮助。也许你会觉得我的描述太过理想化，但如果不这样做，组织就只是一个存在的结构而不能够充分发挥作用。

但是我们会遇到一个难题，就是如何让组织关系变成奉献的关系。这也许可以从以下几个方面来着手。

第一，工作评价来源于工作的相关者。很多组织的人员评价会采用各种评价的方式，但是不管使用什么样的方式，共同点都是工作评价会以工作结果作为评价的根本对象。如果想要获得奉献的关系，需要改变评价的主体以及评价的根

本对象。在这个评价体系中，最为关键的评价主体是工作相关者，只要在流程上相关的人都是你工作评价的主体。如果你的上司没有与你构成流程关系，就不需要作为你工作评价的主体。同时，不仅仅评价你的工作结果，还要评价你的工作贡献。举个例子，假设你把工作完成得很好，但是因为你认为别人都没有你做得好，所以你采用自己一个人独立完成的方式，虽然工作的结果很好，但是其他人因为没有机会参与工作而无所事事，就不能够评价为你的工作很好。

第二，"绝不让雷锋吃亏"，这是华为公司企业文化中非常重要的一个准则。《华为基本法》的第四条和第十四条中提到，华为精神是："爱祖国、爱人民、爱事业和爱生活是我们凝聚力的源泉。企业家精神、创新精神、敬业精神和团结合作精神是我们企业文化的精髓。我们绝不让雷锋们、焦裕禄们吃亏，奉献者定当得到合理的回报。"作为一家企业的法则法规，它面向企业的每个员工提出了企业对员工的要求。然而，在《华为基本法》里我们看到更多的条例并不是"要求"，而是企业对每一个员工的承诺。华为管理层将"我们绝不让雷锋们、焦裕禄们吃亏，奉献者定当得到合理的回报""我们强调人力资本不断增值的目标优先于财务资本增值的目标"作为对每个员工业绩的承诺，这一点落实到中国的企业中比任何西方管理科学中提及的"关键绩效指标"都更见效果。

第三，激励和宣扬组织的成功而不是个人的成功。其实在形成每个人的奉献行为的时候，需要一种氛围，那就是注重团队或者组织的荣誉而非个人的荣誉，注重个人在团队或者组织中的角色或者所发挥的作用。多年来中国的组织一直存在一个习惯，那就是习惯把所有人的努力最终变成一个人的成就，所以我们就有了所谓"组织教父""精神领袖"之说。在中国组织的习惯里不会存在多个成功人士的说法，只能够是一个人的成就，结果出现的情况是两个极端：一个是组织里只有一个人的绝对权威，其他人只是配角，不能够分享成就和成功；另一个极端就是认为付出之后需要分享成功的人只好自立门户，结果诸侯格局尽显，无法看到长久的成功或者大的成功，这些现象真的应该让我们好好反思。

一个人可以聪明绝顶、能力过人，但若不懂得积极热心、愿意付出，不论多成功都得付出事倍功半的努力。

不肯付出的人在组织中只会做好被吩咐的工作，愿意付出的人就算能力有限，也能带动团体，集结众人的力量，使工作加倍顺利地进行。

一个好的组织里的每一个成员的第一要素是：主动关心别人的需求。

（原载：《中国机电工业》，2010年第4期）

核心人才的管理方式

核心人才对于每一家公司来说，都是至关重要的资源。如何发挥核心人才的作用，是领导者必须承担的责任。1970年之后，领导理论解决了一个非常有意思的问题，就是职业经理人和核心人才的管理问题，职业经理人的管理我们已经阐述过，下面来看看核心人才的管理部分。对于核心人才的管理来说，需要从三个方面入手。

一、发挥领袖的影响力

核心人才需要施加的是影响力而非管理，领袖就是这样的特征。因此领导者面对核心人才的时候，需要释放领袖的魅力。如果面对核心人才，作为领导者需要做的是和核心人才达成价值观和使命的认同，而不是上下级关系的认同。这就要求领导者能够沟通使命和价值观，而不是沟通工作内容。如果领导者仅仅与核心人才沟通他的工作的话，领导者取得的效果反而是不好的，为什么？因为他是核心人才，在专业能力或者管理能力上他比你强，而且他天天在做事情，你的意见或者建议不见得对他有帮助。为什么他要接受你的影响呢？就是因为你能在价值和使命上和他形成认同，对于核心人才来说，这些才是真正重要的东西。

我曾经做了一段时间的总裁，应该说是公司的核心人才，其实我之所以愿意空降到这个公司做总裁，是为这个公司的理念和价值观所吸引，公司的创始人有着非常明确的价值判断，而且很多价值取向我非常认同。他有一句话我一直记在笔记本上："凡事往好处想，往好处做，必会得到好结果。"这句话说得非常好。我后来自己去体验和践行这句话的时候，发现真的是这样。任何事情往好处想，往好处做，一定会得到好的结果。他还有一个理论，就是"馒头理论"：你有1个馒头，你一定要给自己吃，不要给别人，你得先让你自己活得很好。你有10个馒头的时候，你要给全家人吃，这样的话全家人都能活得很好。你有1000个馒头的时候，一定要给所有人吃。如果10个和1000个馒头都留给自己，你肯定会被撑死。这些价值判断也同样获得我的认同，所以我们一起创造了这个公司良好的绩效。

二、真正的个人关心

对于核心人才需要关注到他们的个人需求和成长，必须以独立的、个体的认知来处理与核心人才的关系。很多管理者并没有很好地做到这一点，但是如果没有个人的真切的关心，很难达成核心人才和组织目标的一致，处理不好，会使这些人才偏离组织的目标，带来更困难的管理问题。

在管理的实践中，很多管理者并没有真切的对于下属的个体认识。对于组织的标准和目标可以清晰地理解，但是对于个人的标准和目标理解得就不够。企业的人力资源部门所关注的是组织绩效和个人行为的关系，并没有更多地关注到组织绩效与个人目标之间的关系，这样就导致了组织目标凌驾于个人目标之上的情况出现。如果个人目标和组织目标没有冲突，当然没有什么问题，但是一旦个人目标和组织目标有差异，管理者很有可能会忽略了个人目标，从而导致核心人才的流失。

因此，领导者需要特别关注到每一个核心人才自身的需求，而不是人们的共性需求。同时，实践告诉我们，如果被称之为核心人才，这些员工一般都会具有自我实现目标的能力，也具有多种需求而不是单一的需求，这就更加需要领导者理解其个性而非共性需求。

三、心智的激励

欣赏身边的人，真正向先进学习，调整自己的心智是极其重要的。

人的心智决定了行为的选择，决定了人们在做决策前的逻辑判断习惯。心智的不同，会直接导致行为结果不同，因此对于核心人才而言，进行心智激励是必需的选择。

中国人在心智上，有两个地方是有先天缺陷的。第一是当身边的人比自己好的时候，很多人不能接受。这是非常糟糕的心智。因为，我们可以合作的人基本上是我们身边的人，如果我们不能接受身边的人比我们好，我们也就失去了合作的人。俗语说，"住在隔壁的诗人就不是诗人"，因为你觉得他没有什么特别，和你一样作息，去一样的商店购物，你就觉得他的诗没有什么特别，甚至觉得诗人生活得一塌糊涂。但是当我们没和诗人住在一起，我们不知道他什么样的时候，就觉得他的诗美得不得了。

第二是"枪打出头鸟"。当有一个人做得特别优秀的时候，他身边的人不是聚在一起商量如何向他学习，而是商量如何用有效的方法让他尽快回到大家的水平上。这是特别可怕的心智。因为这样的心智导致人们互不欣赏、不宽容，甚至会让优秀的人只能选择平庸。

心智激励在目前激烈的竞争环境中更加重要，因为人们本身在竞争中就感受到压力和心态上的冲击，加上资源和环境的残酷，更会导致人们急功近利甚至不择手段，如果不能在心智激励上做出努力，就有可能让具有专业能力的人无法获得团队的支持，甚至被孤立起来。欣赏身边的人，真正向先进学习，调整自己的心智是极其重要的。

（原载：《中国机电工业》，2010年第5期）

管理是管事而非管人

今年,代工巨头富士康员工"连连跳"事件使新生代农民工问题进入公众视野,也使富士康这个庞大的代工厂成为社会关注的热点。

据《北京青年报》报道:一个民间组织叫"富士康网友观察团",观察团的12名成员由8名外部网友和4名富士康内部员工组成,其中从事人力资源管理2人,普通工人5人,法律工作者2人,教师1人,其他职业2人,平均年龄28岁。观察团成员向约50名富士康员工包括普通员工和基层管理人员进行调查,进行实地工作体验,并获得了部分内部资料。考察团得出了初步的结论:富士康既有与员工签订劳动合同、准时支付工资报酬、购买保险等正规的一面,又存在工资偏低、超时加班、管理方法粗暴等问题。

很多人分析造成这些悲剧的原因,甚至延伸到社会问题、产业转型等问题上,这些归因也许都成立,但是,这是一个管理的问题,一个需要还原到如何正确理解"什么是管理"的问题,一个需要尊重人而非管控人的问题。如果我们不从宏观层面去寻找根源,这样的悲剧还会继续出现。

富士康的员工多是年轻人,他们精力充沛,对未来抱有期待,同时又容易情绪波动。他们渴望丰富的业余生活,但现实生活又太过枯燥乏味,富士康也没有给他们搭建交往的平台,下了班,他们就是孤立的个体。庞大的集团管理要求80万人步调一致,强调的是共性;而现在是一个个体意识觉醒的时代,年轻的产业工人要求体现个性,这必然会产生矛盾,而化解这些矛盾正是管理本身的事情。

多年来,我们一直在纠正人们对管理误解,这个错误的认识就是认为管理是"管人理事"。管理并非管人而是管事,"管人理事"是大部分人对于管理的理解,即便他们没有这样的概念,也会在实际的管理工作中强调对于人的管理。但是很可惜,这个理解是大错特错的。

事实上,人也是无法管理的。从人性的角度来看,每一个人都希望得到尊重而不是管理,也许我们不能够认为所有人都具有自我实现的能力,不能够认为所有人都能够自我约束,但是我们也必须承认一个事实:每一个人都本能地认为自己有自我约束的能力,而被称为"80后"和"90后"的年轻人都认为自己是具有自我实现能力的人,更加觉得提供平台给他发挥比任何事情都重要。在对人有如此认知的前提下,如果我们还是坚持管人的话,一定是得不到好的管理效果的。

管理的目的是提升效率,这是德鲁克和我们的共识,为了得到效率,需要服从、规范、严格的约定和控制,但是正如我自己反复强调的,这一切界定的应该是"事"而不是"人"。我们需要服从的、规范的、控制的是所做的事情本身,相对于管理者所要面对的"人"而言,是理解、尊重以及责任。因此,管理的基本逻辑是:向上管理,向下负责。让管理产生绩效,最终体现在下属的成长中。相对于管理中的所有资源来说,人是最重要的资源,对人的激励也是最重要的。对于这方面的认识以及行动,是否正是富士康的管理者们所欠缺的呢?

对下属负责是一种管理能力的体现,也是管理者必备的工作方式。

(原载:《企业文化》,2010年第11期)

员工为什么忠诚

员工如何与企业构建一种信任、持久的关系是管理者需要面对的问题。相对于过去的情况而言，今天的员工管理会有更多的挑战性，一方面来源于因全球化所带来的价值多元化，另一方面来源于员工自我意识的强化。

获得员工忠诚是一个极具挑战的话题，我有如下五项建议。

建议一：设立更高的目标和期望。真正吸引人的公司应该是一个不断挑战自我的公司。当公司能够超越行业标准、引领行业变化的时候，可以吸引并激发优秀人才的斗志，以及获得优秀人才的信任，因为真正优秀的人才会喜爱迎接挑战。留住人才的关键是，不断提高要求，为他们提供新的成功机会。美的集团的经理人是一个被业界称道的团队，这些优秀的经理人见证了美的从10亿元规模发展到1000亿元规模的历程，他们拥有不断超越自己的理想，以更高标准要求自己并带领下属。他们认为今天所取得的成就都来源于公司的不断发展，只有不断超越自己，才符合公司发展的要求。

建议二：授权、授权、再授权。员工最喜欢在授权赋能的公司工作。惠普公司负责桌面电脑的美国市场经理马克·博格说："授权意味着不必由管理人员做每一项决策，而是可以让基层员工做出正确的决定，管理人员在当中只担当支持和指导角色。"我自己很喜欢青岛的海景花园酒店，缘由是它的服务贴心且独特，服务员会为了提供我喜欢的烤花生而占用休息时间去市场买来送到我的房间。和这些用心为顾客服务的员工聊天，你可以知道这些员工之所以这样热心为顾客服务，是因为公司授权给这些一线的员工，让他们有权处理顾客提出的要求以及他们认为需要为顾客所做的一切。

建议三：提供好的经济保障。在同业中和市场中拥有高薪资是员工获得认可的一个最重要的标志。如果员工可以分享到工作成果，并能够因此获得更加美好的未来生活，会受到极大的鼓舞，进而做出全部的努力。在这一点上，海底捞做得非常到位，已经成为各大商学院EMBA课堂中热烈讨论的案例。海底捞领班以上员工的父母，每月会直接收到公司发的几百元补助；海底捞的员工住的都是城里人的正规住宅，里面有空调和暖气，每人的居住面积不小于6平方米。不仅如此，宿舍必须步行20分钟之内可到工作地点。此外，宿舍还有专人给员工打扫卫生、换洗被单，可免费上网，电视电话一应俱全。海底捞的员工称他们的宿舍拥有"星级服务"。给予员工好的经济保障，能帮助员工肯定自我，人在感受到被关心的时候才会感到自信。能够让员工真切地感受到公司对他的关心是实实在在的，他就会跟随公司并做出努力。

建议四：正向激励。广州一家电子企业为了提高公司的竞争力，制定了一系列的奖励制度。例如，到公司工作两年就享有公司配车的待遇；每年给员工父母做体检并安排旅游；为了让员工能够和自己的孩子在一起的时间多一些，还特别设立了幼儿园；等等。这些奖励制度的设立，使这家公司的员工非常愿意为业绩做出努力，员工非常珍惜公司所给予的这些激励。虽然薪资是非常重要的部分，但是光有这一部分还不足够，因为薪资无法带来更大的满足感，如果需要给予员工更大的满足感，就需要提供正向的激励部分，而且让业绩和激励挂钩，使更高业绩的员工可以获得更高的激励，以此带来更大的示范作用，并获得员工不断超越自己的激情以及共同发展的热情。

建议五：学习与交流。大多数员工都明白，要在这个经济社会里生存下去就必须不断学习，能够提供学习与交流机会的公司就会具有非常大的吸引力，如果可以持续提供学习的机会，员工的忠诚度就会提升。几乎所有优秀的公司都会在员工学习中投入大量的资源，不仅从工作需要出发来安排员工的培训和学习，很多公司还会鼓励员工去获取更高的学位，如果员工要考更高学位而这些学位又与业务有关，员工也能考到好成绩，公司则会全额资助。

具有很高员工忠诚度的优秀公司也许还有自己独到的做法，但这五个秘诀是他们共同采用的方法。

（原载：《IT经理世界》，2011年第8期）

如何打造员工活力

何以两家公司的外在环境相同,创立者的出身也类似,却在几年后有着全然不同的运作方式?何以有时企业抗拒改变的能力如此之大?归根究底是企业家的作用。企业家能否科学地管理自己、科学地管理企业,是一个企业能否持续存活的根本原因。因此在企业持续的发展过程中,企业家需要持续地提升自己,我把这个提升的过程定性为企业家的修炼,并界定为以下几个方面。

一、创造文化

企业文化通常代表一系列相互依存的价值观念和行为方式的综合。这些价值观念、行为方式要为员工所共同拥有,需经过长时间的积累,需借助企业家行为的导向。促进企业经营业绩增长的企业文化在开始的时候,至少有两点十分关键:一是企业家必须拥有(或创立)与市场经营环境相适应的企业文化核心价值观念相似的经营指导思想;二是一个能够适应企业所处市场经营环境并能够带来经营成就的企业经营策略。

因此,在瞬息万变的世界里,企业家不仅必须要有长远的眼光,当外在环境转变时,还必须能够将之安置并做进一步的发展。完成这样的要求,做出科学的安排,企业家必须具备:改变文化假定的能力,有意愿及能力包容别人,学习新文化的能力素质。

企业家能否超越原有的习惯、放弃旧的标准、制定全新的文化假定、吸纳不同的意见、包容不同的观点,学习全新的思想是极其重要的一项修炼。但是大部分企业家,尤其是已经被证明为成功的企业家都是很难做到这一点的。

二、强调挑战精神

经济学家约瑟夫·舒彼得这样写道:"价格的竞争并不重要,重要的是新技术的竞争、新材料的竞争、新型管理的竞争。这种竞争不是依据利润和产量,而是依据公司的基础和生命力。"

那么什么是公司的基础和生命力呢?回答是"挑战精神"。挑战精神一方面要求企业不断接受变化,另一方面需要企业能够超越常规,超越自己的极限,到自己从未去到的高度。挑战精神的精髓是"挑战权利",如果能够在企业内部形成不畏权势、不唯上的习惯,企业就真的拥有了生命力。

三、奖励外部取向

企业家奖励外部取向,才能够形成有活力的企业,这种企业的特色就是:未来导向、顾客导向。

正如诺斯特龙公司的公司结构所描述的那样:可以看出,当企业家奖励外部取向时,员工会在行为中自觉站在顾客的观点和立场上考虑问题,同时部门之间也容易形成以相互配合为标准的公司风气。企业家需要灌输由外部标准约束企业内部行为的理念,企业家需要指导企业的管理者和员工以未来和顾客为基准,这样的基准可以培养企业关注未来、关心顾客的良好习惯,从而使管理者和员工不必以企业家的基准来做事,避免内部的不良行为,同时也可以使企业家脱离企业内部的管理而关注到企业的未来和顾客。千万不要像杰克·韦尔奇说的那样,大家都是脸向着董事长,屁股向着顾客。

四、欢迎新理念

正如河野丰弘所说:"新理念、新构想常常是少数人的意见,大多数人是反对的意见,因此,运行不苟同的人、特立独行的人,强调让有能力的人崭露头角,这种态度实属必要。"

不为组织的压力限制,组织充满朝气,经常创造新的理念,可以自由地讨论,是企业家培养有活力的企业的必须修炼。

毫无疑问,萨特·沃尔顿是一位极其有性格魅力和领袖气质的企业家。他的成功不在于他个人的魅力，而在于他倡导的接受新理念，创造了沃尔玛这个最成功的零售公司。例如，沃尔顿重视革新、试验和不断改进。他建立具体的组织制度来推动革新和进度；他把权利下放到部门经理的手中，使他们可以按照自己的意愿管理自己的部门；他建立了奖励制度，对那些提出创新建议的员工给予奖励；他还组织创新竞赛，鼓励员工进行创新试验。员工在鼓励变革和鼓励创新的氛围中工作，沃尔顿把接受新理念的精神传给了自己的继承人，使得在他去世后，公司仍然长盛不衰。

五、宽容失败

失败的经验是企业无法避免的，小型的失败可以使公司更加具有韧性，正如挫折的经验可以使个人更加坚强一样的道理。

宽容失败是衡量企业家能否构建有活力的企业的标准之一。既然失败是企业无法避免的，那么，只有不畏失败，鼓励员工挑战，才会取得成功。相反的，在官僚化的组织中，由于采取追究失败责任的态度，因而造成畏事主义，组织也因此逐渐僵化。

"失败是我们最重要的产品。"强生公司前总裁小R.W.约翰逊如此说。而3M公司前总裁理查德·卡尔顿则说："我们公司的确碰巧撞上了一些新产品。但永远不要忘记：只要你想前进，那么你就只能去撞。"

六、缩短上下距离

借助缩短上下距离，形成员工与企业家两者的良性沟通，这样员工对上司比较敢提出相反的意见，创意产生的机会也会比较多，而上下沟通的扩大更可以增进上下之间的信赖关系。

正如哈罗德·空茨和海因茨·韦里克所指出的那样："企业家并不是站在群体的后面推动和激励，而是要置身于群体之中，促进群体前进，鼓舞群体为实现组织目标而努力。一个乐队的指挥是一个恰当的例子，他的任务就是要通过乐师共同一致的努力演奏出和谐之音，一个管弦乐队取决于指挥者的企业家素质，从而乐队会有不同的表现。"

人们都熟悉英国的红箭特技飞行队，并对其精湛的特技飞行表演感叹不已。

殊不知，寓于这一群体之中的领导艺术才是杰出的、独特的。该群体领导艺术的重要之处在于，群体领导人有责任培养核心领导这一环节。领导者必须成为员工的核心，而不是挂名的责任人和上层，因为这样一来，群体便能够建立在相互信任和尊重的基础上，而不是建立在等级制度上。在这样一种领导风格的培育下，特技飞行队形成了自己的群体文化。一方面，群体内成员要信任别人就首先要信任和了解自己，换句话说，要有自知之明；另一方面，群体成员之间开诚布公，成员每天都要公开批评自己和别人的错误，包括领导人的错误。这正是我期望的企业家的领导风格。

七、行政指导

行政指导是一个确保高层企业家对形成有活力的企业的态度取得一致的进程。在一期《幸福》杂志的访谈中，通用电器公司的杰克·韦尔奇曾指出，一位好企业家的标志在于其拥有"说明自己观点的能力"。如果企业家不能够清晰地传达自己的指令，不能够让下属明确公司的标准和价值取向，那么必然没有人能够做出好的绩效，其实绩效的获得最重要的因素是企业家自身的行政指导能力。

企业的每一个成员都可能为企业做出贡献或对它进行塑造，然而企业的限制、趋向以及它所注重的方面是由企业的最高领导者决定的，所以企业家的修炼尤为重要。

（原载：《现代企业文化》，2012年第4期）

管理是"管事"而不是"管人"

领导常说"把人给我管住",因为从日常的经验来说,管理通常被定义为"管人理事"。这个定义被不断强化,结果,管理的主要工作就变成了对于人的工作,管理最大的困难也就变成了琢磨人的困难。

事实真的就是如此吗?中国企业中的人,如果从投入工作的时间来说,很多人会超过10个小时。但是从产出的结果来看,这10个小时并没有想象的好。原因是管理出了问题。

一、管理就是让下属明白什么是最重要的

咨询业流行一个故事:一个顾问到一家公司,老板非常高兴地说:"来得正好,帮我培训员工,他们笨得像猪一样,我说什么他们也听不懂。"这个顾问去培训员工,员工们却讲:"快去培训老板吧,他讲的全是鸟语,我们根本听不懂。"

这是许多企业的真实状况,老板和员工根本无法对话。管理者有时喜欢把事情变得复杂、不易理解,以显示其富有深度,但是管理是要做决定并让所有人执行这个决定的。

合格的决策就是让下属明白什么是最重要的。我们常常看到企业的管理者每日忙于决定他们认为重要的问题,但是对于下属应该做什么,对于每一个岗位应该做什么却从来不作分析、不作安排,导致每一个员工都是凭着自己的理解、热情和责任工作,结果很难符合标准。

评价下属有三个很糟糕的词:第一个是"悟性"。我不反对下属成熟度高,管理的效果会好,但悟性是一个非常不确定的特征,如果工作内容调整、工作技能要求改变,悟性总能保证足够吗?第二个是"领会"。没有足够的磨合,下属想弄清楚领导的意图是非常困难的。第三个是"揣摩"。揣摩会导致更大的风险。

只需要了解两个相邻的上下级岗位即可判断决策是否合格。比如，人力资源总监和人力资源经理，你从人力资源总监这个地方确定他对于人力资源经理岗位重要事情的界定，之后你去问人力资源经理对于自己岗位重要事情的界定，如果两者界定的重要事情是一致的，那么管理为良性；如果不一致，那么就是人力资源总监失职。其实管理就是每一层管理者确定下一层级管理者所要明确做的事情。

二、管理是"管事"而不是"管人"

中国的管理一直处在"人治"的状态，而根本的事实是，管理是"管事"而不是"管人"。

以日本管理来做例子，日本企业管理中最著名的是品质管理，而品质管理的获得来源于现场管理，现场管理就是"5S"的活动。"5S"是让每一个进入现场的员工做好5件事：整顿、整理、整洁、清扫、素养。这5件事情使现场管理成为可以操作的现实，从而得到品质。中国企业很多都进行ISO9000的认证，但品质还是无法与日本相比，很多人认为是中国人习惯不好，如果我们也像日本企业一样，进入现场就进行"5S"活动，我们也可以得到一样的品质。为什么海尔常常可以把其他企业都在做的事情，做到有结果？海尔在做服务的时候也没有想象的那么复杂，就是从管理的角度，设定了"星级服务"所要做的几件事情："三个一"（一双拖鞋、一块抹布、一张地毯）和一个服务效果追踪电话。

三、衡量管理水平的唯一标准是能否让个人目标与组织目标合二为一

人们都感觉到一个问题：有能力的员工常常不会受组织目标的约束，一个最常见的争论是"忠诚"。

我认为，忠诚的衡量应该是员工对于组织目标的贡献而非其他。很多老板把忠诚看得这么重，其根本的原因是管理水平不够。老板们知道自己资源、能力有限，所以只能够靠无价的情感来弥补了。这样做的结果只能是，留住那些需要情感满足的员工，而对于需要能力发挥得到满足的员工来说，他们只能离开，这样的企业想长久发展是绝对不可能的。

国内的企业中，一个很普遍的现象一直困扰着老板——企业初创时，所有

人都会全力以赴，但当企业可以存活并有一定成绩时，企业就开始留不住人。更令企业困难的是，核心成员自己创立与原企业一样业务领域、一样市场领域的企业。很多老板开始用各种方式减少这样的情况出现，比如，约定不能够做相关领域的创业，惩罚性的条款，市场上的拼杀，甚至还会用极端的手段来伤害。但是这些情况出现的根本原因是不知道该如何管理员工，更加不知道需要不断地关注个人目标的变化，让组织目标不断得以实现的时候，个人的目标也能够不断地实现并提升。

四、管理就是让一线员工得到并可以使用资源

管理需要资源，而且对于管理的资源而言，最重要的是人力和财力资源。一个老板对我说，他不明白为什么下属做不好，因为他已经非常授权，除了人事和财务的权力，其他的都给了。我笑着说，其实你什么权都没给下属，因为除了人事和财务的权力，其他的权力对于管理来说都是次要的，管理的资源首先是这两个权力。

在管理的架构中，管理者因为处在结构的上层，因此拥有了资源以及资源的分配权，但是越是处于上层的管理人员，就离顾客越远，而与顾客接触的一线员工反而没有资源及其运用权力。

一次我到市场做调研，当时公司派出区域总监陪同我到分公司，我们到分公司之前，分公司的经理在电话中征求，可否在我们到的时候与一位当地最重要的客户见面。这个客户已经开发了10个月，可是无法谈下来，所以分公司经理希望借助于我们这次到当地，再争取一下。我们到达后与这个重要的客户见面，客户提出的要求区域总监当场答应，结果一个开发了10个月的客户在不到一个小时里就解决了。当分公司的员工们庆贺，并认为还是区域总监厉害的时候，我很伤心。回到公司，我说服总部取消区域总监这个层面。为什么呢？因为区域总监这个层面并没有起到管理的作用，反而因为保留这个层面，资源就留在上面，分公司经理没有资源满足顾客的需要，结果一个重要的顾客在10个月后仍无法与公司开展业务。

（原载：《现代营销》，2013年第7期）

管理用什么说话

我对管理有三个方面的总结和归纳：第一，管理只对绩效负责；第二，管理是一种分配；第三，管理始终为经营服务。

一、用绩效说话

企业的绩效包含着效益和效率两方面的内容。对于企业而言，我们需要有好效益的同时又需要用最快的时间达成这个结果。因此对于管理来说，无论你采用何种管理形式和管理行为，只要是能够产生绩效的，我们就认为是有效的管理形式和管理行为如果不能够产生绩效，那么就是管理资源的浪费。

企业的主要目标是达成良好的绩效，管理的所有活动都是围绕着这个目标来进行的，所以管理观的第一个内容就是：管理只对绩效负责。

很多人也经常把这句话挂在嘴边，但是有多少人能真正理解？一些普遍存在的现象很直观地说明了人们并不理解这句话。

（一）赞扬功劳，但是也容忍苦劳，甚至以苦劳为荣

常常可以听到这样的说法："我虽然没有功劳，但也有苦劳""我没什么惊人之举，但是我也在流血流汗""我流汗的时候，企业还没有你呢"等，人们只是关注自己对于企业的付出，但是不关心这样的付出是否真的会产生绩效，很多人的衡量标准是他自己的付出，而不是付出的效果。

所以在企业里常常看到的结果是：有苦劳的人得到肯定，在企业里有历史的人得到重用。但是我们都很清楚，只有功劳才会产生绩效，苦劳不会产生绩效。

（二）关心态度多过关心能力

企业里有一个小李、一个小刘，小李是一个任劳任怨、勤勤恳恳的员工，每

一天都早来晚走，经常加班加点。小刘是个准时上下班，从不加班的员工。结果，小李得到表扬，成为优秀员工，而小刘从未得到表扬，更不会当选优秀员工。

但是，如果你好好思考，也许会发现这样一个问题：小李的表现恰恰是能力不够的原因，而小刘的表现正说明他的能力可以胜任这个岗位，及时完成任务。所以，关心态度还是关心能力是一个非常重要的问题，只有能力才会产生绩效，态度必须转化为能力才会产生绩效，这才是正确的观念。

但是，在现实的管理中，这种现象非常普遍地存在，在一些企业的考核里，有多少是考核能力的，又有多少是考核态度的。可以肯定地说，考核态度的指标一定多过考核能力的指标。除此之外，很多人在管理习惯上喜欢态度好的人，喜欢听话的人，喜欢加班的人，人们也从经验上得到态度比能力更重要的结论。这样，态度好、能力平平的人得到重用的机会比能力很强但是态度一般的人多得多。

（三）德与才的取舍中，人们希望德才兼备，如果得不到，就先德后才

品德和才干一直是对人才评价的两个基本面。而我们面对的事实是，我们所管理的下属，一定不是德才兼备的，可能这个人的品德或才干低于我们的要求，如果这个人是德才兼备的，应该由他管理我们，而不是我们管理他。

在这个前提下，80%左右的人会选择品德作为重用人才的依据。但是，只有才干才会产生绩效，而品德需要转化为才干才会产生绩效。在对于品德与才干这个问题的选择上，需要非常清晰才行。一般在两种情况下我们以德为先，除此之外要以才干为主：一是从外部招聘人员的时候，二是提拔人员的时候。

但是，很多企业在招聘人员的时候，很少考量这个人的品德，更多的是关心学历、工作经验、个人能力。在提拔一个人的时候，也很少关心他的品德，更多的是关心过去的业绩、管理经验和经历。而在这两种情况之外，反而在例常的考核和日常的管理中，人们常常考量品德而忽略了才干，而这种做法恰恰是本末倒置的。

二、等边分配法则

管理其实很简单，说它简单是因为管理只需要做一个分配就好了。管理就是分配权力、责任和利益。但是必须把权利、责任和利益等分，成为一个等边三角形。

在管理上出错基本上都是因为没有把这三样东西分成等边三角形。很多管理者喜欢把权力、利益留下，把责任分出去。也有管理者认为责任和权力以及利益

都应该留在自己的手上，根本不作分配。这些管理观点都是非常错误的。

以国有企业为例，很多人认为国有企业管理不好，根源在于产权问题。但是，产权是一个不能够在经营层面和管理层面讨论的问题，任何管理者都是在有限条件下做选择，所以我坚持不在经营层面讨论产权问题。我们没有管理好国有企业的一个根本问题是：没有很好地分配权力、责任和利益这三样东西。国有企业的权力非常大，上百亿的国有资产的管理权；国有企业的责任也非常大，上百亿的国有资产保值增值，几万职工的就业；但是国有企业的管理者在利益分享上是没有机会的。因此，出现这么多国有企业的困境就不可避免。

三、经营大于管理

管理与经营是企业的两个面，经营是选择正确的事情做，管理是把事情做正确。从这个意义上讲，经营是第一位的，管理是第二位的，因为管理始终要为经营服务。

可以用这样一个比较来说明，当一个企业在经营上选择"薄利多销"的时候，管理上就要选择成本管理；在经营上选择"一分钱一分货"的时候，在管理上就要做品质和品牌管理；如果像联邦快递一样在经营上选择"隔夜服务"的时候，管理上就要进行流程管理；如果像戴尔一样用"直接定制"的策略，管理上必须做到柔性化管理。

有两个观念值得思考：第一，管理做什么，必须由经营来决定；第二，管理水平不能够超越经营水平。

我们看到，中国家电企业这么容易亏损，并不是这些家电企业的管理不行，反而是这些家电企业的管理水平太高了，超过它们的经营水平。大部分企业还在薄利多销的经营水平上，但是很多这样的企业竟然开始了流程再造的努力，这些企业不亏损才怪！

同样的，我开始担心很多企业的管理培训，因为我常常被企业邀请为企业的员工讲解领导力或企业策略。也许这样的"培训过度"反而会产生反作用，因为企业给员工的培训超过了员工所承担的责任。当一个企业的管理水平超过经营水平的时候，这个企业离亏损就不远了。当然，目前的普遍现状是企业老板的经营水平很高，企业的管理水平较差。

（原载：《商界：评论》，2014年第11期）

管 理

怎么样做一个变革的管理者？

互联网时代的最大特点就是"成功乃失败之母"，所以一定不要用经验去做，应该打破旧的经验，用新的思路和新的方法来做。所谓新的管理能力就是在寻找机会中解决问题。做一个变革的管理者，只有超越自己，才会真正获得成功。

市场竞争的法则是很简单的，就是强者生存。其实答案我们在心里是有的，在市场当中衡量的标准只有一个，就是"强"。我们现在刚好处在行业比较特殊的阶段，有人称为"全竞争状态"，"全竞争状态"不是勇者胜，必须是强者胜。

刘永好董事长不断告诉大家："我们一定要拥抱互联网。"我想在这个问题上需要大家真正理解，不是我们在商业上怎么理解互联网，而是理解互联网改变了整个商业的游戏规则和人们的消费习惯。要记住的是，因为商业的游戏规则和人们的消费习惯改变了，所以互联网改变了所有的行业。

第一，做品质更高、范围更广的沟通，就是所有东西都是透明的。与人做沟通的时候，得有品质的能力去做沟通，这就是为什么我对福达计划看得这么重，因为在今天这个网络社会当中，时间和空间都被突破掉了，这是这个时代最有意思的地方，是全透明的，这是一个特点。

第二，企业必须延伸所提供的服务，而且延伸的服务要做价值创造。服务是能够增加价值的，如果企业仅仅是提供产品，而不能够提供解决方案，就无法满足环境对企业的要求。我喜欢"三只松鼠"，不仅是因为它的坚果，而是它提供了吃坚果的解决方案。这就是企业延伸的服务。

第三，强调竞争与生活品质。品质的要求和竞争强度的要求都是非常高的。席刚在凌晨一两点钟在微信朋友圈发了一个"今夜让我如何入眠"的消息，他们正在跟另外一个公司做交流，他说："我们也在工作，他们也在工作，我们在努力地工作，巨邦的人在拼命地工作。"半夜两点还在工作，图片显示他们还在讨论，这就是这个时代的激烈竞争，竞争强度和品质的要求都是非常高的。

第四，终生学习。今天的市场中全是新东西，你不学不行。

我很认真推荐几本书给大家，今天也很高兴看到有同事在他的报告里面谈了其中的理解。在这样竞争环境下，《发现利润区》是非常重要的一本书，如果想有效经营就认真去看这本书，读的过程中你能开窍。如何高效率地激活所有人，《阿米巴经营》是最佳的一本书，它让我们理解，怎么样使得小单元完全被激活，如何与经营挂钩。让我们的管理简单，《卓有成效的管理者》是最好的一本书。我不会去具体检查你是否看了这几本书，只看你的思路和做法，你的工作结果的呈现，你用什么思维、什么框架去思考，就知道你学了这些书没有，终身学习就是要时时刻刻都在学习。

一、在目前的环境下，对企业有三个最主要的要求

第一个是有能力重新定价。谁来重新定价，是这个互联网环境的特点。所以就有"免费"模式带来的对商业模式的整体颠覆。这个市场的特点就是重新打破概念，互联网的特点就是"谁成功就颠覆谁"，所以重新确定价值是对企业的基本要求。

第二个是速度革命。在这样的竞争环境下，盈利的来源是效率，而不是通常意义上的成本。成本是不太可能降的，真正的成本实际上是来源于效率，不是来源于直接成本的下降，效率淘汰落后。

第三个是价值独占。就是你必须在你的用户中占一个价值，这是非常重要的。有人问我，谁是你的竞争对手，我回答说没有谁是我的竞争对手，我们需要学习同行，与同行合作。因为如果行情继续这么走下去的话，就需要整个行业一起转型去创造新的价值。如果做到这一点，那就得有一个价值独占，与行业一起创造价值。不同的区域市场，可以找一个不同的价值独占，如果把独占价值创造出来，就不担心了。价值独占是两个部分，一个叫功能型价值，一个叫情感型价值。小米很厉害，就是在米粉中独占了情感型价值。

目前这个环境对企业来讲，需要了解这三个要求：重新定价，速度革命，独占价值。

互联网时代的最大特点就是"成功乃失败之母"，所以一定不要用经验去做，应该打破旧的经验，用新的思路和新的方法来做。所以需要我们具有新的管理能力。

二、新的管理能力

所谓新的管理能力就是在寻找机会中解决问题。寻找原因去解决问题，我称之为旧的管理技能。要具有新的管理技能，一定是问机会在哪里。不要担心有过去的问题，如果你去找原因、用原因做依据来解决问题，是旧的管理技能；今天充满的都是机会，也同样充满了问题，但只要你从机会当中解决问题的话，我就对大家充满信心。新的管理技能就是要在变化中寻求增长点，就是这个概念，使我们可以重新去理解到底什么叫创新，可以让我看到对创新的理解已经真正深入，开始进入到新产品、新特性，或者新的生产工艺、新的商业模式、新的市场，或者替代性原材料、新的企业组合。

以前传统的观念彼此是冲突的：强调质量，成本要让步；如果把成本降低的话，可能就要牺牲质量；如果有柔性化的能力，效率可能就低了。但是，今天你已经没办法用传统的观念来做了。因为行业进入拐点，这个时候是既要成本又要质量，要柔性还要速度。以前可以靠成本竞争，原因是成本可以成为优势；以前可以靠品类去做竞争，因为盈利和增长空间是够的，现在这些条件都变了，需要有多维度的能力。

行业内判断饲料3.0的时代来临，就是平台型企业开始出现，也就是说需要提供综合服务。我想在饲料3.0时代我们有机会成为领导者。换个角度说，进入饲料3.0时代每个企业都没有对手了，每个企业都需要寻找到创新发展的模式。我想大家理解饲料企业的平台化趋势，或者叫差异性竞争的升级版，就必须去培养、打造整个公司的综合服务能力。

我很高兴在这个时间我们在一起，我们可以开创一个新的时代，我们已经启动了实实在在的转型，我对大家充满信心，哪怕第一季出现不太好的情况，我们在调整当中，通过调整逐步地让整个公司进入最佳状态，一起来调整，让公司有一个好的持续成长，为此我对大家提出一个要求，就是要成为一个变革的管理者。

三、成为一个变革的管理者，要从五个方面去做调整

（一）思维模式要转变

"去看看不见的"和"做不可能做的事情"。别人能做的事情你要正常去做，比如说产品、品质、服务，这些大家能做的事情请继续做。但是还要做一些

别人不可能做的事情。我认为福达计划就算是其中一个。经营信息和数据对于企业的发展无比重要，这也是其中一个。另外需要转换思维的地方，就是理解全连接和零距离。IBM得出的这个结论，就是说在今天商业环境当中，核心企业是一个全连接的企业。所以你会看到腾讯购并很多项目，连接了很多企业；阿里巴巴购并很多项目，连接了很多企业；IBM购并很多项目，连接了很多企业。他们为什么要这么做，就是要全连接。所以我们一定要学会，与更多的人在上下游去做合作，在不同地区做合作。真正在合作中去做，这叫思维方式的转移。

（二）真正的客户导向

禽肉事业部的调整，从7月调到现在，无数人在为此做出努力，做出调整，我特别欣赏。为什么要这样的转型？就是因为消费端在评价农牧行业，不是农牧端在评价。以前我们说农牧企业好，是我们行业内在说，消费者不知道；今天是消费者告诉你，谁的肉好，谁的肉不好。这个评价就导致了企业要能够真正贡献品牌。

农贸市场超市化的进程速度会非常快，我第一次认识永辉生鲜，就是因为它把农贸市场改成超市，我认定这是最佳的模式了。永辉生鲜选择做超市，正是基于客户导向的选择。什么是客户导向，就是你在做任何事情的时候，知道谁评价你，你在为谁创造价值。在这之前，你的料好不好，是养殖户在评价；今天你好不好是消费者在评价，这个评价体系变了。当评价体系改变时，我们就必须知道我们怎样去创造客户的价值，怎么去设计和行动。

我们设立的夏津模式令很多人惊叹，它越漂亮，我们是越紧张。因为漂亮是有代价的。我们建这么漂亮的一个夏津猪场，投入很大。我们需要让它漂漂亮亮地创造价值，全力以赴去做好三件事情，食品安全、环保、养殖效益。这才是真正的客户导向。

（三）人的活性化

人真的很重要、很重要。海外发展我们之所以不惧任何障碍去开发饲料市场，是源于孝华团队具有能力。在今天我们的规模的确很重要，资金的实力也很重要，但是更重要的是团队和人。

我看到硅谷的一份PPT，其中表达一个观点，我很认同，人们以更大的、渴望成长的欲望创造了增长，这就像我们一样，以强烈要成为世界级农牧企业的欲望,成为中国第一大农牧企业,世界第三大饲料企业。我们增长很强劲,带来了一个问题,就是公司变得很复杂。现在这个体系已经很复杂,我们既有农牧的特点又有食品的特点,既有养殖的特点又有饲料的特点,既有终端食品的特点又有原料肉的特点,既有成都的特点又有山东的特点,既有中国的特点又有全球化的特点,现在又来了我这么一个广东人,这已经变成很复杂了。

复杂性会对人的要求很高。但是我们需要清楚地认识到,增长的复杂性会导致高适应人才比例下降,这是所有企业所面对的问题。高增长带来的复杂性与高适应人才下降之间形成一个剪刀差,这个剪刀差就会让企业出现混乱、不协调以及难以协作。我们也和这些强劲增长的企业情况一样。增长导致这个剪刀差出现了前所未有的复杂性。

我们做这么多的调整,我相信人力资源部的压力很大,所有人的压力都很大,我非常希望通过盈利和增长保护住大家。但盈利与增长一定来源于高素质的人才,需要让更多的同事成为高素质的人才,推荐四本书就是其中一个培训的方式,帮助大家提升自己的能力,希望把管理变简单,要有阿米巴经营的概念,要知道如何可以有效经营。当你的能力超过复杂性,你就可以做到。一定要认识到简单的价值,这当然也是最难的一件事。

核心是什么,是与对的人在一起。不要怕现在的行情和市场,这个市场恰恰是我们这样企业的机会。如果我们不固守过去的成功,就会获得成长。更重要的是需要大家认识到:你的自由取决于你的责任,你的创新取决于你对公司的认同,我们要形成这样的文化。

(四)资源整合

资源整合在今天是非常重要的,我们需要企业内部、行业内部、行业外部、国际市场、国内市场、跨行业寻找整合的机会。整合资源对于我们来说具有基础,我们的文化本身就具备条件,我们一直是在整合和合作中成长起来的,请大家一定把它用好。所以我一再要求大家有新的管理能力,即在机会中解决问题,不要从寻找原因中解决问题,而整合本身就是最好的机会。

(五)系统思考的内部改造

系统思考的原则是整体最大。饲料的增长和规模的增长绝不含糊,这是一个增长的整体基础。如果我们不能给员工提供好的薪资,不能给股东提供好的回报,我们也不会有任何机会。这样去理解公司就是整体最大原则。所有产业之间都是相关的,饲料一定支撑肉食,肉食一定是协同饲料,这个相关联过程就会让我们整体最大。

系统思考的内部改造可以称之为结构效益,所有的结构一定是要调到位。产能结构、规模结构、市场结构、人员结构、品类结构,全部调到位,这就是内部改造。

系统思考的内部改造也可以称之为端到端的效率。把最终的食品效率做到最大化。一个公司最重要的是什么?做可持续经营。如果要做一个可持续的企业,就是要改变行业的生态,就是让行业能够在一个生态环境下发展,农牧行业需要做价格竞争下的食品安全,所以我们必须想办法实现"基地+终端"的战略,必须表达整个产业链的生态能力,这就是根本性的要求。

今天的市场,要求有多种能力才能够参与其中,因此要求大家成为一个管理变革的人,要达到以上五个方面的要求。除了这五个方面的要求之外,还要记住成为变革管理者的基本准则,第一有企业家的精神,也就是说你要创新;第二一定要用业绩去说话,没有业绩就没有尊严;第三脚踏实地,认认真真去做事;第四思路、措施、结果要保持一致;第五提升领导力;第六善用学习与转化;第七自我管理与突破局限。这些都是我们要做到的。

我自己最近思考最多的是这几点,一切都在变化中。改造管理实际上是挺难的。我已经花一年时间与大家一起做变革管理,大家也有疲惫的时候,为什么大家都不去动呢?为什么你们坚持认为你的就是对的呢?改变自己真的是极其困难的事情,我请大家和我一起做好准备,变革自己,现在我很开心看到,大家已经全部动起来。

(原载:《商业故事》,2014年第10期)

管 理

60%的员工都在无效工作，他们的绩效都去哪儿了

很多公司存在着这样的普遍现象——有5%～10%的员工，一上班就是来挑毛病，和老板对着干的，对所有的制度都看不惯，对所有的决策都有不同想法，而他不会去想自己做得如何；有15%～20%的员工做出的工作就是不合格的；有20%的员工在蒙着做事，做得对与错，他都不知道为什么；只有20%的员工的工作是高绩效的！

也就是说公司中有60%的员工工作没有正常产生绩效，这是多么大的浪费！尽管管理者做出了很多努力，他们也学习过不少管理知识，尝试了很多管理制度，但是总是看不到理想的效果。问题到底出在了哪里？

这是我10年间对200家企业跟踪研究的发现。十数年来，正是这些问题深深地吸引住我持续迷恋、关注管理。

为什么同样的资源和人，交给不同的管理者进行管理，结果却相去甚远？为什么这样多的人陷入了无效的、甚至毫无意义的工作中？影响人们工作的关键要素是什么？人员为什么会流动？为什么很多人觉得组织并没有让他们发挥作用？这些问题的出现，其实都是源于管理观。

一、用绩效说话：管理只对绩效负责

（一）功劳与苦劳

现在大家普遍知道，"苦劳"对绩效没有帮助。但是在现实中，很多人有了"苦劳"之后，就会觉得已经很对得起公司了。其实我们也会接受这些看法，很多公司还是以苦劳为考量标准。这说明对管理的观念还是没有认识清楚。讲苦劳是对管理上的第一浪费。

（二）能力和态度

管理只对绩效负责，直接产生绩效的是能力，而不是态度。谁产生绩效，谁就最重要。当态度转化为能力才有用。

企业管理者可以反思一下自己的企业，公司活得好的员工是谁？是不是能干的人累死，不干活的人活得很好？而通常是能干的人总是态度不那么好，不能干的人总是很讨好。那么管理就一定出问题了。如果企业50%的内容都是在考核态度，那公司能干的人就自然活得很累了，这意味着如果有机会，他就会流走。这是对管理的第二大浪费。

（三）才干和品德

品德只有在遇到重大挑战时才能评价，通常情况下，我们很难去评价一个人的品德是好还是坏，管理不能把赌注押在这里，而恰恰应该去设法解决它。管理要承担的责任就是没有机会让人去犯错误，让品德转化为才干，创造绩效。所以学管理，要看经济学和组织行为学。

何时"德"比"才"重要？在两个时间点上德比才重要，一是在招聘时，一是在提拔时。

二、等边分配法则：管理是一种分配

管理者一定要懂得把三样东西分成等边三角形：即权力、责任、利益。

几乎所有管理出问题，都是因为三者的不对等。管理实际上是一种分配，这里分配的是一种责任，而不是权力。我们在管理中犯的最大错误就是分配权力。必须明确是权力分配的依据不是岗位而是责任。比如：如果完成绩效的责任分公司的责任最大，那么权力最大的就应该是分公司经理。但是现实中常常不是这样。我建议大家做两个重要观察：

（1）公司的总经理经常给谁开会？参加会议的人就是权力最大的人。他是经常给总部职能部门的人，如人力资源经理、财务经理开会？还是经常和分公司经理、一线经理开会？和总经理经常开会的人最有权做决定，只不过这个决定是通过总经理部署下去。

（2）公司头衔的设计，是一线人员的称谓高，还是公司职能部门的称谓高？称谓具有象征意义，权力常常在岗位的称谓中就分配了。不难发现，总经理的会议室里多是职能部门的人，而二线职能部门负责人的称谓都比分公司、一线岗位的称谓高。企业又如何让一个人力资源总监去为一个小小的一线经理服务？彼此见面一打招呼，上下心态就立刻拉开了。这样的分配就不是基于责任的分配，管理效力自然大打折扣。

三、管理始终为经营服务

这是我一直坚持的观点，也是谈得最多的话题。其中含有两个重要的认识：第一，管理做什么，必须由经营决定；第二，管理水平不能超越经营水平。在一个公司中，"经营"是选择对的事情做，管理是要把事情做对。逻辑关系非常明确。比如通常情况下，薄利多销经营对应规模化和成本管理；一分钱一分货经营对应品质和品牌管理；服务化经营对应流程管理；定制化经营对应柔性化管理等。

为什么管理不能大于经营？因为如果一个公司的管理能力大于经营能力，那常常意味着亏损。这就是为什么有的公司制度很健全、文化理念很先进、人才很优秀，但经营不景气的原因。虽然老板很懂管理，但是企业的管理观有问题。

老板们可以看看，公司最优秀的人是在做经营，还是在做管理？公司开内部会议多，还是开外部会议多？如果公司的高管团队每一次都是开内部会议，每天看到的都是他的下属，那么公司的管理就大过了经营。这就是杰克·韦尔奇为什么说：不好的管理者，上午最重要的时间都在开内部会议，下午不重要的时间见客户；好的管理者，上午最重要的时间都在见客户，下午尽量少的时间开内部会议。从时间的分配上就可以知道，公司是经营大，还是管理大。

（原载：《今日养猪业》，2015年第12期）

激活个体，
互联时代的"共生众享"

无论判断多好，转型意愿多强，如果不能激活人、释放人，就没有办法应对今天的世界。今天则是组织要依赖于成员才可以创造价值，彼此不再是服从和雇佣的关系，而是一种平等合作的关系。激活一个企业的文化，在底层需要建立一种信任关系，而这也是对中国文化来讲比较难的一件事情，就是要容忍分歧。

李健熙1993年对三星全面改革，提出了一个到处传播的观点："除了妻儿，一切皆变。"2013年和2014年，他又两次明确提出三星必须改变，在他看来，未来是不可预测的，未来只能是用来创造。但是，如果未来是要创造的，根本性就在于人能不能够真正发挥作用？也就是激活人。IBM这几年利润不断下滑，但实际上IBM对趋势的研判是对的，并且在打造全新的战略布局，可是他们仍在下滑，根本的原因就是行动的速度不够。

举这两家企业的例子，是想说无论判断多好，转型意愿多强，如果不能激活人、释放人，打破原有结构，就没有办法应对今天的世界。

一、不持续创新，成功可能是失败之母

我们今天所处的是互联网时代，背后的逻辑是共享经济时代。同样做一件事，如果能够用"倡导+连接+合作"的模式，成长速度会非常快。

这种共享经济的实现，会带来社会结构的巨变，即雇员社会将要消失。100年来管理学基于一个前提，那就是这是个以雇员为主的社会，这个结构带来了有效的分工和非常大的效率。这种结构意味着成员依赖于组织才可以创造价值，而今天则是组织要依赖于成员才可以创造价值，彼此不再是服从和雇佣的关系，而

是一种平等合作的关系，有人甚至会希望能够成为一种平等的网络的关系。

这种变化所带来的个体价值的崛起，令人非常振奋。这些创意精英的出现，使整个组织具有更大的创造力，那么组织首先要做的就是为创意精英提供一个非常好的组织形态：更加重视工作挑战和多样性的学习方式，没有等级、层级结构和僵化的系统。

今天人们更加希望自由、自主，希望从原来的雇佣改成平等合作的关系。我研究组织行为的时候发现，人们并不愿意陷入一种雇佣关系当中，在原有的组织中，先有整体价值才会有个体价值，但新的趋势是先有"我"，才会去转化成"我们"，先有个体价值，才会去转化成为整体价值。

张瑞敏带领海尔整整做了十年基于互联网的组织转型，美的方洪波明确提出，如果组织改造不了，所有的互联网改造其实都是空话。这些观点其实明，原有的组织管理模式，在互联网时代不再像原来那么有效。关于诺基亚的失败，有一份报告罗列出诺基亚失败有五个原因：第一个原因是因为有一个迂腐管理的组织；第二个原因是它只关注自己的核心能力，比如对成本的控制水平；第三个就是它非常在意规模和速度，但是它忘记了它跟顾客之间的承诺和价值；第四个就是诺基亚不愿意主动放弃自己，总是对自己的产品、自己的技术非常珍爱；第五个就是它跟市场是一种隔离的状态，没有能力去做创新。

诺基亚的例子告诉我们，无论你多么强大，拥有多强的技术，如果不愿意变化、持续创新、理解顾客，仍然会失败，互联网界常说一句话：成功可能是失败之母。那么，今天的组织管理有什么样的新内涵，可以让企业应对时代的变化和挑战？

在"万物生长"的环境里共生众享，在我看来，组织管理的新内涵其实表现在三个部分：

第一，个体跟组织之间是共生关系。我一直记得任正非曾经讲过的一段话，他说自己实际上没有什么力量，只有当他跟几十人、几万人走在一起的时候，他才可以摸得到时代的脚。我们都必须知道，只有个体跟组织有共生关系的时候，才可以跟得上时代的步伐。

第二，组织必须外部导向。有个挺有意思的现象，就是从事管理的人特别喜欢开会，通过组织内部的交流来作判断和决定。这恰恰是我们今天一定要调整的部分，就是必须外部导向。我非常喜欢一句话：实现目标并不是庆祝的理由，而是重新思考的理由。

第三，组织需要打开内部和外部的边界，这点非常紧迫。以今天的互联网和技术发展的速度，以及创新的迭代要求来讲，大部分企业是不足以面对挑战的，唯有打开边界，把内外部的能力整合到管理当中，才能踏准市场的节拍。

英特尔公司之所以能够保持这么好的创新，很大程度上因为它能把上下游的供应链整合在同一个管理框架下，对于顾客的需求，他们可以在两个小时内组合20个合作伙伴解决问题。我想这就是一种我所要的，把合作能力整合到管理当中的组织管理的新内涵。

在今天这样一个环境当中，最核心的一个基本特征，我称之为共生与众享。我这两天接触到一个新案例，农牧行业中有一个叫作温室的公司，一上市市值就突破2200亿元，这是一家非常普通的农牧公司，因为它能够跟千千万万养殖户达成共生的价值，所以有了今天最高市值的分享。

对组织管理者来讲，要有两个根本性的转变：从资源的视角转向资本的视角，从消耗占用的逻辑转向创造共生的逻辑。你一定要建立一个共生的平台，帮助人们成长，同时自己也获得成长，所以我在上战略课程的时候，说今天的战略其实叫作万物生长。

组织需要应对的最大挑战，就是前面我们反复讲的，自主的个体。多元与独立，是今天的个体的一个基本特征。这是件好事，因为责任心和创造力有一个前提，那就是自由。人人是创客其实是海尔提出来的，张瑞敏告诉我，海尔内部形成了一个非常好的做法，那就是每个人一定要为自己的想法买单，我们要接受这一点，组织的目标处于核心的地位，但是最重要的改变是什么？就是个体的能力变了。

二、管理者必须是"布道者"

当个体的能力变了，组织的属性也变了，产生了四种新属性。

第一种叫平台属性，实现信息共享和责任固化，让每个人承担他的责任，发挥他的作用；第二种叫开放性，这要求组织能够不断地动态组合，就像航空公司每天编排航班那样来应对不确定性；第三种叫协同性，就像指挥跟乐队成员、教练跟足球队员的关系；第四种叫幸福感，今天大部分人会把工作跟生活并行，新兴互联网企业常常会为员工提供读书进修、弹性工作、照顾家人甚至外出旅游的资源，并且让员工拥有主人翁的感受。

当我们理解了雇佣关系的变化以及个人价值的崛起，一个组织该怎么做呢？当然是要做持续的变革，这是今天管理者的核心工作。最优秀的领导者，没有追随者，而是与大家一起奋斗，他必须是一个布道者，因为变革时代就意味着原有的秩序被打破，需要价值认同来引领大家，带领大家迎接挑战。

我的研究让我有一个体会，就是对于组织和企业成长来说，最终的障碍不是资金或技术，其实是文化。柳传志说，如果让他总结联想30年最宝贵的财富，那就是联想拥有一个发动机的文化。我觉得激活一个企业的文化，在底层需要建立一种信任关系，而这也是对中国文化来讲比较难的一件事情，就是要容忍分歧。多年以前，我在研究企业文化时，对英特尔公司的一句话印象深刻："我们非常接受对立和冲突，我们要拥护那些通过对立和竞争去取胜的人，哪怕他失败，但是我们绝对不拥护妥协和怯懦的人。"

说完组织要说员工，我的观点是不用刻意寻找能人，但要花精力去选对的人。什么是对的人？就是不固守经验，愿意创新与担当，追求自由但是绝不忘记责任的人。如何去识别这样的人呢？方法也很简单，就是你把责任跟需求界定清楚，把目标和方向界定清楚，然后和组织内外的成员做广泛的沟通，当这些成员充分了解了需要界定的内容，并愿意跟你在这样的共识下去开展工作，这些人就会是对的人。跟这样的人合作，一定要用开放的平台去面对新的挑战，这样转型才能获得更好的机会。

最后我想说，管理的新范式用一个简单的词说出来，就叫"创造共享的价值"，其核心一个是以共享价值为基础，一个是个体价值创造为核心，一个是组织要拥有开放属性。具有系统思考的领导者，他所做的最重要的工作就是通过激发个体内在价值来激活组织，而不是用以往的组织价值来激活组织。

（原载：《新华日报》，2016年1月6日）

金字塔管理体系，局限性在哪里

职能导向侧重于对职能管理和控制，关注部门职能完成程度和垂直性的管理控制；流程导向侧重的是目标和时间，以顾客、市场需求为导向。

在"自利取向"情况下，各职能部门特权膨胀，拥有更大的空间来牟取一己私利，导致效率下降。很久很久以前，在一个遥远的国度，大臣收到了王子的指令，必须在公主来年生日之前造出一座世界上最豪华的宫殿。面对这个巨大的工程，大臣成竹在胸，在他心里，他认为已经知道如何实施这个工程了。他画下了一个巨大的金字塔形的建造机构并面试了每个部门负责人，又与部分负责人共同确立了各下属的岗位。为了让每个职能部门都知道自己的工作范围，他制定了金字塔中每个人的工作描述和考核制度；为了让所有成员都能安心工作，大臣甚至安排好了工作室，给每个部门相对独立的工作场合。大臣建立了一个工作的王国，他是整个项目的负责人，安排了每个人的职能范围并给出了独立而完好的工作场所及设施。当这一切安排都完成的时候，他宣布宫殿建设项目启动。

一个月过去了，两个月过去了……工地上还是不见宫殿的影子，大臣每天忙于应付各种抱怨，而结果却无法落实：建筑负责人告诉他采购来的材料不是不齐全就是有质量问题没有办法施工；采购部门抱怨财务预算紧张，它们无法购买优质的材料；财务部门抱怨管理成本太高，很多职能部门形同虚设等。

到底是哪里设计错误了呢？他开始将建造机构的人员减少，试图有一个突破。果然，直到他将整个建造机构的人员减至一个时，他得到了答案——为什么不让我一个人造宫殿呢？所有的信息和流程都在我的脑子里，我可以迅速做出判断；我可以先调节预算，再权衡价格和质量，完成来料检验然后投入施工，一切都可以井然有序！

怎样可以让所有成员共同完成这个"一个人造宫殿"呢？聪明的大臣开始重新对这个机构布局。他打通了所有部门之间的隔墙，提供了一个敞开的工作环境。在这个环境中，每个人都可以及时找到相关的工作人员，他还取消了金字塔形的组织机构和上下级间的考核制度——最重要的是，大臣制定了工作的流程，流程的上游对下游负责，下游的内部客户考核上游的绩效。

他立即看到了另一番景象：没有人来找他抱怨什么了，各个部门都按照流程工作，流程的上下之间一同处理问题并且及时解决问题。于是，材料开始投入了施工，人员得到了精简，预算不再超支。按照预定的计划，王子美梦成真，在这座宫殿里开始了和公主的幸福生活……看完这个故事后，流程导向和职能导向的区别立即显而易见。

受中国古代几千年官制的品位等级制影响，中国企业中的职能部门很大程度上秉承古代官制沿袭下的"自利取向"，而非"服务取向"。在"自利取向"情况下，各职能部门特权膨胀，拥有更大的空间来牟取一己私利，导致效率下降。我们看到中国的商业经济开放仅20多年，很多企业沿用计划经济下的职能管理模式，要改变这套金字塔形的层级命令控制体系，先锋企业在改变过程中要面对的难度可想而知。让我们首先来理解两种管理模式所关注的不同重点。

职能导向侧重于对职能管理和控制，关注部门的职能完成程度和垂直性的管理控制，部门之间的职能行为往往缺少完整有机的联系。它没有确定时间标准，这一最重要的工作标准一般是由该部门的主管领导临时确定的，这就大幅加重了主管领导的工作量，又由于标准不确定，导致整体工作效率大幅降低。

流程导向侧重的是目标和时间，即以顾客、市场需求为导向，将企业的行为视为一个总流程上的流程集合，对这个集合进行管理和控制，强调全过程的协调及目标化。每一件工作都是流程的一部分，是一个流程的节点，它的完成必须满足整个流程的时间要求，时间是整个流程中最重要的标准之一。

先锋企业的领导者对企业向更高管理模式迈进过程中所产生的各类管理问题直言不讳，谈论他们感受到的"危机""落后"和"失败"。李东生曾在一次高层主管千人大会上做了一次事先准备好的2万多字的发言。认为过去TCL在集团管理上一直有一个突出的特点，就是对企业管理团队的充分信任和授权。因为他相信信任和授权是一种有效的激励，这也的确加速了TCL管理干部的成长，而TCL以往大部分的项目都是以这样的经营方式成长起来的。但是现在他感到：

这种机制在TCL越来越显得不得力了，甚至已经导致许多项目的失败，给公司带来了巨大的损失。随着企业经营规模不断扩大，管理跨度增加，充分授权的模式已经急需相应的组织制度和管理流程来保障，企业的各级主管此时也非常需要适时地改变自己不适应现代企业运行的观念和习惯。早期的企业，规模比较小，项目投资比较少，对管理的要求也不太高，充分授权的方式是比较有效的。但久而久之使得一部分企业主管对控制资源的欲望增强，而主动承担责任和创造投资回报的意识和能力却日益不足。简单粗放的管理办法已无法适应市场环境的变化。

TCL管理层做出了如下决定：集团对下属企业充分授权的同时，有必要建立起对下属企业重大经营决策是否科学合理的评判机制，建立起对下属企业经营管理关键环节的流程监控，从职能导向向流程导向转变。

（原载：《新华日报》，2016年2月3日）

激励并不总是有用

只要员工不满来自疲惫、角色不清的任务和不公平的待遇，就不要从激励角度再去努力。

通常情况下，激励总是会发挥作用。但是，我还是要提醒管理者，在某些情况下，不管采用何种激励措施，都无法达到效果。了解和掌握这些情况，可以让我们更好地了解激励的作用，同时也能针对问题做出选择。

第一，工作超量所造成的疲惫。当一个人工作能力很强的时候，往往承担非常重的工作量，当然也会相应获得高的肯定。但是如果一味让他拼命工作，最后他会疲劳，哪怕他非常热爱这项工作，他也会离开，这种疲劳已经不是激励可以解决的，应该做出调整。

第二，角色不清，任务冲突。没有明确分工，员工就无法体现出自己的工作成效，对于每个人来说，清晰的职责和分工，是他们获得工作绩效的前提。我们常常发现，无法获得清晰分工的现象同样存在，人们甚至不知道直接汇报线路是什么，也不清楚什么样的工作标准可以参照，更不知道应该倾听哪些人的意见。在这种情况下，无论使用何种激励措施，都无法获得工作绩效。

第三，不公平的待遇。当员工觉得被不公平对待的时候，任何激励措施都是无效的。公平对于每一个员工来说都是非常重要的，只有公平存在，所有的考核和奖励才会真正有效。因此，只要人们觉得不公平，激励就不会有效果。

综上所述，只要不满来自疲惫、角色不清的任务和不公平的待遇，就不要从激励角度再去努力，因为不管再怎么花钱、再怎么承诺，都是没用的。可能人们会暂时接受管理者所做出的激励安排，但是，这并没有解决根本的问题。

我们知道，公平本身就是最好的激励。在公平的环境中，人们会产生高的工作绩效。所以如果说需求理论还不能直接产生绩效的话，那么公平理论就很好地解决了这个问题，获得公平待遇就会直接产生绩效。

在管理的状态下，因为分工不同，承担的责任不同，所获得的收益也不同，因此不公平是绝对的。但是我们需要公平，所以公平理论在阐述了公平的本质特征之后，明确地指出：公平是一种感觉。这就给了我们一个很好的帮助，只要管理者能够合理地提供判断公平的标准，公平感就会出现，也就可以获得公平的效果。

当人们比较的是付出而不是获得的时候，就会产生公平感。在日常的管理中，我们忽略了让员工比较付出的引导。很多时候，大家较容易比较获得，尤其是在绩效考核完成后，很多公司需要奖励员工，但因为是以奖励为主，没有很好地传播获得奖励的员工的付出，很多人反而认为不公平。

因此，在奖励员工的时候，一定要把获得奖励的原因彰显出来，让大家了解到先进员工的付出。如果我们只是公布奖励的结果和奖金数量，多数人的内心会觉得不公平，觉得大家都应该平等。

在运用公平理论时，最大的困难，是管理者认为公平的东西，员工却认为不公平。这是一个难题，而且非常普遍。往往因为所处的位置不同，承担的责任不同，看问题的角度不同，对于公平问题的看法差异很大，所以要求管理者一定要了解到员工的真实想法。

（原载：《支点》，2016年第3期）

深度的人性关怀

从企业的属性来说,盈利是它的根本。同时,我们还必须认识到企业是有机体,是整个社会系统的构成部分,承担着自己的社会责任。企业的社会责任就是透过实现社会期望价值的途径表现出来。

先人告诫我们利要取之有道,转换为现代的理解就是:所有利益的来源应该是人性的回归——深度的人性关怀。具体表现在企业经营实务中的,就是把实现社会期望价值内化为企业核心价值,如西安杨森公司的献身科学、奉献健康,联想集团的解决问题,华为公司以科技创新改善生活品质,星巴克的透过咖啡所创造的交往与平和,麦当劳以品质、服务、附加价值为儿童带来真正的快乐,欧洲企业宜家以家具创造民主生活形式的实践,中国移动的沟通从心开始,都是深度人性关怀的展现。

一、核心价值观的具体体现

当人们试图探索新东方和阿里巴巴的成功之道的时候,可以看到新东方的精神、阿里巴巴的价值观所具有的决定性的作用,俞敏洪和马云所努力维护的正是企业核心价值观,是企业所有成员必须遵守的宗旨,按照威廉·大内的见解,一个企业的宗旨必须包括:组织目标;组织的作业程序;组织的社会和经济环境对组织所产生的限制条件。我们可以从细分的角度更好地理解企业核心价值观对于每一个关键的环节的影响和作用。

(一)利润

利润是一个企业必须实现的目标,然而如何设定利润目标,如何用利润目标来牵引大家的行动,什么利润才是企业倡导的,必须阐述清楚。很多情况下,企业会认为追求利润是理所当然的事情，这样的认识很普遍，但是却存在着误区。一方面当我们承认企业需要创造利润的时候，我们并没有确定用什么标准来衡量利润的价值；另一方面，经营者们并没有真正理解利润和顾客的关系、利润和投资者的关系、利润和企业发展的关系。更多的情况下是经营者们单纯地理解利润就是成本和价格的关系，这样的理解非常局限，如果坚持这样理解利润，就会导致过度追求发展、盈利和竞争。从根本上讲，利润的目标只为以下目的服务：为了支付公司发展所需要的资金，并提供达到顾客目标所需的各种资源，企业必须获得足够的利润。

（二）顾客

顾客是企业得以存在的根本原因，企业所有努力的评判是交由顾客做出的，因此与顾客的关系成为唯一的，也是最有效的价值判断标准。公司的战略，公司的管理流程，公司的关键活动，公司的质量标准，可以说公司的所有活动是否以顾客作为出发点，是衡量一个企业是否具有价值创造能力的关键标准，甚至包括创新也必须围绕着顾客的价值展开，这既是企业自身的定义决定，也是现实经营的要求。许多企业管理者，尤其是高层管理者已经没有机会贴近顾客，但是如果没有靠近顾客的机会，就失去了真正了解顾客的途径。因此，公司的目标应该是：向公司的顾客提供尽可能大的产品和服务，从而获得并保持他们的尊重和忠诚。

（三）成长

企业成长依据的资源和条件，决定着企业是否可以持续并具有价值能力，所以设定企业成长的目标必须考量自身的能力以及所处的环境。在今天，经营环境和顾客的成长需要企业做出改变，如果不能适时改变，转变成长方式，这些企业一定会被环境或者其他企业淘汰。相反，也有一部分优秀的企业在获得高速成长的同时，也获得价值的认可，这些企业让我们更明确了企业成长所需要的价值约束，这就是：要使企业的成长只是受到企业的利润和员工发展及制造真能满足顾客需要的技术产品的能力的限制。

（四）人员

企业如何看待员工，会影响到员工是否能够真正有效地发挥作用，并在自己的行动中体现企业核心价值观。我一直认为人力资源是企业的第一资源，企业的差距从长期来讲是人力资源的差距，而人力资源对企业发展的贡献，表现在很多方面，比如组织的创新能力的贡献，因而认为组织的创新能力，也将构成企业长期发展的影响因素。组织适应力是保证企业组织不断延长生命周期的能力。因此对于人员的目标只能如此：帮助公司的所有人员分享公司的成功。正是他们才能使这种成功得以实现；以他们的工作成绩为依据，为他们提供职业保障；承认他们的个人成就；保证他们由于完成工作而产生的个人满足感。

（五）管理

管理活动贯穿企业整个系统，而这些活动是最能直接反映企业的核心价值观的。从经典的管理理论中，我们知道管理的通用定义是：通过人员及其他机构内的资源而达到共同目标的工作过程。这个定义明确地告诉我们，管理需要实现目标，管理是一个共同工作的过程，管理是人和资源的结合。德鲁克先生对我最大的影响就是他所强调的管理者需要贡献有效性和价值的观点，而我同样坚持管理必须反映企业的核心价值观，必须依赖于企业的核心价值来展开活动。所以管理的目标：使个人在实现明确规定的目标时有充分的行动自由，从而鼓励人们的主动性和创造性。

（六）公民身份

明确企业和社会之间、企业和环境之间的关系，对于企业自身以及管理者自身都是至关重要的，企业的高速发展所带来的一系列的问题呈现在管理者和企业的面前，以前不关注的问题在今天也许成为至关重要的问题。全球一致的行动以及对于环境的关爱，已经不是哪一个地区或者哪一个人的责任，而是所有人的责任，我们需要更加清楚自己身上的责任和挑战，更加需要做出巨大的努力来承担责任和面对挑战，所以企业需要设定这样的目标：企业尊重企业对社会所承担的义务，企业要成为经营所在的每一个国家和每一个社区的一项经济、智力和社会财富。

每一个企业的核心价值观会有不同的表达方式，但是其核心的内容需要包含上面的六个方面的问题的回答，对于这六个问题的不同的取向，可以判断一个公司的核心价值观，借助于企业价值观明确的价值判断，企业可以界定什么样的盈利才是企业所追求的盈利。

二、全新的经营观

今天比以往更需要全新的经营观，朝向和谐的社会发展，这些不仅仅影响企业营销在市场上所作的诉求，更冲击着企业的管理方式和领导员工的价值观。人们已经意识到无法忽略公司最重要的资产，即以顾客为代表的"价值资本"。英国管理哲学家查尔斯·汉迪（Charles Handy）教授在他的《饥饿的灵魂》一书中说道："（人们）虽然找到关于经济增长问题的部分答案，但却不确定对此能够做些什么。在非洲，人们说渴望分为两种：渺小的和伟大的。渺小的渴望，是指获取维系生命所需的东西：必需的商品和服务以及购买这些东西所需的金钱，这些是每个人都需要的。而伟大的渴望，则是追寻一个问题的答案：生命的意义是什么？"当企业必须承担伟大的渴望的时候，企业自身以及管理者本身的价值观都需要提升到一个全新的高度。

全新的经营观包括两个部分的内容：超越商业领域、拥抱未来。哥本哈根未来学研究院（CIFS）甚至把公司比作部落，企业自有的历史、神话、仪式和价值观，甚至拥有自己的英雄和反对派。简言之，这是社会缩影，企业不再是一个简单的经济体，企业还需要也必须满足一个共同的目标：尊重和满足人的需要。人们已经不再被财富所迷惑（虽然我还是要承认今天财富依然具有强大的力量），任何事情都可以商业化的这种趋势，并不是人们真正想要的生活，金钱只是生活的工具，并非人生的意义，人生具有未来的无限可能性，这种可能性丰富了生活，也丰富了世界，也因此具有了多样性和差异性，这一切提供了更加广阔的市场和前景。正是这样的共识，要求人们做出改变，从商业化的流行趋势中解脱出来，回归到人生的真正意义上来。

（一）超越商业领域

全新的经营观必须是超越商业领域的，企业的核心价值观必须能够体现这样的价值追求。如彼得·德鲁克经常指出的那样，企业面临空前的挑战，企业必须制定和宣传战略，来激励员工和合作伙伴，从而让他们具有明确的共同目标和方向。正如德鲁克75年来一直坚信的那样，企业是启动重视个人价值的重要引擎，正是对于这个问题的重视，德鲁克一再告诫人们，大多数企业经营所依据的假设都不再适应现实。企业需要在一个全新的假设下来面对现实提出的挑战，这些挑战可以称之为一场"安静革命"，如果企业和组织不能够重新定义，就会像恐龙一样难逃覆灭的厄运。要做出根本性的改变，就需要调整企业经营的假设，在我的《超越竞争》一书中比较了两种经营假设：传统的经营假设和新的经营假设。传统的经营思考起始于这样的假设：价值是由企业创造的。通过选择产品和服务，企业自主地决定它所提供的价值。新的经营假设的核心是：价值由顾客和企业共同创造。这样的经营假设，企业需要从消费者这一端出发再回到消费者那里，一切源于消费者的价值创造。

（二）拥抱未来

全新的经营观必须是拥抱未来的，或者可以用更简单的方式来说就是：以未来决定现在。衡量一个企业最重要的标准是其预见和投资明天机会的能力，是其先于顾客需求变化而做出的变化。更多的时候我会被这样一些公司所感动，正是因为它们的努力，我们获得了了解自然的能力、无障碍沟通的能力、窥见微小世界的能力。没有这些企业，我们也许失去了实现梦想的可能性。拥抱未来就是具有不断创新和创造的能力。我喜欢IBM，它总是让我从它的发展方向上看到未来的变化和趋势；我和很多人一样被苹果公司的革命性产品所折服，苹果公司的每一款全新产品出来，几乎都会引起市场巨大的反响，在一个产品极度丰富的年代，还会出现争先恐后、通宵排队购买产品的场景，一定是苹果公司所创造的奇迹。这些公司不仅用创新带来了强劲的增长，更重要的是借助于它们的创造，使人们获得了更多的体验，从而更有效地发展自己。

全新的经营观要求企业一定要关注自身的基本假设，时刻检讨企业与顾客、与环境、与变化、与未来之间的关系，保持与企业和环境的互动。更重要的是需要基于人的发展来展开企业的经营活动，而不是围绕着获得利润展开经营活动。人人参与成为新一代的消费特征，让大家联结在一起，本身就是一件值得学习的事情，所有的东西都是新的，技术让一切变得皆有可能，而这些新的感受和机会又会推动技术的进一步创新，愿意尝试新的东西和平台，真的是很令人兴奋的事情，但是是否可以拥有这新的感受和机会，取决于企业的经营观能否与时俱进。

（原载：《现代企业文化》，2016年第6期）

仅有"保健因素"不管用

很多人认为涨工资一定会带来满足感,从而获得更高的工作绩效,但是赫茨伯格的双因素理论给了我们相反的结论。

赫茨伯格调查征询了匹兹堡地区11个工商业机构的200多位工程师、会计师,提出了著名的"激励—保健因素理论",即"双因素理论"。最大的贡献就是,把提供给人们的工作条件细分为激励因素和保健因素。

所谓保健因素,就是一个人开展工作所必需的条件,如工资、岗位、培训、福利、工作设备等;所谓激励因素,就是一个人做好工作所需要的条件,如晋升、奖金、价值的肯定、额外的工资待遇等。

保健因素不会有激励的作用,当保健因素缺乏的时候,人们就会不满;当保健因素存在的时候,人们的不满只是减少,但是不会带来满足感。激励因素具有激励作用,当激励因素高的时候,人们会有满足感;当激励因素缺乏的时候,人们满足感低,但是不会不满。

很多企业家告诉我,他们能够给员工提供好的福利待遇、好的工作环境以及较高的工资,但是他们不明白为什么员工们没有产出非常好的绩效。其实道理很简单,他们提供的都是保健因素。

如果使用保健因素,就要让绝大部分人得到。因为只有大部分人获得,才会让不满的人减少。所以,涨工资就要使多数员工获得机会,否则涨工资的结果就是,得到的员工没有获得满足感,只是降低了不满,得不到的员工会非常不满。

保健因素只能升不能降。工资只能涨不能降,降就是负激励。福利也是保健因素,所以在福利设计和调整的时候,一定要非常谨慎,哪怕只是几元钱的误餐补助,都不要随意取消,只要取消就会形成不满,可能影响到大局。

如果使用激励因素,就要确保获得激励因素的员工是很少的一部分人。如果激励因素是多数人获得,激励因素就会降为保健因素。这也就是中国最近十多年来奖金不好用的原因。改革开放初期，奖金是很好用的，因为在那之前我们从来没有奖金，突然间有奖金，对很多人有很强的激励作用。后来奖金变成所有人都有，好像不发奖金就不对，也就不再有激励作用。

我常常问管理者一个问题，为什么公司的工资水平已经是同业最高水平了，公司的经营绩效却并不是行业的最高水平？之所以问这个问题，是因为如果工资水准只是参照同业的水平还不行，还要参照企业自身的经营水准。所以，大部分企业在做薪酬设计的时候，都是参照同业水平，也就是市场价格。但是我还希望加一个坐标，就是企业自己的经营规模和经营水平，不要好高骛远。

还有一种情况需要注意，就是我们所动用的因素同时是激励因素和保健因素的，比如薪酬，一方面可以是保健因素，另一方面也可以是激励因素。在这种情况下，最好的选择是把保健因素变为激励因素，千万不要把激励因素下降为保健因素。高薪、良好的工作环境、福利这三项因素都是保健因素，人们在获得的时候，认为是理所当然的，所以不要对这三件事情看得太重，它们并没有我们想象的那样有效。

（原载：《支点》，2016年第9期）

员工不流动对公司来说是好事么？

其实需求无法区分得非常明确，很多时候我们无法界定需求是属于哪个层次的，因此有人修正了马斯洛的五层次需求理论。

奥得佛（C. P. Alderfer）于1969年提出了对马斯洛需求层次理论的修正理论，称为"生存、联系、成长论"，也可称为ERG理论。

这是他在大量实证研究的基础上，对马斯洛的需求层次理论加以修改而形成的。奥得佛认为人有三种基本的需要，分别是生存（existence）的需要、联系（relatedness）的需要和成长（growth）的需要，即需求可以分为三个层级：生存、联系、成长。他把马斯洛的五个层级做了合并，生存就是马斯洛的生理和安全，联系就是交往，成长就是自我实现和尊重。我觉得这个合并还是比较好的，因为它比较简单，容易区分。我们可以这样理解：

第一，人的需求不是由低向高递进的，而是多种需求同时存在的。

我觉得这个判断更贴近现实，我们每一个人并不是先实现生理需求，再去寻求更高需求的满足，而是同时具有多种需求，都希望能够获得满足。奥得佛说一个人的需求是同时发挥作用的，每一个需求都需要获得满足。

第二，当一个人的需求满足遇到挫折的时候，这个人会选择降低自己的需求，放弃更高的需求，回归到较低一层的需求上。

这个判断非常好，奥得佛在告诫我们，每一个人都需要获得多种需求的满足，成长的、联系的和生存的，但是当成长需求无法得到满足的时候，这个人会选择回归到联系的需求中，如果联系的需求也无法满足，他会选择回归到生存的需求中。

这个认识是极其重要的，因为很多时候，管理者会认为人力资源状态稳定是一件好事，但是如果从奥得佛的观点出发，我们所应该关心的不应该是人们的流动性，而应该关心人们为什么不流动，他们留在组织里的关键因素是什么？如果大家都不流动，不是因为需要发展，而是因为生存需求得到满足，这对于组织来说是非常悲哀的事情，这样的组织一定得不到发展，因为在组织里的人，都没有发展的需求，而只是生存的需求。

同样，在奥得佛的观点之下，我们也应该关心满足感很高的员工，应了解到他们的满足感来源于什么。如果员工的满足感来源于生存条件或者交往条件，而不是成长条件的话，对于组织来说是很有害的，因为组织不可能获得成长。所以不要看到流失率不高，就认为是非常好的事情。从某种意义上讲，如果组织里的员工流失率不大，又是为生存条件不流动的话，我就建议管理者让员工流失掉，要主动安排流动，否则，组织无法获得成长。

第三，确定人需求的影响因素是员工自己的发展水平和他在团体当中的经验。

这个观点有着非常重要的实践意义。在一个组织中，一个人的发展取决于他的需求强度，但是他的需求强度又取决于他自己的发展水平和他在团队中的经验。在一家公司里，如果你是基层经理，你的发展水平和经验告诉你，你可以争取更高的职位、发挥更大的影响力，这个基层经理人就会提升自己的需求。但是如果已经在高层管理者团队中，你的发展水平和经验告诉你，继续提升的空间已经很小甚至没有，在这种情况下，个人的需求强度就会减弱。

所以在培养人的过程中，一定要注意人们在团队中的经验和发展水平两者的平衡。个人成长需求、团队中的经验、发展水平，三个需求会同时展开，如果不注意这件事情，员工可能就会放弃一个需求，尤其当他放弃成长需求的时候，对公司就是人力资源的浪费。

人们问柳传志成功的关键是什么，他说就是"定战略、搭班子、建队伍"。所谓搭班子，就是给大家发展的平台。美的集团也是如此，不断地拆分业务，提供更多的平台让经理人成长起来。我们一定要记住，企业在任何情况下，都要关注到核心员工的发展水平和团队经验，因为这些因素决定他们的需求力量。如果他们认为没有可能上升和发展的时候，企业也就失去了发展的原始动力。

（原载：《中国机电工业》，2016年第10期）

管理的第一要务就是释放员工能量

1993年，正当经济危机在美国蔓延的时候，哈里逊纺织公司因一场大火化为灰烬。3000名员工悲观地回到家里，等待着董事长宣布破产和失业风暴的来临。在漫长而无望的等待中，他们终于接到了董事会的一封信：向全公司员工继续支薪一个月。在全国上下一片萧条的时候，能有这样的消息传来，员工们深感意外。他们惊喜万分，纷纷打电话或写信向董事长亚伦·傅斯表示感谢。

一个月后，正当他们为下个月的生活发愁时，他们又接到公司的第二封信，董事长宣布，再支付全体员工一个月薪酬。3000名员工接到信后，不再是意外和惊喜，而是热泪盈眶。在失业潮席卷全国、人人生计均无着落的时候，能得到如此照顾，谁会不感激万分呢？第二天，他们纷纷拥向公司，自发地清理废墟、擦洗机器，还有一些人主动去南方一些州联络被中断的货源。3个月后，哈里逊公司重新运转了起来。

当时的《基督教科学箴言报》是这样描述这一奇迹的：员工们使出浑身解数，日夜不懈地卖力工作，恨不得一天干25个小时；曾劝董事长傅斯领取保险公司赔款一走了之和批评他感情用事、缺乏商业精神的人开始服输。现在，哈理逊公司已成为美国最大的纺织品公司，分公司遍布五大洲60多个国家。

对于很多管理者而言，他们更关心盈利和规模的增长，更关心竞争对手所做的调整和变化，没有人花比较多的时间来思考：员工的创造力如何被发挥出来？如何为员工提供成长的平台？

长期以来，我一直认为人力资源是企业的第一资源，企业的差距从长期来讲也是人力资源的差距，而人力资源对企业发展的贡献表现在很多方面，如企业创新能力的贡献，因而认为企业的创新能力也是影响企业长期发展的因素。同样具有深远意义的贡献是对企业适应力的贡献，企业适应力是保证企业不断延长生命周期的能力。研究证明，企业对环境的适应力、对变化的适应力、对战略的适应力,是保证企业不断延长生命周期的核心要素。企业这些适应力的强弱将在很大程度上影响企业的长期发展,员工正是企业获得这些适应力的真实来源。

成功是对努力工作的最好激励。如果员工们都努力工作,发挥他们的长处,企业就会获得成功。因此,如何释放出员工的能量就尤为重要了。

一、激发员工事业心

人们想成就一项事业,而不仅仅是为了谋生而工作。认识到员工是一个独立的人,这是其中的一方面,但怎样使他们做出他们能够做到的贡献,又怎样使他们奋勇争先地成长和发展,则是另外一个方面。公平而又充满竞争的报酬是实现愿望的第一步,但这还远远不够。你还必须留意倾听你的员工,了解他们的关注点,明白他们的感情和抱负,你必须给予他们尊重。此外,你还必须给他们一种任务的感觉,为成就事业而工作的感觉。在你的公司里,事业体现在公司的目标中,这些目标是所有员工渴望的目标,提供了所有员工期望发展道路的指南和指导点。

二、尊重员工的贡献

认可并尊重员工也是促进员工释放能量的一个重要方面,即便他们在事业上达到顶峰,他们仍然需要别人的认同。为此,管理者应该借助于任何一个机会,表达对员工付出的尊重。尤其是对于一线员工来说,他们很少接触到高层管理者,而是经常接触到顾客,如果高层管理者不能够及时肯定他们的贡献,就会影响到员工们工作的情绪和结果。也许你会认为这不是什么重要的事情,但对于这些经常被遗忘的人,认同的意义却是非常深远的。

我喜欢德鲁克的一句话:"如果你把'功绩'从你的词汇表中抹掉,用'贡献'取而代之,那么你将在经营中获得最佳的成果。贡献能够使你把工作重心放到合适的地方——客户、员工和股东。"让员工明白他们能够做出独特的贡献是把他们组织起来并获得成功的核心。

三、授权员工去改革

企业要更具竞争力，最好的办法就是更灵活，不断革新。既然企业的灵魂是它的职员，那就意味着他们——尤其是第一线的员工，这些直接与顾客打交道的人，必须愿意和能够去革新。对员工表示尊重，赋予他们的工作以地位和意义，这是让员工愿意和能够不断革新的第一步，但是除了尊重员工之外，我们还需要授权员工去做改革和变化。

在一个充满改革精神的企业里，管理者会倾听那些与顾客最接近的员工的意见，然后授权他们去干。授权与改革是相辅相成、互相促进的。在我自己担任总裁期间，工作中给我最大的帮助是同事们所做出的改变和努力。我刚上任的时候，整整花了6个月的时间走访所有的片区，倾听一线人员的建议，观察一线人员的做法，这些做法和建议最后成为公司快速成长的动力和依靠。

革新者的成功，莫过于让他们觉得自己是改革决策的拥有者。这种拥有无论是经济上的回报，或者仅仅是额外的认同，都会让他们感受到成功的喜悦。但它同时意味着革新者应承担革新的责任。给革新者充分的空间，包容他们的错误，但与此同时，革新者必须在一定程度上承担失败的责任，正如他们接受成功的回报一样。

四、人先于利润

如何调动员工的积极性、创造力和对顾客的优质服务，取决于以什么方式进行领导，人本管理最好的注解就是：用爱来经营。

真正懂得经营的人，才真正懂得如何做领导人，这样说也并不过分。哈罗德·孔茨、海因茨·韦里克把构成领导者的要素概括为四种综合才能，即：①有效地并以负责的态度运用权力的能力；②对人类在不同时间和不同情境下的激励因素进行了解的能力；③鼓舞人们的能力；④以某种活动方式来形成一种有利的气氛，以此引起激励并使人们响应激励的能力。这四种综合的领导才能所突出强调的就是如何尊重人和激发人。

五、控制只能来自个人

在没有任何指导的情况下，人会产生一种混乱状态，并且对形成共同的奋斗目标及努力去争取优秀的工作业绩产生障碍。然而，以控制为手段，极易导致官僚主义的管理作风，从而磨灭人们的革新精神与创造力。因此，真正的控制，只能来自员工个人，这种控制才能够达成管理的绩效。

对于员工而言，真正拥有活力的表现，则需要可以表现的平台。因此，企业需要给员工一个自我发展的机会，不是用控制的手段而是用激发的力量。企业需要一个机构，这个机构的职能和职责仅取决于一件事情：员工发展的客观需要。管理者可以进行管理，甚至可以拥有至高无上的权力。但是，管理机构的性质、职能和职责都根据任务来决定，而不是通过权力来决定，控制应该来自员工自身而非权力。

（原载：《今日养猪业》，2017年第3期）

听陈春花说关于领导力的秘密

一、学会接受

问:关于信任,台湾《商业周刊》创始人金惟纯说过一段话:一个人不可能不相信命运而相信自己,也不可能不相信自己而相信别人,更不可能不相信别人而得到别人的信任。追根究底,信任最终的源头,来自对命运的"臣服"。

陈春花:这段话是在讲接受,因为接受了就不那么难受。我鼓励家里的孩子看《老人与海》这本书,选择这本书是本着"境由心生"的理念,帮助大家从历史、精神、环境和现实几个角度审视自身,审视自己与环境、自己与他人、自己与现实的关系,从而更深地了解自己、环境与现实。这本书围绕着6个话题展开:

第一生命力。"人可以失败,但不可以被击败。""肉体可以接受折磨,但内在的意志神圣不可侵犯。"

第二环境。大海就是大海,天气就是天气,鲨鱼就是鲨鱼;一切事物都会按照自己的逻辑运行,没有侥幸而言。

第三现实。一方面要有面对现实的勇气,另一方面也要有放弃面对现实的勇气,两者常常交织在一起。比如现实是北京有雾霾,我必须得接受它,但我也放弃接受,我就跑到地下车库去跑步。放弃接受就是我得找一个别的出路。

第四运气。所有人都嘲笑老人圣地亚哥运气不好,于是他就走得更远一点,他相信走得更远一些,会实现自己的目标。在老人看来,不屈从于"运气"而去追求自己的目标更重要;接受"运气"而让自己内心强大。

第五自我管理。整部小说都在讲自我管理和自我激励,设立远大的目标(一条大鱼);自我激励,遇到大鱼怎么办,遇到鲨鱼怎么办,一只手伤了怎么办,桅杆断了怎么办,海上没有别人,全靠自我激励;接受失败(只剩下鱼骨);再出发(梦见狮子)。

第六不安于现状。老人去找大鱼；去更远的地方；锲而不舍。

二、"忙"与"累"

问：平时你靠什么"把心安住"？这里面有多少是天赋？

陈春花：我觉得一个人排在第一位的应该是你的使命跟责任，使命和责任一旦明确，其实会影响到你很多行为选择。我给自己的使命和责任就是要去解答别人在管理当中的困惑，在解答过程中，推到你身上的其实全是问题，所以你必须得有办法把自己从另外一个角度释放出去，有人去跑步，有人去唱歌、打球、聊天，女生更喜欢买东西，我的方法是安静下来，营造一个属于我的空间。

问：你说管理是"管事"而不是"管人"，但对老板而言，把重心放在事上一定会很累，对不对？

陈春花：对，企业发展到一定阶段，老板不是管理者，不直接对绩效负责，当然可以不管事，因为他是让人去做事，如果他又不管绩效，又抢去做事当然累了，而且让所有人都难受。所谓无为而治，所谓上善若水，其实《道德经》是给皇帝和一把手看的。

三、领导很大层面是培养人

问：大部分中国企业是管理过度而领导不足，管理和领导的区别到底在哪儿？

陈春花：管理主要是为绩效负责，领导很大层面上是培养人。于是你会发现，如果一个企业家管理很强时，或者一个管理者很强时，其实是很难有人能成长起来的。没有人成长起来的话，这个企业的发展其实就被打断了，因为一个企业的可持续，主要在于年轻人的培养。

管理过度还有一个表现是大家非常在意权力，而领导其实在意的是影响力。如果一个公司管理过度，你会发现部门之间、人与人之间是比较难合作的，相反如果大家都有领导力可以发挥，彼此可以相互影响，人是很容易合作的。

问：你作为新希望六和集团的联席董事长兼CEO，最重要的是干哪几件事？

陈春花：对公司目前来讲，核心还是调战略，探索新业务的可能性；另一个层面就是培养年轻人。

四、激活一线员工三部曲

问：上任后激活一线员工的主动精神，你用了哪几招？

陈春花：首先拆结构，原来资源都集中在上面，当把结构调整了之后，拿出6个省的职位出来竞聘，很多人就有机会当总经理了，激活人排在第一位的是要给岗位。

其次岗位之外还得给资源，比如释放资源给发展新业务的一些投资，给他做小团队评价的考核权，他觉得自己能够做决策，不就激活了么？

再次就是约定好绩效，完成了给明确激励，让他能够分享成果，再让他拥有一些比较对称的决策信息，再给学习机会，基本上就可以了。

最后，激活人的工作是长期的工作，要一直做下去。

五、赞美，岂止"说好听话"那么简单

问：雷军有一次打电话给陈年，说自己做梦都梦见他一定能把凡客做好。赞美的最高境界是什么？

陈春花：我不太善于这样的表达，而是偏向行动派，我不会在语言上说太多东西，但会跟大家说，今年如果业绩有改变，我们肯定会有机会涨工资。我们为大家做三件实事，比如为工厂宿舍安装空调，会送年轻人去读书，设立美好互助基金，我们会用这些方式表达对大家的肯定和欣赏。

我还会用一种不是赞美而是唤醒的方式激励员工心智，比如写内部信，给他们培训交流，一般来说这些交流就会让大家觉得有一种要去干的冲动。

六、沟通必须换位

问：沟通上你怎么要求自己？

陈春花：我要求自己讲的话别人要愿意听，听进去之后要跟我达成共识。如果这两点做不到，那不如不说。

讲话必须换位。我一直记得一个关于"禅修"的故事。两个人去修禅，修了好多天，烟瘾上来憋不住了，两人商量说我们去问师父吧，问问到底能不能抽烟。甲去问师傅回来，被师父打了一顿；乙去问师傅回来，优哉游哉地站在院子

里抽烟。

甲不服，说师父偏心，问乙："师父怎么这么偏你，我去问就被打了，你去问就能出来抽烟了？"

乙："你是怎么问的？"

甲："我问师父，修禅的时候可不可以抽烟？师父说修禅不就要把心安住么，怎么能抽烟？这么多天都没修好，看打！"

乙："我是这样问的，师父，我吸烟的时候可不可以修禅？师父说当然可以啊，任何时候都可以修禅啊。"

这是非常典型的有效沟通，沟通一定要站在别人的立场进而达成共识。

七、如何管理上司

问：你说管理的唯一对象是管理自己的上司，你建议如何？

陈春花：对。第一要有跟你的上司主动交流的时间，这样双方信息才会对称，信息对称之后才会建立信任。

第二，把你的期待告诉他，你期待有一个什么样的工作状态，请你的上司回馈你做的事情；同时也要了解他的期待，他期待你做什么，他对什么样的行为是肯定的。

第三最重要，发挥彼此的长处。比如下属的长处是在战略上统合大家，推动内部变革，而上司的长处是整合更多资源，具有前瞻性，扩大影响力并给大家鼓励。这样两者都发挥长处，结果就会很好。

关键还是要去建立一种信任的关系。

八、找人不难，建立信任难

问：为什么今天企业家都在抱怨顶用的人那么少，人那么难找？雷军都要用80%的时间找人。

陈春花：其实没有那么难。中国企业家很不好的一点是经常忽略身边的人，你花80%的精力找人，干吗不花80%的精力培养人？我们总认为优秀的人在企业外，但我相信用一个好的机制，人可以从内部冒出来。

只有两种情况要从外面找人：一是拓展全新业务，二是事实证明老班底确实不能带领企业脱离困境。在我看来即使是从外面找人也没那么难，社会上有一定能力的人并不少，关键是彼此之间的信任能否建立，信任如果不能建立，能力是发挥不了作用的。说句实在话，不是找人难，是建立信任难。

如果你品牌影响力够大，找人并不是很难的事；如果你品牌影响力不够，以足够的诚意也是能找到人的。举个例子，新希望六和集团从农牧向食品转型，要求公司有时尚感，过去95%新员工都是农学院毕业的，我跟人力资源部说我们今后必须更多从非农大学、从工科大学招人，他们就说进不去。我说总得有解决办法吧，就走进36所学校搞了一届"新希望杯大学生商业计划书大赛"，比赛过程中学生还可以来公司参观。就用这个方法跟学生互动，大赛进行了三个月，九个项目最后进入决赛，也招了1000多人，你说难吗？

九、企业家个人魅力大部分源于企业本身

问：你怎么看企业家的个人魅力？

陈春花：领导由两个东西构成，一个叫权力，一个叫魅力。企业家都具备个人的特质，也都能够处理好利益与价值分配的问题，资本本身就具备权力的影响力，因此企业家的个人影响力是非常明显的。

但是一个企业能不能做得非常好，核心首先还是取决于战略是否是正确的，比如马云如果不是在这个时间点去做线上，我相信绝对不会有今天这么大的影响力，一个企业家的魅力或影响力大部分来源于企业本身，而不是他本人。

十、逆境商数，你有没有？

问：领导力中的危机意识，多大程度是靠后天培养的？

陈春花：成功有一个定律，等于20%智商+40%情商+40%逆境商数。智商就是你判断事情的能力，就是求真，所以一般智商高的人不见得会成功，因为他老求真，求对错，别人就很难和他合作。情商是处理人际关系的，因为成功要跟很多人合作，所以情商高的人容易成功。逆境商数是指抗压力的能力。

我们大部分人智商很高，一部分人情商很高，绝大部分人没有逆境商数，就是知足常乐、满足现状、小富即安。逆境商数最主要的两点是危机意识和抗压能力，越压越勇就是逆境商数很高的表现，就像电影《坚不可摧》里那个被日本人

抓去做战俘的美国老兵，无论多大的压力，连日本人的极限都突破了，他还是扛着那根砧木挺立在太阳下。如果老板是一个逆境商数比较低的人，要么就被打趴下为止，要么就认了，最后说是自己命不好。

（原载：《农经》，2017年第9期）

管理总是失控？
我们需要改变的四个习惯

有效控制包括了一系列内容，绩效考核制度、报酬和奖励制度、员工纪律制度、目标管理制度、预算和管理信息制度、生产和操作控制制度等，其基础是全面预算管理。如何做到控制，是控制管理中最重要的部分。如今大部分企业都在实施全面预算管理，但是真正要取得成效，还需要有四个习惯的改变。

一、思维习惯的改变

要做有效的控制管理，首先应该是思维习惯的改变，就是不要把预设的目标和计划，特别是预算看成是一个财务的工作，也不要把预算看成是一个编制的工作，预算其实最重要的是你的思维习惯。预算设计目标不是用已完成的数据做起点，而是要以战略为起点，如果做不到这一点，控制管理就无法达成。因为你的预算不以战略目标为起点，这本身已经和目标产生偏差。

所以大家的思维习惯一定要改过来，预算起点是战略，它与环境没有关系，与行情没有关系，与你的历史没有关系，与什么有关系？跟目标有关系。思维习惯的改变就是要明白预算与历史没关系，与去年没关系，与今年没关系，与行情没关系，与市场也没关系，是与你的梦想也就是战略目标有关系，所以叫"预则立"。这是第一个改变——思维改变。

二、行为习惯的改变

在不断观察中国企业的一些管理习惯过程中,我发现有三个行为习惯很有意思。

第一个行为习惯是比较喜欢看历史,总是评估自己与去年比增长了多少,如果按照优秀企业的案例来看,这是不对的,其实应该是跟行业平均增长水平比较,跟竞争力基准去比较,绝对不是跟自己去年所做的结果比较。行为第一个改变,就是不要跟自己的过去比较,要跟市场当中的竞争力比较,跟行业平均水平去比较。

第二个行为习惯是,大家不习惯去找实际数据与目标和计划之间的关联。如果不知道实际情况与设定目标与计划之间的关联,又如何保证计划与目标能够得以实现呢?所以你需要很清楚地知道,你在做什么?如果要市场占有率增长,核心关键要素是什么?知道这些之后,行为就会跟着变,当这样变的时候,你就会很清楚地知道预算、考核是拿来干什么的。

第三个行为习惯是非常关键的,叫作全面预算管理,一定要让所有的资源放到产生价值的地方去,放到实现计划与目标的方向上去。换句话说,不产生价值的地方,不与目标与计划相关的地方,不应该给资源,只有这样预算才是有用的。能产生效益的时候才动用资源——要有这个能力和行为习惯,要有这样的控制习惯。

三、评价习惯的改变

控制管理第三个要改变的就是评价习惯的改变。我通过观察大家发现,在经营当中,管理者会简单地用财务指标作评价,而不是用经营标准作评价,只是满足于财务指标的理解,却忽略了计划与目标所设立的其他标准。有些时候,我也反对只谈论KPI,人们在管理习惯上,只对KPI负责,似乎这样做也没有什么错误。但是,如果只考虑KPI,就要求每一个需要关注的地方都需要进行考核,没有设立KPI的地方,大家就会忽略,这样的评价习惯,导致了控制出现偏差。因为管理过程中并不是所有的要素都可以纳入KPI的,相反,很多过程要素是无法用KPI来表达的,这也是为什么管理控制如此重要的原因,就是因为内部控制本身就是一个过程。所以需要大家养成用目标达成、计划达成来作评价的习惯,要全面实施计划管理,而不是仅仅只看KPI和财务数字。

四、对话习惯的改变

控制管理，核心是组织上下要形成同一个对话体系，用共同的标准来对话。我经常建议企业进行全面控制管理，为什么？因为这样就有共同的对话体系了，大家用一样的标准、关注共同的要素、有相同的认知。这样就可以让整个经营管理进入一个非常容易理解的状态，这种理解就会达成共识，有了共识就可以解决问题。很多时候公司无法达成一致，你说你的，我说我的，并不应该完全归结为文化的问题，也许是并没有形成共同的标准，无法用一套相同的评价体系来做出评价。如果标准缺失，评价不一致，是无法对话并达成共识的，这一点显得尤为重要。

进行有效的管理控制，需要这四个习惯的改变，就是思维习惯、行为习惯、评价习惯与对话习惯的改变，我希望管理者能够彻底改变。同时，我认为一家企业能够真正做好的共同基础，就是预算与控制。

通过对思维习惯、行为习惯、评价习惯以及对话习惯的改变，可以让管理控制更加有效。

（原载：《企业观察家》，2017年第7期）

要活力就授权员工去改革

革新者的成功,莫过于让他们觉得自己是改革决策的拥有者。企业的核心是人,人才是企业的主体和根本。只有充分调动他们的积极性,企业才能财源滚滚,长盛不衰。

一、企业的核心是人

企业要更具竞争力,最好的办法就是更灵活,不断革新。既然企业的灵魂是它的职员,那就意味着他们——尤其是第一线的员工,这些直接与顾客打交道的人必须愿意和能够去革新。对员工表示尊重,赋予他们的工作以地位和意义,这是让员工愿意和能够不断革新的第一步,但是除了尊重员工之外,我们还需要授权员工去做改革和变化。

在一个充满改革精神的企业里,管理者会倾听那些与顾客最接近的员工的意见,然后授权他们去干。授权与改革是相辅相成、互相促进的。在我自己担任总裁期间,工作中给我最大的帮助是同事们所做出的改变和努力。我刚上任的时候,整整花了6个月的时间走访所有的片区,倾听一线人员的建议,观察一线人员的做法,这些做法和建议最后成为公司快速成长的动力和依靠。

革新者的成功,莫过于让他们觉得自己是改革决策的拥有者。这种拥有无论是经济上的回报,或者仅仅是额外的认同,都会让他们感受到成功的喜悦。但它同时意味着革新者应承担革新的责任。给革新者充分的空间,包容他们的错误,但与此同时,革新者必须在一定程度上承担失败的责任,正如他们接受成功的回报一样。

美国著名管理学家麦格雷戈说:"企业这一组织系统,是因鼓励人的行为才存在的。这一系统的输入、输出和由输入转化为输出的过程,都靠人与人的关系和人的行为来决定。"因此，企业的核心是人，人是企业的主体和根本。只有充分调动他们的积极性，企业才能财源滚滚，长盛不衰。

"能力"（capability）这一非常灵活的词语的真正含义是什么？为什么我们可以依赖于员工自己去做改革，就是因为员工具有能力。如果深究下去，我们可以发现，能力这个概念可以分解为三个要素：资源、程序以及价值观。也许我这样划分本身并没有什么科学性，但是可以表达我想要表达的思想，员工所具有的能力，构建了组织的资源、程序和价值观。

员工本身就是一种资源，他们所具有的学识、经验和解决问题的方法，可以带给组织极大的帮助，甚至他们在实践中累积的顾客资源、与供应商的关系、联结家庭和社会关系的网络都是帮助企业的关键要素，而员工本身所具有的影响力更是可以使身边的人快速成长的推动力。

二、调动员工革新的动力

有时候，我们常常听到这样的说法，只要找到合适的人，一切就迎刃而解。员工自身所具有的条件，使员工能够在工作环境中不断释放自己的经验和知识，同时他们也在工作环境中不断学习新的技能和知识，这样不断地交流和学习，让员工更加适应工作环境，从而创造出更大的绩效。

当员工把投入的资源（人员的工作、设备、技术、产品设计、信息、资金等）转移到具有更高价值的产品和服务中去的时候，企业就创造了价值，员工完成这些转移时所进行的互动、协调、交流和决策的模式就是程序。

很多人会认为程序是一种规定，是工作的流程，但是我更愿意理解为员工们自觉的行为选择，因为程序简单地说就是一种做事的方式。在这个意义上，程序应该是一种非正式的选择，是人们互动的方式，一种长久以来被证明是有效的、自觉不自觉地遵守的组织文化。唯一能够衡量程序的关键就是，如何把投入的资源转换成具有更高价值的东西，因而程序就是员工创造更高价值的行为选择。这样的理解可以让我们了解到，员工所具有的程序的能力，可以让员工创造出更大的价值，程序可以让员工知道确定的行为是什么，同时如何让自己的行为和组织的任务协调一致。

价值观的影响力是更为认同的，没有人不认同价值观决定行为选择。一个人的价值观是这个人据以做出优先选择的标准，他们根据价值观来判断什么是可行的选择,什么是不可行的选择,哪一个选择更有价值,哪一个选择毫无价值。当企业本身的价值观是明确的时候,员工就可以依据企业的价值观来约束自己的行为,使自己的行动符合企业的道德方向和价值判断。

所以具有能力的员工,我们可以依赖他们来发展。在任何一项业务的开展中,组织所取得的成就在很大程度上归因于它的人力资源。随着时间的推移,组织的能力总会随着它的程序和价值观而累积起来,人们成功地一起完成每一项新的任务,接受每一项新的挑战,进而获得更有竞争力的人力资源。

企业要更具竞争力,最好的办法就是更灵活,不断革新。既然企业的灵魂是它的职员,那么就要授权他们去改革。

(原载:《企业观察家》,2017年第8期)

未来领导者的素养

我最近一直在问自己,为什么要做MBA教育?为什么年轻人应该到北大国家发展研究院朗润园来学习?答案是,我们需要未来的卓越领袖。如果能培养出一大批未来的领袖,对中国进步,对世界文明发展,都是很有价值的推动。

但领袖或领军者是培养出来的吗?这似乎总是话题的核心。从19世纪末开始,大家就对领导力很感兴趣。亚马逊上有关领导力的图书已经超过18万本。从哈佛大学图书馆索引关于领导力的文献,能找到170多万条。

一、领先企业的领导者

美国是当今时代最卓越的国家之一,但显然不是每一任美国总统都是最卓越的领导人;同时,有些看起来领袖魅力非凡的人,他所领导的国家却并没有创造奇迹。因此,且不说培养卓越的领导者,要找到一个公认卓越领导人都不那么容易。

根据我个人的研究,判断一个人是不是卓越的领导者,主要看如下3件事是不是必须依靠他才能做:第一,整个团队的高效运行;第二,让下属面对未来、不惧挑战,在困难面前有定力、有依靠;第三,能够摆脱危机。

领导者作用巨大,但领导者到底如何培养?我专注研究中国领先企业的领导者特征已经有20多年了,我的理想是至少研究30年。我20多年前选了5家企业,好在它们都活得够久,而且今天依然活得很好。研究这些企业过去几十年的历史,我发现一个重要特点:我选中的5家企业都有一个很特别的领袖,我称之为"英雄领袖"。

我自认为这5家企业的选择还是比较准确的,当时主要参考了1982—1992年的数据,最终在1994年时把这5家企业选了出来,他们分别是海尔(张瑞敏)、华为（任正非）、宝钢（谢企华）、TCL（李东升）和联想（柳传志）。

这5家企业今天依然站在中国最领先的位置上。保持领先可能有很多原因，但我最看重的是他们都有一个共同点：拥有英雄领袖。普通企业家和英雄领袖有什么区别，我认为有两点：第一，英雄领袖能对行业做出贡献，而不仅仅是对自己的企业。在最初研究家电企业时，最大的企业既不是海尔，也不是TCL。我当时没有选择最大的家电企业，就是因为这家企业的领导者最想做的事情是把同行杀掉，而不是帮助这个行业持久发展。所以真正的领导者很大程度上要对行业做出贡献，从这一点上我才把他称之为行业英雄。怎么成为行业英雄呢？大家一定要记住，不需要你天天站在道德的高地，也不是去天天讲颠覆性的商业模式，只需要你把自己的产品真正做好，用产品的进步推动产业的进步。

英雄领袖的第二个特点也很重要，就是能够培养人。我认为一个真正好的企业领袖，一定是既能发展自己，又能发展他人。真正优秀的企业领导者，能够带动团队一起成长，而不仅仅是自己厉害。从2017级MBA开始，北大国家发展研究院会给每一位学员配一个企业导师，就是因为这些导师都在非常优秀的企业工作，他们知道如何关注员工，感受过员工与领军者的一起成长。我们要培养未来的领袖，就要安排这样一套陪同成长计划。当你知道了别人怎么带动你的成长，你将来才更有可能成为一个好的领导者，带动别人成长，这是对领导人最高的要求。推动人的进步，就是领导者最重要的素质。如果只是把产品或市场做好，好的员工也能做到。但要说推动整个公司乃至产业进步，一定得是领导者。

我在教授组织行为学时经常给大家分享，一个人离开公司最重要的原因不是公司变故，而是他的直接主管对他不好，这个原因能占到70%。反过来，任何一个主管想成为卓越的领导者，就一定要学会帮助别人成长。

从这个意义上分析，没有人天生是领导者，领导者是一个自我塑造的过程。如果有人问我，自己会不会成为领导者，我肯定会认真地告诉他，你一定可以。但我同时还会告诉你后面一句话：任何人都没法让你直接成为真正的领导者，只有你自己，因为领导权可以是别人给的，但真正卓越的领导力只能自我塑造。

二、回到好大学学习

我为什么特别鼓励大家回学校学习，是因为学习本身就是自我提升和自我塑造的过程，是发现自己是谁、知道自己能力在什么地方、最好往哪里发展的过程。

在带领新希望六和转型时，我对能力下过一个定义，能力有三个最重要的内涵：第一，能力没有边界；第二，能力是一种可能；第三，能力其实是一个行动的结果。从某种程度上讲，能力是一开始并没有预设，但后来不断被突破的结果。像我自己从小到大跑步也就跑过100米，还高兴地告诉别人自己是一个短跑运动员，结果现在可以跑马拉松。我以前喜欢孙悟空，走过戈壁挑战赛之后真正爱上玄奘。戈壁挑战赛的出发点阿育王寺，正是当年玄奘的出发点。玄奘取经之路走了17年，他出发时，并没有具备很多能力。在800里流沙无人区等很多地方，很多次身陷绝境，但他走过来了，这就是能力边界的一次次突破。在那兰陀寺辩经，他也是越辩水平越高，最后成为公认的智慧最高的人。

因此，要成为未来的领导者，我比较推荐回到好的大学学习，因为权力可以在工作岗位上获得，但领导力不是。领导力是自我塑造出来的，是能力不断突破出来的，是跟智慧的人一起思辨出来的。

很多人问我，我上学可能就疏离了工作岗位，怎么还能提升领导力呢？怎么还会有利于成长为最高领导者呢？我的答案很简单：最高岗位的领导者真正要做的管理是自我管理，反而基层的管理者才需要去管理别人。领导力真正的挑战是对自我的挑战，而大学非常有利于提升自我的认知与管理。去年是我从教30周年，我专门给自己写了一本书，叫《大学的意义》。这本书里，我发现大学最大的好处是可以遇见更好的自己，而且真的只能在大学里遇到。为什么？

第一，大学可以让人相信一些东西，我称之为能确信的能力。很多时候我们做不了事情是因为怀疑、犹豫和纠结，这说明你能确信的东西不够了。能确信的能力非常关键。有人问我，大学教育的核心功能是什么，我的答案是两个：一个是信仰的培养，一个是习惯的培养。来学校学习一定能够得到这两点，信仰更加清楚，良好习惯养成。比如准时上课、写作业，把要求的书全部看完，通过考试，这些都是习惯的训练，一两年后看书、学习、准时的好习惯全部都能养成。学校最大的好处就是给人以内在的稳定性和内在的能力，让人相信一些东西，这就是学校的第一个好处。

第二，学校能够让人有一种心性，这种心性可以使人胜任任何学科。我因为李健爱上清华，原来清华毕业的也可以把歌写得那么好；我还因为陈生爱上北大。陈生不是特别有名，我知道他是因为自己从事农业多年。中国农业最大的缺陷之一就是消费者触摸不到品牌，无法辨别农产品个中好坏。比如新希望生产的肉每年可以服务2亿人，但没人知道哪个肉制品是新希望的，这是行业的弱点。

但北大毕业的陈生成功推出了一号土猪,就做到了这一点。所以,好的大学可以让学生不受制于学科的约束,不受制于知识的局限,能从中获得一种心性,从而不惧任何挑战和尝试,这也是我推荐大家来北大国发院读MBA的重要原因之一。

第三,大学可以教会人思辨,而不是学会怀疑。思辨与怀疑是两回事。怀疑常常意味着主观判断,而思辨就要寻求证据。科学的训练和学习的训练对一个人非常重要,让人在对任何事情做判断时都要有依据,而且这个依据要符合逻辑,当你决定做一件事时就会不断寻求论证,在你发现问题时一定同时寻找解决方案。朗润园的思辨水平要比其他地方高一点,因为这里的老师都有两个最大的特点:一是他们在自己的学术领域非常强大,二是解决现实问题的能力也很强。这两个特点又有一个共同的基础,就是他们绝不会人云亦云,一定会给出自己独立的判断。思辨能力是智慧非常重要的组成部分。那些不能包容对立观点和复杂情况的人,通常不是真正有智慧的人。因此,思辨是使人提升智慧的一项重要训练,而这个训练北大国发院朗润园很强。

第四,在大学里面能得到想象力。大学没有业绩局限,一个人得100分,不妨碍别人得100分,但在公司可不是这样。一个人当班长,不妨碍一周后换一位新班长,但在企业就不敢换来换去。平时在工作岗位上没做过领导的人,上学以后有机会当当领导,尝尝权力的滋味,但在公司里就不能轻易给予权力。读书可以帮助人把从未做过的事情都尝试一下,所以大学有更广阔的想象力空间。对于未来,我的观点非常明确:未来不可预测,只能创造。创造未来最需要的就是想象力与创造力。人不需要算命,但需要读懂自己。想象力和创造力,对人的影响非常大。我在带领公司做转型时,下属有时问我,你怎么敢笃定是对的。我的回答是:我创造条件让它对,它不就对了吗?事实就是这样,如果你做的选择连自己都怀疑,你往往做不成。但如果你坚持自己的选择是对的,对的概率就大很多。我们今天比以往任何时候都更需要创造力,而创造力的核心就来自想象力。

第五,认识到爱是一切的核心。很多时候,我们没有办法真正理解顾客,只是因为对顾客的爱不够。我给大家分享一个我和我妈妈的故事。我特别忙,顾不了妈妈,有一年快到母亲节时,妈妈问我能不能带她吃一次哈根达斯。我说为什么?她就给我看一个广告:如果你爱妈妈,请她住在水边,请她吃哈根达斯。妈妈很体谅我,知道住在水边意味着买房,这事儿有点大,就问能不能吃哈根达斯。她不知道哈根达斯是什么,我俩就去了哈根达斯店里。她一坐下来就愣住了,她说原来哈根达斯就是冰糕啊,这有什么好吃的。我说来都来了,就请她吃了一个套餐。吃完她问我多少钱，我说380块钱，她特别难受，说吃个冰糕要380块，以后再不吃了。最有意思的故事在后续，事后很长一段时间我再回到社区，老人们都表扬我，说你对你妈真好，以前他们见到我最多客套一句。我问妈妈为什么，妈妈说："你知道吗，我回来问过他们，没有一个人吃过哈根达斯。"结果，这个哈根达斯成为我和妈妈之间最美的记忆之一。我不是替哈根达斯做广告，我想让大家理解的是爱。人们要得到的不仅仅是某个功能的满足，或者超体验的产品，人们最想得到的是爱。我们现在有几样产品能让客户体会到爱？要施予爱，首先要得到爱。大学是相对容易得到爱的地方，因为老师通常都是真的爱学生，不仅把一生所学都想教给你，还恨不得把心掏给你。

第六，大学可以帮人独处，教人学会与自己对话。我去不丹进修时，看到禅修院一个学生的笑容，特别感动于她的微笑，很简单很单纯，而我们的笑就很复杂，有苦笑，有嘲笑，还有各种笑。当我们连笑都很复杂时，意味着我们已经找不到一个空间来保护自己，来和自己对话。我去不丹才理解什么叫静。禅师告诉我连想都不可以想，一切放空。一开始我怎么都不行，后来真做到时，我突然间听见一个很大的声音响起，原来是血液流动的声音，自己竟然听到了，那一下子非常可怕，我从这个声音里突然感悟到自己的力量原来如此强大。静与动并不对立，而是融合。越能静的人，动起来的力量越强。大学能帮助人静和独处。

今天，我们遇到最重要的挑战是未来的不确定性越来越多，不是黑天鹅偶尔出现，而是黑天鹅满天飞、时时飞。埃里克·霍弗说，在剧变的时代，学习者掌握未来。我们所熟悉的世界每天都在变，变得让我们陌生。这是所有人都面临的最大挑战。我一直保持高密度的写作，就是因为写作是我保持学习的最佳方式，不管多累，不敢停笔。

有同学问我，未来的领导者是不是还要学会领导机器人？未来管理的边界在哪里？企业真正的驱动力量将是什么？新的生活方式又会对管理带来什么样的挑战？我的观点是，新人（包括机器人）、新技术、新思想，未来都会来。但普通人只是面对未来，英雄领袖要创造未来。

怎么创造未来？答案又回到原点：自我认知，自我塑造，能力的边界不断突破，同时帮助别人发展。在这个过程中，大学能起到很独特的作用。

（原载：《现代企业文化》，2017年第6期）

如何让授权有效

对于有能力的员工,管理者需要很好地了解他们的需求特征,选择合适的途径和工具,让他们发挥更大的绩效。在有能力的员工的需求特征中,要特别关心什么?我建议大家必须特别关心两个方面。第一个方面是尊重,这个非常重要,几乎所有有能力的员工都需要更加明确的尊重,更加需要倾听他们的建议并获得运用。第二个方面是要给他相应的授权。因为有能力的员工常常用能够得到权力的大小来判断自己的价值,所以他们对于权力会看得更重一些。因此对于有能力的员工,需要管理者尊重并授权,如果可以给出这两个方面的努力,那么这些有能力的员工就会创造出绩效,同时他们也能够获得很高的满足感。

在我进行的测试中,大多数人都选择经常充分授权,没有人选择无法授权,这说明在管理中,授权已经成为人们的共识。但是为什么一定要授权,又如何保证授权的有效性,是需要了解清楚的。

为什么一定要授权?就像很多人回答的那样,因为授权可以腾出时间做你要做的事情,授权可以让下属真正成长起来,授权可以充分发挥人们的积极性。的确,这就是授权最大的好处。授权最大的好处是什么?是可以培养人。没有授权是无法真正培养人的,因为只有承担了责任,人才会成长起来。我一直反对用职位培养人,一般给了职位就会让人得到锻炼,但是如果职位中没有明确的责任和授权,这个职位还是无法让人成长起来,因此授权最大的好处就是可以真正地培养人。培养人的最佳办法就是分配责任,授权给他,让他成长起来。

但是,很多人也经历了授权的痛苦,最常见的情况就是授权无法达成目标,甚至授权之后出现失控的情况。也有很多人告诉我,他不做充分授权,只选择偶尔授权,在这些人看来,不能够充分授权的原因是下属不能承担、能力不够或者品行不够。这些观点很普遍,我也认同,因为如果下属成熟度不够,而又做了充分授权,结果是可想而知的。

但是，我们不能因为这样就放弃授权，放弃授权就意味着放弃对于人的培养，这样对于解决问题而言，没有任何的意义。其实问题的关键不在于下属是否成熟，而在于我们如何做授权。

授权的关键是目标设定不做授权。也就是说，在授权中，资源的运用、方法的选择以及实现手段的安排都可以授权，只有一个东西是不能授权的，这就是目标设定的权力。授权是否有效，就取决于目标的设定，如果把目标的设定权也授予出去了，就会导致目标无法实现，自然就失控。但是我们日常的管理中在这一点上常常犯错误，很多管理者把资源、人事以及工作方式的选择权看得很重，但是对于目标设定权力看得很轻，他们觉得目标需要下属根据实际情况来确定。但是当这样授权的时候，目标就无法成为组织管理的目标，而是下属和组织寻求资源的理由，一旦形成这样的状态，管理就已经无法达成目标，很多人认为授权会出问题，其实问题就是出现在这里。

为了保证授权的有效性，我们还需要注意这样五种情况：

第一，机构越大越要授权；

第二，任务和决策越重要，越不能授权；

第三，任务越复杂越授权；

第四，部属之间互相不信任，不能授权，也就是企业文化不够好、大家都不信任、彼此拆台、投机分子很多的地方不能授权；

第五，部属的责任心不够，不能授权。

领导职能就是把人用好，让每一个人能够去做领导者想做的事情。因此管理者需要了解到领导职能的发挥，的的确确要靠文化，要靠自己的言传身教，一定要对人性、社会等有足够的认识，比如今天的年轻人关心什么，人性当中最合理的需求应该是什么，人们普遍的行为规范是什么。所以领导理论也是艺术与科学的结合，实践是更为重要的环节。

（原载：《中国机电工业》，2017年第6期）

为顺丰总裁点个赞

顺丰上市，朋友圈被顺丰总裁和顺丰小哥持续刷屏。当顺丰小哥被打的视频曝光后，顺丰集团总裁王卫在朋友圈发文称："如果这事不追究到底，我不再配做顺丰总裁！"这话掷地有声，立场坚定，让顺丰小哥有了一个可依靠的总裁，这让我极为赞赏。顺丰的官方微博也对快递员被打一事做出回应，并且向网友表示已找到受委屈的小哥，并承诺照顾好他，让人心暖，让人心生感动，也让人觉得充满希望。更让我赞赏的是，顺丰总裁同时做出承诺：未来也会像保护这位小哥一样，保护所有员工！这一次顺丰小哥成为上市敲钟者，站在总裁身旁，让人们再一次看到顺丰总裁的立场。

王卫的一贯观点是：一线快递员是支撑顺丰的基础，是顺丰集团真正的核心资产！所以我可以感受到顺丰快递员的敬业和专业，也可以感受到顺丰的方便与快捷，更感受到顺丰小哥用心服务的精神。看到王卫对于这件事的反应，我相信作为顺丰的员工，一定是可以做到这样的服务水准的。

管理者要对员工负责。让管理产生绩效，最终体现在员工的成长与工作成果中。相对于管理中的所有资源来说，人是最重要的资源，因此对人的激励也是最重要的。我一直认为：员工的成长和绩效是管理者设计出来的。只要管理者了解员工的长处，尊重员工，并能够按照其长处设计其工作和职能，绩效自然会得到。

向下负责是管理者的核心职责。向下负责包含几个方面：一，给员工提供平台；二，对员工的工作结果负有责任；三，对员工的成长负有责任。

为了完成向下负责的核心职能，管理者需要做出四个方面的努力。

第一，提供清楚的方向感与努力的目标。很多员工不能符合企业的管理要求或者企业的发展，很大程度上是管理者没有与员工沟通工作团队的方向和目标，不能够有技巧地与员工沟通新的见解与观察，使员工根本无法了解目标与方向，自然就无法得到好的结果，但是这样的情况出现后，很多管理者会把责任推到员工身上,认为是员工没有能力。我坚信,没有不好的士兵,只有不好的将军。

第二,鼓励员工追求更高的绩效。让员工努力超越目标,达到他们原认为不可能达到的程度,是对管理者能力的考验。如果可以让员工体验到高绩效给自身带来的好处,员工就会实现高绩效。

第三,支持员工的成长以及成功。做到这一点首先需要管理者真诚关心员工的发展,将组织的愿景及目标转化为团队成员的挑战,并能够让组织的目标与员工的发展目标合二为一;其次需要管理者对于员工的工作内容有兴趣,了解员工的工作与组织策略的关联所在;再次需要管理者对于员工每一个小的成功都给予极大的关注和表扬;最后能够真正让员工感受到你对于他的成功的支持和肯定,给员工以满足感。

第四,建立信任的关系。只有被员工信任,你才能够发挥作用,带动大家。这样要求管理者能够真正尊重员工,给员工安全感,为员工解决困难,并坚定地站在员工的立场上去处理问题,这样才会有一个信任的环境,并得到彼此的信任,以建立合作的关系。因此需要管理者能及时了解员工的需求,了解员工的优势和不足,更重要的是管理者能以具建设性的方法处理棘手的问题,让员工在感受到你的能力的同时能够学习到经验。

很多时候,管理者会认为管理是向下管理,向上负责。我不同意这样的观点,我一直主张:向上管理,向下负责。

(原载:《中国企业家》,2017年第6期)

创业总裁最该干什么

无论环境有多大的变化，要如何应对不确定性，作为一家公司的总裁，有一件事情是不能变的，就是你对于职责的认识，你对于你的价值的认识，你对于你要担当的这个使命和你必须付出努力的认识。

总裁的责任跟企业发展阶段有关系，在不同阶段，总裁做的事情是不一样的。在创业这个阶段的总裁，有几件事情是很重要的，其中最重要的事情就是如何做到可持续。你要"选对的事情做"，但是光做对的事情在创业的时候还不行，你还得"把事情做对"，其实这对创业总裁是很大的挑战。在大的企业当中，"做对的事情"和"把事情做对"可以是两组人的责任，因为大企业的系统成本和投资规模都足够，可以分责，但是创业总裁不可以，"选对的事"和"做对的事"以及"把事做对"其实同样必要。

有四件事情是创业总裁一定要做的。

第一，产品和服务。你要真正把它们做好，其实你是靠这个来立命的。很多时候在与创业企业家讨论时，他比较关注要颠覆这个行业或者那个行业，其实我很怕与创业企业家聊这个话题，因为我觉得这个话题一下子就把自己立得太高了。作为梦想，这没有问题，但是你今天要谈的是你的产品或者服务，要先把这个做到，梦想才会实现。

第二，市场的本质或者顾客的价值。许多创业者比较关心什么？他们比较关心不断的创新，不断的迭代，可是大家一定要记住，创新要回归到市场本质和顾客价值当中来。熊彼特对创新有一个很好的定义，他认为真正的创新必须是创造一个新产品，进入一个新市场，推出一个新的替代的原材料、新的商业模式或者一个新的企业组合。我很认同这个观点。创业者不要把自己拉得那么高，说要颠覆这个行业，应该回归到商业的本质或者顾客价值上来。

第三，现金流。一定要保持现金流，而且这个现金流有很大一块要来源于你的业务和盈利，不是来源于投资者。现金流这块非常重要，一个企业活下来的核心是现金流。所以创业总裁在做自己业务的同时，一定要衡量手里的钱，如果要坚持往下做，就要一边做一边融资，这两件事配合不好的话，再好的业务，现金流断了，再去说服别人投资也是不行的。现在太多创业企业在意融资，其实更要在意自己的业务产生现金流的能力和盈利能力。

第四，业务可持续。业务上一定要做可持续的安排。企业在创业过程中，需要不断找到业务可持续的安排，同时为了能够确保业务的可持续，也需要在组织安排上配合设计，包括不断吸纳优秀人才加入，设计好激励制度和分配制度，不断凝聚创造力。在业务可持续上要特别注意两个方面的安排：一个方面是如何保证业务发展继续符合顾客的期望和价值；另一个方面是如何保证人力资源和组织体系与业务发展匹配。

以上四点是创业时期总裁特别需要承担的责任。当企业发展到一定阶段之后，总裁需要担当的责任会有变化。但是无论在其后如何变化，在创业阶段的总裁，必须把这四件事情做好。至于度过创业期后如何当总裁，我今后会展开讲这个问题。

（原载：《中国企业家》，2017年第8期）

激活组织的七项工作

激活组织需要在七个地方做改变：结构要变，文化要变，激励方式要变，工作习惯和经验要变，绩效检验的方法要变，价值共同体当中要做新的东西，最后一个是领导者的角色要变。

一、打破内部平衡

如果不打掉内部平衡，就没有办法激活组织。今天我们会看到一个很有意思的现象，就是不管多大的企业，都在变小。一个把企业拆小的例子就是海尔，海尔的组织结构只有两种形态：一种叫转型小微，一种叫创新小微。小微就是小小的组织，在传统主业里负责转型的就叫转型小微，做新业务的就叫创新小微。如果把内部平衡都打碎了，就不存在结构性的障碍。

二、基于契约的信任

如果要做一个完全创新的、发挥每个人积极性的企业，很重要的一点是在员工之间建立一种基于契约的信任，而不是简单的情感关联。我想这是对很多组织的文化非常大的挑战。很多时候，我们对员工的期望管理实际上做得不够。在组织管理当中有一个词叫"心理契约"，对此，中国企业在管理当中一直没做好。比如招聘，你们肯定会不断讲公司有多好，新人来了之后发现原来没有那么好，很快人家就走了。我在公司的时候就跟人力资源部说，不要告诉人家我们有多好，一定要告诉人家我们有多苦。然后他就说，苦了人家就不来了。我说，你说好他来了也留不住，你说苦他还敢来，这样的人就是我们要的。

基于契约信任，那么你一定要给员工支持感，这个最主要讲的是主管的责任。《哈佛商业评论》中有一个研究报告认为，一个员工离开公司的主要原因，直接上司的影响超过70%，不是因为公司不好，是因为他的直接上司不好。而一个员工的绩效也接近于70%取决于他的直接上司。要注意怎么能够让员工与公司建立一种真正的、基于契约的信任。

我有一次跟任正非聊天，他讲了一个事情让我蛮震动。我跟他说，在华为工作，有一种在全球化企业工作的成就感，又能够快速成长，虽然累一点，但我相信员工应该还是能感恩的。结果任正非的回答非常有意思：员工如果对公司感恩，肯定是错了，那肯定是给他的东西多了。然后我就问我旁边华为的老员工，他在华为做了十几年，我问他对华为没有感恩，那对华为是什么感情。他说他们与华为之间只有责任。我就认为，这样的员工管理是合理的，实际上这种信任来源于一种契约，一种真实理性的彼此的认知，一种信息的沟通，一种真正的透明。

三、设立新激励

如果要设立一种全新的激励，最大的挑战就是你能不能建立一个幸福的组织。我在写《激活个体》的时候，就是在探讨怎样让大家在组织当中感受到幸福。今天，员工对于组织的要求跟以前不一样了。

我前一阵去做调研，有一个企业家跟我说，他搬了一个地方，办公楼变得更漂亮了，不知道为什么有24个人当天就辞职了。我说肯定是那楼附近的餐厅不够好。他竟然愣住了，他没有想到我会这么回答他，结果原因还真的如此。现在年轻人离职的原因跟我们以前不太一样。在这种情况下，如果你不去讨论幸福感，企业实际上是有问题的。

四、授权各级员工

之所以要授权，其实就是要做一个有创造力的组织。授权的核心是什么？就是要不断让员工去试错，而且内部要形成一些自组织。这样每一个员工都可以真正成长起来，才可以帮助组织成员具有持续的创造力。这对管理的挑战是非常大的。不做授权，不是你不相信他们，反而是因为你把责任看得太重。

五、创造可见绩效

很多人问我，怎样转型才能有效。我说转型有效的方法很简单，就是你的业绩比原来要增长。有人说，我做转型的时候必须牺牲一下当期的利润，我说不可能，你必须当期要有利润，同步还要转型。所有做管理的人，都必须创建可见的绩效，如果你忙活半天激活组织，最后没有绩效，也就没有人相信你做的是对的。

怎么去创造可见的绩效？第一件事情就是你要站在顾客的立场，所有事情都从顾客的角度来看，这个实际上是非常难的。

六、合作主体的共生系统

我们今天其实是互为主体的，我们称之为生态逻辑，就是万物生长的逻辑。万物生长的逻辑就是每个人都是主体，整个网络当中缺一不可，每个人都重要，所以我称之为合作主体的共生系统。

在合作主体的这个共生系统里，非常重要的是开放的平台。7-ELEVEN出了一本书叫《零售的本质》，今天很多做零售的人都认为互联网对自己冲击太大了，可是为什么这个企业没有被冲击，因为它变成了一个价值网络共享平台。它为什么可以做到这点？因为它变成了一个合作主体的共生系统。

七、领导者的新角色

我认为今天对领导者来讲，其实有一个蛮大的挑战，现在做领导人比以前不知道要难多少。领导者难在什么地方？

第一个，难在必须是一个"布道者"。外部的东西变化太多了，他必须很坚定。他不单要坚定，还要别人相信。难就难在这个地方。以前，其实老板不用这样的，老板说，我说了算，别人就不能出声了。现在老板不敢说自己说了算，还必须讲道理，还必须让员工理解和接受。其实这是对管理者一个很重要的要求，就是你要变成一个"布道者"，而且还必须让大家接受转变和转型。

第二个，领导者还要是一个"设计者"。这个设计跟以前不太一样，你要设计两个东西。第一个是设计梦想，今天优秀的领导者都能够跟别人谈梦想。这是非常重要的。今天做普通产品没有人接受，你必须做有梦想的产品。为什么很多传统企业很难做，传统企业就很实在，就像我们卖苹果一样，我就告诉你，我的苹果又便宜又好吃，这样并不能打动人。打动人的说法之一是：世界上就这一个苹果，而且你吃了这个苹果之后，就能做出那个"苹果"，咬了一口的那个苹果，这就完全不一样了。第二个就是要设计组织制度。你不能只建一个组织，你得设计制度，包括你怎么激励大家，怎么让大家变成事业伙伴，怎么让大家愿意把所有的创造力释放出来。

  第三个，领导者要成为"伙伴"。这个我觉得对领导者要求更高。我跟一个企业家聊过天，然后企业家就带他的团队来看我，他们跟我说，这是他们的两个事业伙伴，然后那两个人马上说自己是下属。所以不是给了一点点股权，他们就变成你的事业伙伴了，你这个老板自己得变成被管理者，别人才会成为你的事业伙伴。

（原载：《中国企业家》，2017年第14期）

效率来自协同而非分工

自从泰勒的《科学管理原理》面市,管理成为科学并被广泛运用到企业及各个领域,由此而演变发展的组织管理理论,也沿着分工这条脉络延展开来。为了不断获得更高的管理效率,分工的效能也被不断强化,用分工所获得的相对稳定的责任体系进而又推进了绩效的获得,分工遂成为主要的组织管理方法。

但是,互联技术以及更加巨大的变革与冲突的出现,导致不确定性增加,人们越来越觉得无法获得"稳态"。"颠覆性创新"几乎每一天都在发生,在这一系列的颠覆与被颠覆中,新的可能不断呈现,企业已经不能够仅从行业或者企业自身的视角来理解环境,而需要理解创造本身的特性去引导自己的战略。一切都在重构之中,这些重构无疑需要一个更加广泛的视野、更加互动的关联以及更加开放的格局,这更类似于一个"生态系统"的逻辑,复杂、多元、自组织以及演进与共生。所以,我们会看到一个与之前都完全不一样的情形出现,那就是管理的效率不仅仅来自分工,更来自协同,因而要求组织具备一些新能力:形成"强链接",构建柔性价值网,贯彻共生逻辑。

一、组织的"强链接"

技术带来的互联互通所生成的最大影响是,组织生存在一个无限"链接"的空间中。在无限链接的空间里,企业内部必须是开放的、社区化的组织形态,而在企业外部则表现为以顾客为核心的相互链接的价值共同体,其基本特性是:企业内部多元分工,顾客与企业之间多向互动;价值网里每一个企业的角色都随着消费需求而变,并在不同价值网里扮演多样化的角色;价值网里各角色之间的关系是"超链接"和松散耦合的关系,已经不再是管控与命令式的关系。

随着网状协同运作逻辑的持续演绎与扩散,企业的商业模式、组织模式、企业间的协同模式,企业与顾客之间的协同模式,以及个人的工作和生活又将会做出什么样的改变呢？任何行业都将被重新定义，大家所熟悉的商业模式及管理模式也将被重新定义。这意味着，组织从一个线性、确定的世界，走向一个非线性、不确定的世界，柔性化将成为以互联技术为特点的商业时代最突出的特质。人们不再满足于获得产品，也不再满足于原有的供应链模式，相反，人们需要介入到产品设计、生产甚至交付的全过程中，以销定产，C2B模式会成为满足人们需求的一种趋势；产业价值链的模式，也会从线性、固化的供应链，向着柔性的协同价值共同体不断演化，这一切都要求组织具有一种新的适应能力——"强链接"能力。

真正实现以消费者为中心，提供个性化的产品和服务，是很多企业长久以来的梦想。在今天，因为大数据以及IT技术，使梦想实现的基础条件已经具备。2016年阿里巴巴"双11"的数据变化，让人们再一次看到企业与顾客之间"强链接"以及组织柔性的魅力。这些快速迭代的数字，已经不仅仅是在谈论销售额过千亿的规模，更是让人们认知到消费者的力量。企业与顾客之间，如果找不到一个合适的交互途径，顾客完全可以重新定义企业，重新定义行业。在淘宝、苹果商店AppStore、社交网站Facebook等云平台上，消费者已经是积极能动、有能力、有判断、有选择的"链接"价值共创者，他们的需求不断被激发出来，他们的参与能力也不断被释放出来，面对这样的消费群体，企业需要足够的强链接能力，方可与其共处。

二、柔性价值网

一直以来，如何提高供应效率，如何让供应与消费者之间形成契合，真正发挥供应链的价值并让消费者感知到，是工业时代最具挑战性的一个话题。在我所做的长达20年的中国领先企业研究过程中，我发现协同供应以快速响应市场和顾客，是一家企业能否领先的根本能力之一。如何获得供应链效率，是很多企业管理者不断探索的方向，形成高效的供应价值网络成为人们的共识。最近几年来，供应链管理让位于价值网协同的共识，促使人们寻找实现这一共识的途径，云计算和大数据的出现，让这一共识有了实现的可能。数据的共享/交换，极大地提高了消费者之间、消费者与企业之间以及企业之间的协作效率。

不久的将来，单向、僵化的供应链，将不再是企业间主要的发展模式，而灵活动态的价值网络协同模式将变得越来越普遍并产生良好的成效。这有点像体育运动队的模式，为了迎战奥运会，组建国家队参赛，围绕着这一目标，聚结最好的选手、教练、队医、设备及其他必要的构成要素，一个强大的国家队，一定是强大的要素组合，形成一个强大的价值网络，以确保在奥运赛上取得成功，奥运结束后，比赛队伍解散。这种动态的价值协同模式，其典型场景是：以一个任务、项目或订单为中心，快速涌现和聚合一批能够协同工作的企业或个人，每个角色都类似于各有专长的特种兵，任务完成后参与者迅速消退，临时性的"柔性共同体"自动解散。按照这个模式，企业完全可以以消费者为中心，快速组合有效的价值协同者，让不同要素在一个共同目标下工作，并完成这一目标。一旦消费者出现新需求，同样可以围绕着这一新需求，构建一个新价值网，用新价值协同者提供新价值，这就是构建柔性价值网。

三、共生逻辑

正如前面对经营环境判断的那样，无论是竞争对手，还是行业边界，都已经变得越来越模糊。对于企业而言，需要拥有一种能力，连接上下游的合作伙伴，连接相关产业的合作伙伴，还需要和其他产业、资本、顾客组合在一个共同生长的网络中，这由"共生逻辑"统和而成。微信就是一个好的例子，它所构建的共生逻辑，连接了相关与不相关的合作伙伴，连接了一个又一个个体，让全新的生活以及共生的意义被创造出来。商业模式创新已经是今天企业应对变化的基本选择，而创新商业模式的核心是构建共生逻辑，以达成价值共生、共同生长。所以，无论企业目前处在什么阶段、什么位置，形成共生逻辑都是一个必要的选择。共生逻辑与价值链（产业链）之间的根本区别是，前者注重共同成长设计，后者注重价值分配。在一个重新定义价值的环境下，分配价值的可能性变得越来越少，只有成长才会创造价值，也才有可能带来价值共享的可能。

伊丽莎白·拉威尔在其《利用群体智慧》一文中说："无论公司是否喜欢这一点，它们都是一个生态系统的一部分。而且，除非公司承认自己与其他'物种'——包括顾客、供应商、合作伙伴、NGO、创业公司、大学以及学术机构——是互相依存的，否则将越来越难以存活。"企业需要获取整体的力量，需要能够集合更多人的智慧，有人称其为"受启发的个人结成的网络"。处在这样一个时代，企业必须能够整合这一切，无疑需要开放、整合创新的组织管理系统，这一系统使企业更加柔性，并可与环境做出协同；使企业能够组合到新的成本结构、不同的价值创造并拥有足够的灵活性。

（原载：《中国企业家》，2017年第16期）

选择合适的领导行为

员工的作用是由管理者来决定的，所以企业一定要关心管理团队的创造力和培养力。

赫—布理论从管理者如何针对员工的不同特征以获得领导效果的角度展开研究，这个理论模型告诉我们，没有不好的员工，只有不好的管理者。这是因为，如果管理者能够运用不同的领导风格，无论何种成熟度的员工，一样可以获得有效的结果。

我习惯用我的方式来表达赫—布理论模型，这还是在新加坡国立大学的课程中得到的启发。我们根据员工的任务成熟度来划分员工，再根据这个划分选择不同的领导风格。

有心有力的员工就是那些既有能力又热爱企业的员工，适用于他们的领导风格是授权型的，对他们信任以及给予支持和资源，就可以取得好的领导效果。

有心无力的员工是那些热爱公司但是能力不足的员工，此时领导风格选择参与型则比较合适，这样，管理者可与这些员工一起努力，解决问题并提升他们的能力。

无心有力的员工是那些并不热爱公司但是自己非常有能力的员工，对于这些员工，需要做的是提升他们对公司的认同感，并使得他们主动发挥自己的能力，因此适用的领导风格是推销型，管理者要能够不断地沟通和推销企业的理念和战略，使这些员工和企业达成共识。

而无心无力的员工则要求管理者能够像家长一样，不断地跟踪，包括每一个细节的安排和规定都要清晰地指引，传帮带结合，让这些员工也能发挥作用并尽快地成长起来。

无心无力的员工常常会在两种人群中产生，一种是新员工，一种是老员工。新员工的能力并不足够，同时也没有完全了解公司的理念和价值追求，也没有能够很好地理解公司的战略,因而还不能够和企业达成共识。而老员工因为在企业发展的时间较长,所拥有的能力可能已经无法跟上企业发展的步伐,加上他们认为自己对企业做出过很多贡献,企业需要爱护和珍惜他们,因而不再具有激情。

因此,我并不主张根据员工在公司的服务年限来认识员工,而是要看员工的任务成熟度;同样也提醒管理者,不要轻易把重要的任务交给老员工,不要认为他们是老员工就做授权型领导,也许他们已经是无力无心的员工了。

不管是什么样的员工,其工作的绩效取决于领导者的管理水平。员工可以是不同状态的,甚至是无心无力的,但是如果管理者具有不同的管理手段来应对员工,即使是无心无力的员工也能取得好的工作绩效。

我认为,这个理论非常好地解决了一个问题,就是在管理当中,其实真正发挥作用的是管理者。员工的作用是由管理者来决定的,所以企业一定要关心管理团队的创造力和培养力。只要他们是有水平的,所有的员工就能发挥作用。

(原载:《中外企业文化》,2017年第5期)